商业物种演进

刘绍荣　彭康尧　尹玉蓉
著

中信出版集团｜北京

图书在版编目（CIP）数据

商业物种演进 / 刘绍荣，彭康尧，尹玉蓉著 . -- 北京：中信出版社，2022.3
ISBN 978-7-5217-4074-5

Ⅰ.①商… Ⅱ.①刘… ②彭… ③尹… Ⅲ.①商业经营—研究 Ⅳ.① F713

中国版本图书馆 CIP 数据核字（2022）第 039007 号

商业物种演进

著者： 刘绍荣 彭康尧 尹玉蓉
出版发行：中信出版集团股份有限公司
（北京市朝阳区惠新东街甲 4 号富盛大厦 2 座　邮编　100029）
承印者： 北京诚信伟业印刷有限公司

开本：787mm×1092mm　1/16　　印张：23.5　　字数：262 千字
版次：2022 年 3 月第 1 版　　　　印次：2022 年 3 月第 1 次印刷
书号：ISBN 978-7-5217-4074-5
定价：85.00 元

版权所有·侵权必究
如有印刷、装订问题，本公司负责调换。
服务热线：400-600-8099
投稿邮箱：author@citicpub.com

前言

成就不断进化的美好商业力量
——写给中国企业家

我们这个时代,是商业巨浪汹涌澎湃的时代。通过前人的不辍努力,中国市场已经蔚为大观,充满着广博的自由精神和巨大的商业机遇。在这片商业巨洋之中,既有从全球游弋而来的工业时代的巨鲨,也有从本土河流中成长起来的大鱼,还有一些不断以惊人速度成长的海底新物种,多姿多彩的物种形态和不断进化更迭的商业生态环境,开创了我们能成就自我的最好时代,也借由商业力量缔造了我们今天富足、自由和高度便捷的美好生活。

在这片充满生机的商业海域,活跃着从农业文明到工业文明,再到数字化文明时代的各类商业物种。

首先是农业时代就已经诞生的商业个体原虫。他们作为农业经济的一种边缘性补充而大量存在,在工商业时代如春风催生的野草般蓬勃生长。他们通常是家人或朋友一起,通过家族、乡谊或师徒,扭合成初具规模、初步专业化的工坊或商业个体,组织不一定非常规范,方向也未必恒定,但他们通过创始者的勤奋与高度投入,亲戚或朋友们"无言"的努力,依托亲情和友情作为最低治理成本的模式选择,成就了商业世界中遍布所有领域和所有空间的一种特定形态。

其次是人类历史上第一次诞生的大规模商业物种——工业化产品巨头。进入20世纪80年代，改革开放后的中国在拥抱全球技术和全球市场之后，从落后的农业大国一跃成为充满激情与活力的工业热土。大量不甘贫困、决心在湍急的改革开放浪潮中把握淘金机遇的创业者从农田中走出来，开始了工业化的探索。这其中包含中国的拉链大王浔兴、纽扣大王伟星等。他们充分运用源自西方的泰勒的关于分工的理论，通过引进国外设备与管理模式或自主改造生产加工模式，创造了高度分工化和流水线化、产能面向全球、规模惊人的一个个全球利基冠军。稳定了生产规模之后，他们往往会在海内外广泛构建分销渠道，大规模投放广告，让消费者认识到他们的地位和专业实力，从而构建品类专家的形象。最终，许多企业不仅生产规模全面领先，甚至还成为某些产品品类的代名词。他们对外四处扩张以获取市场份额，对内会逐步构建分工高度清晰、等级井然有序的金字塔架构，形成以最高领导者为顶点、一线执行者为底层，强调执行力和组织纪律的类军事化组织。品类上的高度聚焦、生产模式上的高度专业分工、组织上的规模可扩展性和强大执行力，充分发挥了专业分工基础上的规模经济魔力，使得这些企业收获了丰硕的成果。

与品类大王相辉映，一种大规模圈占土地，通过吸引大量产品提供商和大量有需求的顾客，打造集成式交易市场的线下平台商也在繁荣的商品经济时代应运而生。比如家电零售行业的国美、苏宁，家居零售行业的红星美凯龙、居然之家，它们通过提供交易的线下基础设施，提升了市场经济中交易的效率，因而也能分享每一笔交易的佣金。其中既有只提供最简单的基础交易场所的批发市场商，也有那些营建了浓郁的现代化氛围的超级市场，并提供一揽子物流、仓储和顾客引流营销服务的现代零售巨头。这些商业巨子，通过强大的分销流通能力、遍布全球的触角、一站式的产品集成，不仅服务着规模庞大的顾客，也极大地促进了全球化大分工的深度发展。

随着市场需求逐渐进入细分化和一站式解决的新阶段，越来越多的企业开始通过自有投资、购并或形成稳定的采购联盟，为顾客提供多品类或产品加服务的一站式解决方案。比如安踏全面推进鞋服一体化，提供大众运动的多品类解决方案。它们将经营的重心放在接近顾客的零售或服务端，通过多事业分权的模式，涉足多个产品领域，获取源自顾客一站式采买的范围经济，形成以封闭化自有投资为手段的管道型解决方案提供商形态。

随着互联网时代的到来，数字化再造了全新的虚拟交易场景，一种完全立足线上，通过电子化手段实现空中交易的数字化交易平台商开始涌现。以易趣、淘宝、当当、京东等为代表的电子商务平台，凭借数字化平台强大的网络效应（因为链接和交易的规模本身产生的对新用户的价值增值和对平台商的价值提升），成为对线下交易平台具有全面覆盖打击效应的产业新主宰。它们在不断蚕食线下市场、规模不断裂变的同时，还成为线下力量的购并者，最终成长为整个商业格局中最为重要的参与力量。

数字化技术的深入和产业互联网的形成，推动了产业平台型开放解决方案的形成。一些已经具备产业基础和数字化能力的企业，开始思考如何缩短能力成长路径，为顾客提供极致化和动态化更新的解决方案。它们选择通过产业互联网改造产业基础设施，并向内外部产品参与者开放，基础设施的数字化使得内外部用户的调用便捷度提升、成本大幅度降低，而开放化的产品与服务组合又为企业更迅速和敏捷地形成强大的解决方案提供能力。小米、温氏等这些产业数字化和开放化的先行者，都通过产业平台的内在优势，迅速在其所在的产业逆袭成为领导者，并持续增强自己的产业控制力和产业资源吸纳能力。

人工智能和物联网技术的进一步深化，推动许多具有产业影响力和控制力的传统巨头和平台企业逐步开始向更多的产业环节探索，构造了由多平台包罗形成的产业赋能创业生态。它们的目标是为顾客提供一对一的定制解决方案，因此既牢牢把握着产品供给者与顾客的交易平台，也同时深度参与产品供给者和顾客创造产品或消费产品的全过程，为其提供一系列产业互联网化的共享工具与基础设施。这种聚焦于生态化的基础设施打造的复杂物种，既能通过完整的基础设施和大数据集成，实现对生态参与者的完全赋能，也将因为复杂的交互生态关系而对参与者形成生态锁定（即参与者必须依赖生态、生存于生态而无法完全脱离）。比如海尔通过工业互联网赋能制造业，链家通过贝壳对整个房地产交易产业的升级，携程正在谋求对酒店旅游全价值链环节的重构，美团对餐饮行业的深度参与与重构……这些新老巨头纷纷通过全面拥抱数字化技术，并以数字化技术为武器，实现其所在产业的推倒重建，同时在重构的产业新生态中扮演主导者。

改革开放之后，中国经济的快速发展压缩了西方发达国家近200年的发展历程。不同于发达国家漫长而有序的技术进化路径，中国正经历工业化、信息化、消费互联网化、产业互联网化四浪叠加的技术浪潮，我们的市场正迎来物种大爆炸的繁盛时代。在今天的中国市场，既有随着一些产业的工业化深度提升而快速形成的品类巨头，它们将一维化的规模经济效应发挥到极致；也有通过自有投资提供多品类解决方案的解决方案专家，它们携规模经济和范围经济的双重优势，生存于具有更大扩展范围的二维空间；还有传统的线下交易平台，它们通过规模经济、范围经济和有限线下网络效应的三维竞争力叠加，得以成为非数字时代商业的王者；另外还有消费互联网和产业互联网时代的当当、淘宝、携程、美团、温氏、平安等平台或类平台企业，它们通过规模经济、范围经济和数字化网络效应，成为数字化时代产业格局的颠覆者和新王者；而作为携规模经济、范围经济、数字化网络效应和生态锁定效应的四维空间物种，定制化产业赋能生态正由阿里巴巴、华为、链家、海尔等前瞻性的领先企业发动，逐步显露出其未来王者的峥嵘气象。中国市场的层级复杂化使得多代技术并存，各物种都能找到适合自身的产业、市场和生态位，中国市场的动态化需求与竞争的不断进化又使得企业必须与时俱进，深入思考自身的形态进化，从而能在产业变革中力争上游。正是这多元而又不断动态演进的中国商业生态，既孵化出了吉利、福耀、安踏、华为、腾讯、海尔、平安、美团、链家等多类型的具有世界级竞争力的领袖企业，也推动了中国经济从中国制造到数字中国的全面领先。

作为一家专注于研究实践战略、商业模式和组织变革课题的咨询机构的创始合伙人之一，我和我的团队成员一直醉心于中国市场的洞察、分析和商业实践，结合中国上百家企业的战略设计和战略形态升级变革实践，对于商业物种（或者更加严谨地称其为战略形态）的选择与升级，我想给企业家朋友们提以下三点建议。

第一，商业物种（战略形态）是新时代企业家必须掌握的战略设计顶层逻辑之一，企业选择战略的内核就在于选择适合自身的战略形态，并围绕战略形态定位构建相应的战略和组织体系。不同的商业物种，适用的战略理论、商业模式形态、组织形态、领导风格和治理原则都有很大的区别。比如单品类领袖适用品类定位战略，追求产业链一体化、专业化和规模化的发展战略，适合高度分工和严格规范治理的金字塔威权式组织，需要强势的专家型领导者，治理和激励的目标在于强调标准化和执行力。"功能沙发大王"敏华的强大竞争力和辉煌成就充分印证了这一逻辑。而管道型解决方案物种却适用于细分化价值定位战略，面向一类细分人群提供解决方案，追求产业链的系统差异化能力和多品类并行，需要构建适度向产品经理或产品事业部分权的科层改良型组织，需要具有战略能力和分权意识的管理型领导者，治理和激励的目标在于求得标准化和应变力的平衡。比如美的通过向产品事业部授权，最终成就其中国家电产业综合品类的领导者地位。不同物种有完全不同的系统逻辑，企业家和在企业中参与战略决策的高层团队不仅应该熟知这些区别，而且要懂得不同商业物种形态的产业背景和竞争力来源，这样才能根据企业自身状况和产业特定背景，选择合适的物种形态并匹配相应的战略与组织系统。

第二，企业家应该与时俱进地审视产业的技术变革、需求变革和竞争变革，积极谋求升级自身的物种形态，获取更加有利的生态位。不断裂变的技术与不断升级的需求，将使得顾客产生越来越多的不满。已经形成传统领先形态的企业必须敏感地意识到市场的变化，与时俱进地推动自身的形态升级，用更加先进的工具、更加创新的模式和更加极致的价值提供，满足新消费的需求。这样才能避免后进破坏者的侵蚀和其他跨行业延展的对手的覆盖打击，实现基业长青。

第三，需要正告企业家，物种形态选择也要植根于企业的现实。更高维的物种形态虽然可以成就更伟大的事业，形成更强大的产业影响力，但我们的世界本来就是由多维空间组成的，新的高维物种的产生并不一定代表相对低维物种的灭绝。因此，我们作为企业经营者绝不能好高骛远，不切实际地追逐高维化生存的梦想，而是要根据企业实际状况，理性选择适合自身的生态位和物种形态，通过逐步的升级与进化，最终实现理想化生存。因此企业在进行物种形态的选择和设计时，理性和客观是基础。当然，也许有些企业家放手一搏会实现逆袭，但这需要莫大的勇气和决心，要敢于承担全军覆没的巨大风险。

作为一个不断在全球和中国市场的先行探索者身上汲取营养，并深度参与中国市场的资深战略顾问，我深知是今日中国开放和充满活力的时代给予了我成就自己的巨大机遇，因此我和我的团队也充满感恩之情，并格外珍惜这个难得的商业时代，更期望通过我们的学习、思考、参与，启迪更多的中国企业家提升战略素质，升级战略形态，形成更加强大的基业，在全球成就更多源自中国的世界级企业和面向未来的创新型企业，成为面向未来的美好商业的探索者和奠基者。让我们一起努力！

作为一名咨询顾问和管理研究者，我要感谢我的家人——我的太太、父母、岳父母，是他们的照顾和关怀使得我能充满为这个伟大商业时代探索和解决问题的勇气，并有充足的时间去亲身实践。还要特别感谢我可爱的女儿Rocy，每天繁忙的工作或写作之后，是你的懂事和可爱让我感到轻松和温暖，你美妙的钢琴声是我小憩的港湾，我要把这本书送给你。最后，要特别感谢智邑咨询和研究院的同人，是你们让我有足够的自信去打造中国最具研究深度和实践系统能力的变革咨询机构，并朝向这个目标不断奋进。

期待大家能读有所获。

刘绍荣
2021 年秋于智邑中国平台商业研究院

目录

第一章 华为的进化和亚马逊的迭代
——从两家现象级公司看商业物种的进化脉络 _ 1
  华为的进化：从品类到万物互联的智能生态 _ 3
  亚马逊的迭代：从最大书店到数字经济生态 _ 18
  由华为和亚马逊的嬗变引发的思考 _ 32
  本章小结 _ 34

第二章 适者生存
——商业物种的定义与演进的基本逻辑 _ 37
  何谓商业物种 _ 40
  商业物种图谱 _ 44
  商业物种演进的驱动力和基本趋势 _ 51
  高维生存——商业物种的升维进化逻辑 _ 57
  本章小结 _ 64

第三章 消费普及时代的一维物种
——管道型品类大王和遍布的中间陷阱 _ 67
  驰名全国的品类大王群像 _ 69
  品类大王的一维化生存 _ 76

光芒闪耀的金字塔威权王国 _ 83
聚焦产品的威权式领导者 _ 87
风云再起：品类大王的中间化陷阱和生存挑战 _ 91
走下神坛：品类大王的坚守与进化 _ 98
［变革案例］南极人与波司登 _ 105
［延伸阅读］定位，需要一个定位 _ 110
本章小结 _ 117

第四章　市场细分时代的二维平面物种
——管道型解决方案巨头的崛起与困境 _ 119

管道型解决方案——工业时代最强物种登场 _ 121
物种的二维化升级"规模×范围"——管道型解决方案模式强大竞争力的来源 _ 127
适度分权，打造多维矩阵型组织 _ 132
工业时代最强物种在信息时代的挣扎与迷茫 _ 138
大象起舞，蜕变重生 _ 140
［变革案例］房间里的"野蛮人"：链家 _ 148
本章小结 _ 153

第五章　产业互联时代的三维物种
——产业平台型解决方案提供商和它们的类平台指数级成长 _ 157

产业类平台——极致竞争时代的初步开放化物种 _ 159
类平台的指数级成功之道 _ 169
三维化生存——类平台的竞争力本源剖析 _ 177

类平台的危机与转型 _ 182

［变革案例］万物互联，少年小米再出发 _ 189

本章小结 _ 196

第六章　渠道为王时代的三维立体物种

　　——**线下交易平台和它们受限的网络效应** _ 199

缘起：中国的平台化商业模式如何主导零售业 _ 201

线下交易平台的模式内涵和组织形态 _ 203

三维物种的王权从何而来 _ 210

困局：陆地"恐龙"的生存困境 _ 213

涅槃：线下交易平台的"救赎" _ 218

［变革案例］诺德斯特龙构筑未来服装零售的全域

　能量场 _ 222

本章小结 _ 232

第七章　数字互联时代的立体物种进化

　　——**数字化交易平台的指数级增长神话** _ 235

解析线上交易平台模式 _ 237

线上交易平台面临的困境 _ 246

线上交易平台的升级之路 _ 249

［变革案例］58同城，一家"神奇"的网站 _ 257

本章小结 _ 265

第八章　智能物联时代的四维物种
　　　　——产销合一的定制平台的崛起及其引领的未来
　　　　商业　_ 269
　　什么是智能定制平台　_ 273
　　智能定制平台的成功之道　_ 283
　　智能定制平台的现状与未来演绎　_ 297
　　［变革案例］从海尔智家看智能定制平台的兴起　_ 307
　　本章小结　_ 311

第九章　升维竞胜，保维图稳，降维求生
　　　　——中国商业生态扫描及物种生存进化的总体法则　_ 315
　　商业物种竞合、分布与迭代原理　_ 317
　　中国现代商业生态进化简史　_ 322
　　中国商业物种现状速览　_ 334
　　各商业物种的应变之道　_ 341
　　中国商业生态演进的启示　_ 350
　　本章小结　_ 352

参考书目　_ 355
后记　_ 359

第一章

华为的进化和亚马逊的迭代

——从两家现象级公司看商业物种的进化脉络

从自给自足到物物交换，从厂商霸权到用户为王，商业世界几经更迭，形形色色的企业依次粉墨登场，各领风骚数十年。

在物资匮乏的年代，厂商占据绝对的优势地位，品类大王纷纷崛起。而后随着生产力水平的发展，渠道取代产品成为新的"霸主"，各大连锁卖场"收租"生意做得风生水起。斗转星移，用户成为新的稀缺资源，单打独斗逐渐向生态团战转变，实体经济与虚拟经济交融，传统企业与互联网企业牵手，主宰商业世界的"霸主之位"易主在即。

在商业世界的演进中，很多企业在短暂的辉煌之后迅速湮灭，少数优秀者则紧跟时代的更迭持续进化，不断续写传奇，华为和亚马逊就是其中的佼佼者。

华为的进化：从品类到万物互联的智能生态

改革开放以来，国内实体企业中能够比肩华为的屈指可数。

华为是一家值得尊敬的企业，不惧艰辛，不安现状，不断超越，最终在嬗变中取得举世瞩目的成就。

踩着时代的鼓点，华为的边界和形态几经变迁，逐渐由一家代理程控交换机的小型贸易公司，成长为被世界同行忌惮的电信行业的巨头，并逐渐进化成以信息技术为内核的多元化生态缔造者。

起于微末：从低买高卖的"夫妻店"到交换机品类大王（1987—1995）

华为诞生的直接原因是任正非中年失业、身负 200 万元巨债（当时内地月均工资为 100 多元），而且全家人都需要照料。在巨大的生存压力下，充分利用深圳经济特区的地缘优势，破釜沉舟地投身创业大潮几乎成为他当时唯一的选择。

创业之初，资金上捉襟见肘的华为根本无力涉足重资本行业。鉴于深圳毗邻香港，关税有一定的优惠幅度，迎着改革开放的东风，华为做起了从香港向内地的转口贸易。在这个阶段，内地什么都缺，既缺产品又缺技术，做什么样的转口贸易都是赚钱的，因此华为什么贸易都做，是个业务很杂的渠道商。

如果就这么发展下去，华为也许只是一家小贸易公司，但是，在时代大潮的涌动中，个体的命运充满了变数。

20 世纪 80 年代，内地固话的骨干网络全面建成，安装电话在理论上已经不是问题。但是，当时国家缺乏资金来进一步发展城市网络，因此制定了一套电信政策，规定居民安装电话要缴纳一笔 5 000 元左右的高昂初装费。为了节省初装费，企业纷纷购买一款被称为"小总机"的用户交换机,只需要安装一部电话就可以满足多名员工的通话需求,所以用户交换机的市场需求非常旺盛。然而,当时内地电信系统的国企效率低下,没有能力生产用户交换机,所以海量的交换机需求涌向与香港毗邻的深圳,依靠转口贸易的方式实现。

发现这一市场之后,贸易商华为开始代理香港鸿年公司 HAX 系列程控交换机,转型成为总批发商。

通过代理交换机,华为赚到了第一桶金。但是,好景不长,做代理商的门槛不高,几百家类似企业杀入市场,华为的代理生意开始面临激烈的竞争。

另外,1989 年,国内交换机的供应端开始有大量企业切入,其中国企就有 200 多家。任正非曾经描述过当时的情形:"没有任何一个国家有像中国这么多的交换机生产厂家,厂家各自为政,很难使国产交换机的整体水平提高档次,也是产生许多短期行为的原因。现在的现实,好的厂家都会被拖垮,差的厂家又成不了气候。中国的通信工业处在一个非常时期。"[1]

本来就备受香港供应商供货不及时的困扰,自己购买散件组装产品又面临散件供应商供货不及时的问题,华为认识到只有拥有自己的尖端技术产品才能够活下去,于是下定决心搞研发。

1989 年,华为开始从事 BH-03 交换机的研发。1991 年,华为第一款自主研发的交换机 HJD-48(也叫 BH-03U)投入市场,1992 年实现量产,当年产值高达 1.2 亿元,利润超过千万元。

---

[1] 资料来源:任正非在 1994 年 6 月 21 日发表的一次讲话,题为《对中国农话网与交换机产业的一点看法》。

尝到自主研发产品的甜头之后，1992年华为孤注一掷地投入了数字程控交换机C&C08的研发。因为研发周期较长，资金链出现问题，任正非不惜借入利息率为20%～30%的高利贷来为研发人员发工资。当时的处境非常危急，任正非甚至对下属表示："这次研发如果失败了，我只有从楼上跳下去，你们还可以另谋出路。"

幸运的是，此时郑宝用（20世纪90年代的清华大学博士，华为前"二号首长"）、李一男（毕业于华中理工大学少年班）等顶尖技术人才加盟华为，对华为的研发起到了极大的推动作用。其中，李一男主导C&C08交换机的研发。经过半年的艰苦奋斗，大型数字程控交换机C&C08研发成功。这是华为真正意义上的高水准自研数字程控交换机，技术上已经达到了国际先进水平，一度热销全球50多个国家，帮助华为打响了品牌。另外，借助这一明星产品，华为充分利用了1995年的"村村通"政策红利，斩获15亿元的订单，成为农村市场最大的供应商。

至此，由渠道环节入局的华为最终成长为拥有自主品牌的交换机大王，从而在那个物资匮乏、产品为王的时代站稳了脚跟。

在业务模式内核嬗变的同时，华为的组织模式也在更新迭代，经过自然成长，由初创的直线型架构转型为专业分工的职能型架构。

华为创立之时，包括股东在内总共只有14名员工，而且数量增长极为缓慢，经过5年的发展（到1991年）也才勉强凑够了50人，此时自然也谈不上构建组织模式，初创企业广泛采用的直线型架构就足以适用。在这一阶段，任正非认识并熟悉所有人，所有人也都直接向任正非汇报工作，治理高度集权化。

后来随着华为从渠道端切入产品端，自主研发交换机并实现量产，员工数量开始快速增长，1992年达到270人，1995年超过1 800人。华为的组织架构随之由直线型自然转变为职能型，既组建了业务流程部门，如研发、销售、生产等，也形成了完整的辅助部门，如财务、人力资源、行政管理等。

但是，由于华为的职能型组织架构是自然成形，未经科学规划，所以部门内部以及各部门之间的协调都存在着严重的问题。例如，华为最重要的两个部门——研发和市场严重依赖于"技术英雄"和"救火队长"，缺乏规范化的工作流程和科学高效的管理手段。销售和制造的协调也存在问题，销售前脚抢到订单，后脚就发现公司无法生产，这使得华为的交付率仅为50%，远低于国外同行的94%。

另外，虽然采用科层制中的职能架构，但是华为并没有同时建立一个与之匹配的中央集权决策体系。非但没有金字塔化，反而呈现出类似平台网络架构的高度松散化和权力下放的特征，公司不同部门、不同地区的管理人员有权采用不同的管理方法。任正非本人曾描述过华为自成立以来到20世纪90年代中期的内部组织管理状态："在华为成立之初，我是听任各地'游击队长'们自由发挥的。其实，我也领导不了他们。前十年几乎没有开过办公会类似的会议，总是飞到各地去，听取他们的汇报，他们说怎么办就怎么办，理解他们，支持他们；听听研发人员的发散思维，乱成一团的所谓研发，当时简直不可能有清晰的方向，像玻璃窗上的苍蝇，乱碰乱撞，听客户一点点改进的要求，就奋力去找机会……更谈不上如何去管财务，我根本就不懂财务，这导致我后来没有处理好与财务的关系，他们被提拔少，责任在我。也许是我无能、傻才如此放权，使各路诸侯的聪明才智大发挥，成就了华为。我那时被称作甩手掌柜,不是我甩手,而是我真不知道如何管。到 1997 年后,公司内部思想混乱,主义林立,各路诸侯都显示出他们的实力。公司往何处去,我不得要领。"①

这种非规范化、非标准化的职能型架构曾经帮助华为在"草莽时代"脱颖而出,但是对于支撑华为不断加快的成长速度来说已然非常吃力。

劈波斩浪:从游击队到正规军,成就全面通信解决方案提供商(1996—2010)

20 世纪 80 年代中期,很多中国的创业者和国企管理者都认为中国的通信设备市场有很大的发展前景,可是到了 90 年代,他们就不敢再抱有这样的想法了。

彼时,中国通信设备行业的市场竞争格局发生了巨大的变化。为加入 WTO(世界贸易组织),中国通信设备关税大幅降低,跨国通信设备巨头在国际市场需求下滑的背景下,转入中国市场抢占份额,以残酷的价格战与刚刚成长起来的民族通信设备企业正面竞争。"七国八制"时期国内企业通过组建服务小组,深入偏远地区,并提供远低于国外企业价格的竞争方式失效。除了日益凶猛的"外敌入侵",国内通信设备领域已经基本形成"巨大中华"(巨龙、大唐、中兴、华为)的市场竞争格局,另外还有 400 多家通信设备类的国有、民营、多种所有制背景的企业

---

① 资料来源:任正非于 2011 年 12 月 26 日在华为内部发表的一篇文章《一江春水向东流》。

参与角逐，"内耗"也非常严重。国内通信设备市场在短短数年之间，就由产品短缺、供不应求，进入中外产品激烈厮杀、市场饱和、供过于求的红海竞争阶段。

面对空前激烈的竞争和日趋多元化的市场需求（网络服务和移动通信越来越受关注），华为紧跟国外巨头的脚步，参与全球化竞争，并且加快了由交换机产品供应商向全面通信解决方案提供商转型的步伐，积极谋求国际化、多元化、科学化转型。

一旦产品不再匮乏，渠道的重要性就得以凸显。对于国际化，除了任正非的个人目标（1994年任正非提出"10年后，世界通信行业三分天下，华为将占其一"），还有更为紧迫的生存问题："我们的队伍太年轻，而且又生长在我们顺利发展的时期，抗风险意识与驾驭危机的能力都较弱，经不起打击……不趁着短暂的领先，尽快抢占一些市场，加大投入来巩固和延长我们的先进，势必一点点领先的优势会稍纵即逝。不努力，就会徒伤悲。我们应在该出击时就出击，我们现在还不十分危险，若3至5年之内建立不起国际化的队伍，那么中国市场一旦饱和，我们将坐以待毙！"[①]

为避免与国际巨头正面冲突，华为的国际化路线遵循的是由发展中国家和地区向发达国家和地区逐步渗透的战略步骤，最终完成了全球布局。另外，随着市场销售网络的不断延展，华为的产业链布局也渐趋国际化，以便于有效利用全球资源，行政中心、财务中心、研发中心、供应链中心遍布全球。例如，在美国、法国和英国等商业领导者聚集区，成立本地董事会和咨询委员会，打造行政中心，以加强与高端商界的互动。

---

① 资料来源：孙力科. 任正非传[M]. 杭州：浙江人民出版社，2017.

除了积极地走出国门，为在国内市场获取更强的竞争力，防范市场饱和的危机，并紧跟技术升级的潮流，以及顺应需求多元化趋势，华为的研发开始由单一集中化向横向一体化发展，商业模式的内核由以交换机为中心的单品类转变为多品类矩阵化的通信解决方案。例如，2000 年华为涉足 3G 技术时，战略规划就已经不再仅仅是寻求单产品的市场胜利，而是着眼于 CDMA（码分多址）的全系统解决方案，甚至已经开始研发 CDMA 手机。

上述转变使得华为研发项目的数量不断增长，"元老"郑宝用所设计的"三驾马车"研发架构（研发体系分为三部分：战略规划办负责决定"做什么"，中研部负责"做出来"，中试部负责测试"做的好不好"）因需要提前豪赌技术发展方向而不再适用，非规范化、非科学化的研发管理体系的弊病集中暴发。1997 年前后，在 CT2（第二代无绳电话）和 DECT（数字增强无绳通信）两个产品上的接连失败，给华为造成了巨大的损失。

另外，人力、财务、供应链等各模块落后的管理体制所暴露出的问题也越来越严重。在人力方面，人治色彩过重，缺乏科学的激励体制；在财务方面，财务管理无法与业务发展相匹配；在供应链方面，研发周期长，销售利润未与销售额同步增长。

此阶段的华为尽管胸怀成为国际化、多元化的通信解决方案提供商的雄心，但是受到内部非科学化管理体制的掣肘，转型之路走得异常艰难。

为解开捆绑住手脚的管理体制"锁链"，华为进行了大规模的深度管理变革，主要是学习国际最先进的管理经验。在各大国际咨询公司的帮助下，华为打造了集成供应链体系、集成财经服务系统、人力资源 4P 系统。管理体系不断规范的同时，市场布局越来越广阔、品类矩阵越来越复杂的华为也在积极地设计一种更为复杂的二维架构以替代职能型组织模式。

1998年定稿的《华为基本法》中这样描述公司未来的组织架构：公司的基本组织结构将是一种二维结构，按战略性事业划分的事业部和按地区划分的地区公司。事业部在公司规定的经营范围内承担具体产品线开发、生产、销售和用户服务的职责；地区公司在公司规定的区域市场内有效利用公司的资源开展经营。事业部和地区公司均为利润中心，承担实际利润责任。

华为这种二维矩阵式组织结构，最终帮助其实现了由交换机大王向通信解决方案提供商的跨越。由于事业部制对产品的生产和销售实行统一管理，且允许自主经营和独立核算，极大地调动了华为内部员工的积极性、主动性，并且使得子公司内部的高层领导者得以摆脱烦琐低效的日常事务，能够集中精力去思考宏观战略，同时还锻炼和培养了本事业部的综合管理人才。华为地区公司的建立则为其构建了全新的销售网络，极大地节约了华为的综合成本。

除组织架构和业务流程方面的重大变革以外，华为的治理体系也随着战略升级和业务范围的扩展而不断优化，并呈现出"群体智慧型"的特征。

早在1998年，华为的最高治理层就分化为董事长和CEO（首席执行官），但是董事长的权力较小，主要负责对外关系，战略决策和内部管理的大权仍然集中在CEO任正非的手中。为了适应越来越复杂的内外部环境和减少长期战略决策的失误，2004年在咨询公司的帮助下，华为建立集体决策机构EMT（营销管理团队），并采用轮值主席制度。EMT的8名成员轮流担任主席一职，并同时兼任 COO（首席运营官），每次任期为 6 个月。但是，在此阶段，战略决策的权力仍然集中于任正非，EMT 更多的是扮演战略执行者的角色。总之，虽然此时华为"个人集权"的色彩仍然非常浓厚，但是已经在逐渐由任正非个人决策制向集体决策制转变。

经过一系列的内部变革，华为增强了自身抵御风险的能力，并打牢了未来发展的基础。

在 21 世纪最初的十几年里，华为一直将战略聚焦于运营商用通信设备领域，并同时有所选择地探索其他业务的可能性，国际化进程不断加速，内部管理变革持续推进，组织架构也经过渐进式的演变由事业部和地区公司相结合的初级矩阵架构，优化为以产品线为主导的改良式矩阵架构。这段时期的华为以稳健但迅猛的速度阔步前进，在 2010 年营收达到 1 852 亿元，首次进入《财富》世界 500 强（排名 397 位），员工人数超过 10 万人，超越了几乎所有的竞争对手（2013 年华为超越爱立信成为全球第一电信设备商），海外销售占比超七成，真正成长为一家国际化的大型通信解决方案提供商。

精进不休：逐渐形成多用户解决方案矩阵（2011—2016）

曾经的追随者如今成长为行业领导者，坚守运营商用通信设备领域 23 年的华为走到了一个关键的转折点——运营商用通信设备领域的全球竞争格局已经基本稳定，华为很难在这个市场上取得更大的进步，想要实现进一步成长，急需扩大业务边界。

因此，华为在 2011 年重新定义了自己的业务战略，"从原来的单核架构调整为多核架构"①，成立运营商业务、企业业务、消费者业务三大业务群（BG），由以运营商为中心的单用户解决方案提供商逐步转型为多用户解决方案提供商。

华为本身就是一家非常喜欢未雨绸缪的企业，企业业务和消费者业务在被划分出来之前其实早已存在，只是在过去华为的业务重心聚焦于运营商业务，企业业务一直未能发展起来，而消费者业务则一直作为运营商业务的辅助部分而存在，如为运营商生产定制机。此番独立出来之后，企业业务和消费者业务的成长动力得以释放，年平均增长率高达30%。

为适应业务战略的变化，华为又对组织架构进行了升级，在矩阵架构的基础上吸收了事业部制的精髓。各业务群拥有极大的自主权，可自行设立投资评审会和项目管理办公室，负责产品投资决策以及其管辖范围内的变革管理。集团层面的功能平台和服务部门则负责为业务部门提供相应的资源支持。

但是，事业部和矩阵两种架构在融合的过程中出现了矛盾和冲突。各业务群的自主权过大，在集团层面互相争夺资源，盲目扩张，产品重复开发现象严重，并且还出现了企图绕过区域销售体系直接进入市场的状况。

为解决组织架构方面的失调，华为选择减少后期融入的事业部制成分，缩小业务群的自主权。除消费者业务群以外，运营商业务群和企业业务群的研发组织收归平台。另外，重新强化以地区为主维度的市场销售体系，同时还授予地区更大的自主权，划

---

① 资料来源：黄卫伟. 华为如何组织变革的［EB/OL］.（2018 - 10 - 15）. https：//www.sohu.com/a/259546744_797446.

分小作战单位，明确"用5~10年的改革逐步实现'班长的战争'，利用IT（互联网技术）系统支持，将代表处作战指挥权力前移，从屯兵模式走向精兵模式，同时作战过程要可视透明，监管同步。3~5年内把LTC（从线索到现金）、账实相符推进下去，实现端到端贯通。5年以后，坚定不移地逐步实现让前方来呼唤炮火，多余的机构要关掉，缓解机关官僚化"。①

除上述变革以外，华为的治理体系也进一步优化升级，董事会由务虚逐渐转为务实，总揽集团的最高战略决策权；轮值COO制度升级为轮值CEO制度，负责执行董事会的战略决策；EMT制度扩展到各业务群，形成集团EMT+业务EMT的多维集体决策系统，集团具体业务的决策由集团EMT负责，各业务群的具体业务决策权则下放给各业务EMT。华为的"群体智慧型"治理体系得以进一步完善。

经过一系列的变革，华为的营收从2010年的1 852亿元增长到了2016年的5 216亿元，成长为世界信息技术领域的领头羊之一。

蝶变在即：广结盟友，共迎智能时代（2017年至今）

当下，大数据、物联网、人工智能等技术蓬勃发展，企业之间的连接和合作愈发紧密，市场竞争模式越来越表现为生态与生态之间的对抗，用户也渴求更为完整、多元、极致的解决方案。

---

① 资料来源：任正非. 从屯兵模式到精兵模式的转变［EB/OL］. （2016-10-26）. http：//www.cghuawei.com/archives/10192.

在这样的时代背景之下，华为不再满足于做全球领先的信息与通信解决方案提供商，而是要打造平台、构筑生态，并最终构建起万物互联的智能生态系统。

目前，华为正在积极推动三大业务群向开放化、平台化、生态化、赋能化的方向优化升级。

在运营商业务方面，华为希望通过运营转型和开放生态系统助力运营商打造数字化未来。华为正在尝试打造一个集合全球资源的开放平台，将Telco OS（敏捷数字化运营）平台分享给行业，向上整合内容和应用，向下牵引网络演进，横向拉通合作伙伴，来共建数字化生态圈。

在企业业务方面，华为致力于为客户打造融合、创新、开放的数字平台，使政府和各行业企业能进行敏捷高效的业务创新，实现数字化转型和智能化提升。华为在云计算、物联网、人工智能、大数据等新ICT（信息通信技术）领域持续创新，数据中心、企业园区、智简网络、全闪存、eLTE（华为针对企业、园区及行业用户专门定制的无线通信解决方案组合）和企业通信方案，在政府、能源、交通、金融、制造等行业得到广泛应用。同时，华为通过打造开放ICT平台、全球营销平台、培训和服务平台，在全球建立联合创新的OpenLab（开放实验室）。华为企业业务总裁阎力大在解释华为企业业务的"平台+生态"战略时说："华为要做平台的平台，做行业平台下面一层的数字化平台。未来数字化转型主导权将回归传统企业手里。很多行业的领军企业希望做平台，比如招商银行的想法是能否面向金融领域的同行业平台，在电力领域、交通领域类似。华为要做客户这个平台下面的平台，是所有行业数字化转型都要用到的平台。"①

在消费者业务方面，华为围绕不同需求场景构建多种开放共联的智能生态系统。视听生态、智能车载 HiCar 生态、智能家居 HiLink 生态等都在积极打造中。其中，以智能家居 HiLink 生态为例，华为希望凭借业界唯一全面布局云、端、芯的领先优势，在企业客户和个人客户两端双重发力，全方位开放华为技术、品牌和渠道能力，助力智能家居产业发展。华为以流量、技术、品牌和渠道四大优势全面助力智能家居生态的落地。在用户方面，华为手机业务遍布全球，庞大的用户基础为智能家居入口提供了保障；在技术方面，华为拥有通信领域 30 多年的技术沉淀，并在 5G 商用网络领域取得了世界领先的技术优势；在品牌和渠道方面，华为是全球排名前三的手机制造商之一，并以线上与线下并重的方式推进渠道拓展。目前，华为智能家居合作伙伴覆盖智能硬件厂商、家电厂商、各类渠道厂商以及各种内容服务提供商等，合作品牌包括欧普、九阳、美的、科沃斯、杜亚、三思、720、公牛、海尔、老板、方太、科大讯飞、中粮地产等。

随着战略方向的调整，华为进一步优化了自身的组织架构。

为探索新兴业务，华为在原有的运营商业务群、企业业务群和消费者业务群等基础模块之外，逐步增加了两个与业务群并列的创新业务模块：Cloud & AI 产品与服务业务单元（BU）、智能汽车解决方案业务单元。

除此之外，华为还强化了集团的平台治理层，以应对战略的生

---

① 资料来源：佚名. 华为企业 BG 总裁阎力大：做数字化转型的使能者，做平台的平台 [EB/OL]. (2017-12-05). https://www.sohu.com/a/208625173_296821.

态化升级和保证企业的可持续发展。进一步做实董事会，轮值 CEO 升级为轮值董事长，并设立了负责战略的制定、实施、重要问题决策、跨部门问题的解决及设定前瞻性目标的可持续发展委员会（由来自研发、制造、采购、人力资源、交付等部门的 20 余名委员组成）及四大分委会（ICT 基础设施分委会、消费者业务群分委会、研发分委会以及平台分委会），增强集团层的平台赋能能力。

虽然优化了组织架构，但是华为目前仍然存在管理层级太多、机构臃肿、人浮于事等问题。这种大公司的通病会带来大量的低效重复劳动，长此以往也会影响华为创新活力的释放，拖累华为构筑智能生态系统的步伐。想必在不久的将来，华为还会对组织架构进行进一步的改良，以实现真正的"分布式"。①

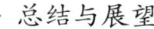

总结与展望

时代在变，华为也在变。

历经产品为王、渠道为王、用户为王三个时代，华为的商业模式几经变迁，从"交换机大王"成长为"电信解决方案提供商"，然后进一步进化成"多用户解决方案提供商"，如今又在探索如何构建开放共享的"智能生态平台"（见图1.1）。

"知者善谋，不如当时。"华为既善谋略，又精通顺势而为的艺术，所以才能紧跟时代，不断实现自我的蜕变重生。

"沉舟侧畔千帆过，病树前头万木春。"时代洪流滚滚向前，数不清的企业湮没在历史的长河中，但总有少数优秀者能够顽强

---

① 2018 年《华为人力资源管理纲要 2.0》中提出分布式的概念。"分布式"体系具有在共享资源的情况下同步完成纵向及横向若干小系统各自任务的特点。

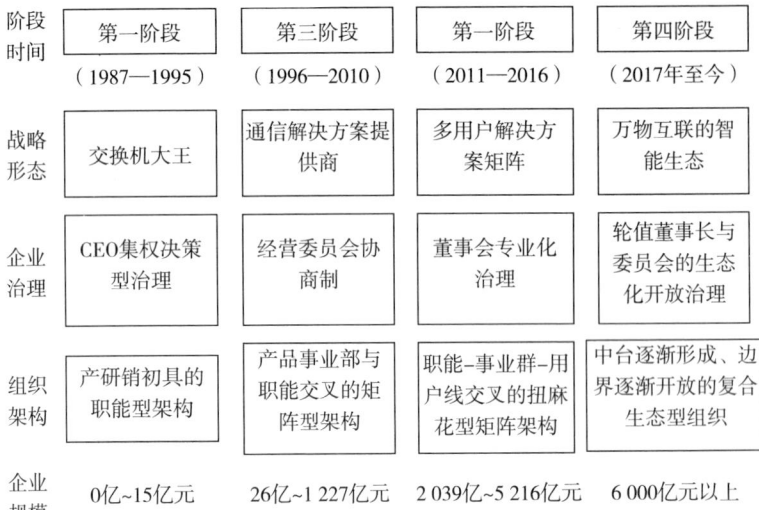

图 1.1 华为各阶段的战略形态与组织形态

地存活并发展壮大。倒下的企业各有自己倒下的原因,而优秀的幸存者无一不是懂得"顺应历史进程"的高手。

正如"自然界中生物的物种是不断进化的,是不断从低级向高级发展的",商业世界中同样也在进行着物种的演变,华为商业模式的变迁就是商业物种进化的典型案例。

亚马逊的迭代:从最大书店到数字经济生态

实体领域有华为这样的企业在不断进化迭代,而在更有创新活力的互联网领域,企业的进化则更加迅猛,无边界的亚马逊就是其中翘楚。

从1994年创立至今,亚马逊的成长历程毫无疑问是令人惊叹的，也是令人钦佩的。与很多只成功一次，之后就躺在功劳簿上走向平庸的企业不同，亚马逊在最初安身立命的业务基础上，通过一次次商业模式迭代，实现了不断的创新与突破，成就了万亿美元的商业帝国。

2020年，亚马逊营收高达3 860亿美元，折合人民币超过2.5万亿元（约为阿里巴巴的4倍），盈利213亿美元。公司市值也一路飙升，于2018年9月4日突破万亿美元大关后，又在2020年年底突破1.6万亿美元，是全球市值最高的四家公司之一（其余三家为苹果、微软及谷歌）。

在亚马逊超快的增长和业务裂变背后，是超强的商业模式迭代能力。从创立以来，亚马逊的商业模式可以归结为四个阶段。

1.0版：单品类电商，从图书开始，做世界上最大的书店。
2.0版：多品类电商，不断快速拓展，成为万货商店。
3.0版：线上零售平台，构建生态，对外赋能。
4.0版：基础设施平台，线上线下打通，加强基础设施建设，持续拓展边界。

亚马逊的诞生，是互联网崛起背景下一个典型的创业故事。

在创建亚马逊前，贝佐斯就职于华尔街量化对冲基金巨头萧氏公司。该公司创始人为斯坦福大学计算机博士大卫·萧（D. E. Shaw）。为了探索互联网的商业潜力，很快被提升为副总裁的贝佐斯，每周都会跟萧先生一起开展头脑风暴，天马行空地畅想未来。头脑风暴后，贝佐斯负责把各种奇思妙想记录下来，逐一分析其可行性。

早在 1994 年年初，他们就想到了几个颇有前景的创意。其中，最让贝佐斯心动的是"万货商店"。因为在研究互联网的过程中，有一个神奇的数字——2 300%——深深地震撼了贝佐斯，即相比前一年，互联网用户增加了 23 倍。贝佐斯后来多次谈到当时内心的震撼以及之后的思考：这样的超高速增长是极其罕见的，到底做什么样的业务，才能乘势而上？

于是，贝佐斯辞去了华尔街待遇优厚的工作。1994 年 7 月，30 岁的贝佐斯从老家得克萨斯州出发，开着一辆雪佛兰汽车沿着高速公路前往西雅图，开始了探索未知的创业之旅。

尽管万货商店的创意非常令人心动，但贝佐斯知道，一步登天、一蹴而就是极不现实的，千里之行，始于足下。

扬帆启航——做世界上最大的书店（1994—1997）

什么是最适合在互联网上售卖的品类？贝佐斯列出清单，其中包括计算机软件、办公用品、服装、音乐等 20 项。深度思考之后，贝佐斯做出了选择：与其漫天撒网，不如聚焦一点，先从图书开始。

贝佐斯为什么在万物之中单单选择了图书呢？

有些原因众所周知，比如首先图书是标准品，易于展示，明码标价，而且配送相对容易。其次，美国图书市场的行业结构较为特殊，有两个大型批发商把持了整个市场，只需要找到它们就能开展业务，而无须联系大大小小的出版社。同时，图书的零售终端则较为分散，没有形成有绝对优势的企业。这对初创企业可谓十分有利。

但贝佐斯更看重的是，如何创造传统线下书店不可能具备的独特竞争优势。

这才是问题的核心。贝佐斯要的不是简单地把客户买书的行为从线下搬到线上，他要的是通过互联网及各种新技术，为客户创造一种全然不同的全新体验，一种即便传统书店有心复制，也无法实现的独特体验。

首先是无限选择。传统线下书店面积有限，通常一家大型书店最多就卖10万~15万种图书，而全球正在出版的图书超过300万种，通过互联网卖书，就能够突破传统线下书店的空间限制，给客户提供无限选择。

其次是真实的反馈。以传统方式卖书，通常有知名人士的推荐，有的印在书上，有的发表在媒体上，一般都是各种溢美之词，然而真实的情况如何，是否会名不符实、令人大失所望，这就不得而知了。而通过互联网，请读者留言，来自普通人的未经修饰的真实客户反馈，对买书的人可能更有帮助。

最后，也是最关键的，是终极个性化服务。即根据每个客户的基本信息、习惯偏好及特殊要求，为每位客户提供量身定制的服务，包括精准推荐。这对习惯了传统标准服务的读者来说是巨大惊喜，传统线下书店很难做到，但对精于技术的互联网公司来说，这恰恰是其最擅长的。

无限选择、真实客户反馈、终极个性化服务，这正是贝佐斯最看重的，且只有互联网才能带来的。因此当亚马逊因快速占领图书市场而被传统线下书店集体围攻时，贝佐斯显得十分淡定，说对方根本不是自己的对手。

1994年创业初期，公司名字一直没定下来。贝佐斯尝试过好几个，但总是不太满意。有天翻字典时，不经意间，"Amazon"（亚马逊）跳进了贝佐斯的视野，就是它！

后来贝佐斯回忆说，取名亚马逊是因为它"不仅是世界上最大的河流，而且其体量远远超过了其他河流"。这就是贝佐斯对自己公司的期许，不仅要做到最大，还要远远超过其他对手。

在图书领域，亚马逊的确做到了遥遥领先。2018年，在全美纸质图书方面，亚马逊的市场份额高达42%，在电子书方面则是占据了令人惊叹的89%的市场份额。

通过互联网与新技术，亚马逊获得了图书领域的范围经济和规模经济，并拥有了不断升级的个性化精准推荐能力，初步奠定了自身的竞争优势基石。

一网打尽——打造在线的自营万物商店（1998—2002）

图书市场的成功，并未让贝佐斯忘记自己最初的梦想——打造在线的万货商店。

自1998年起，亚马逊涉猎音乐、影片、礼物、玩具、消费电子、家居家装、软件游戏等多个品类，除了自身业务快速拓展，亚马逊还通过投资并购，迅速切入了多个垂直领域，如有声书、医药、宠物、金融服务、快消日杂、户外装备、玩具、汽车、红酒及鞋等。亚马逊还通过并购Bookpages、Telebook和卓越网等在线书店，进入了英国、德国、中国等海外市场。

在令人眼花缭乱的并购投资、品类及区域拓展之间，亚马逊在线万货商店的轮廓渐渐清晰起来。

到2001年，亚马逊在售商品达到4.5万种，在售图书超过百万种。受益于规模效应及摩尔定律，在激烈的竞争中，亚马逊持续保持了极具竞争力的天天低价；通过不断创新，亚马逊推出了一键下单、愿望清单、个性化推荐、实时订单更新、图书在线试读等今天我们已经习以为常的各种新功能，为客户创造了更好的体验、更便捷的服务。

业务上的快速发展，并没有让贝佐斯迷失，他一直提醒自己以及亚马逊所有同人必须聚焦客户，痴迷客户。在2001年致股东的信中，贝佐斯首次提出了"客户体验三支柱"：更优的选择、更低的价格、更便捷的服务。后来又在2008年致股东的信中再次强调：即便放眼未来10年，这些也不会改变。

什么是最能打动用户的杀手级服务？2005年，亚马逊推出了Prime会员服务，即每年交79美元会员费，便可享受全年无限的2天到货免邮服务，而且无最低消费限制。Prime一推出就大受欢迎，用户习惯了亚马逊的服务后将形成更强的黏性。截至2020年年底，亚马逊全球Prime会员总数已超过1.5亿。亚马逊凭此建构出独特的生态系统和盈利模式。

通过万物商店，亚马逊也从单品类电商升级为全品类电商，亚马逊获得了更加巨大的规模经济与范围经济优势。通过Prime，亚马逊获得了更牢固的用户黏性，在原有的三大竞争优势基础上，亚马逊的护城河大大加深。

开枝散叶——建构开放的电商平台生态（2003—2013）

2003年，贝佐斯提出"Unstore"，旗帜鲜明地说"亚马逊不是开零售店的"，而是家科技公司，做的是零售平台。

零售店与零售平台究竟有什么区别呢？

亚马逊最早的自营业务就是开零售店，只不过不是线下实体店，而是开在互联网上。当亚马逊引进第三方卖家，并对外开放其客户资源、履约物流等各项核心能力时，亚马逊就演进成了零售平台。

所谓平台，必须有多方参与，必须能促成多种产品及多种服务的复杂交易，而且必须能为参与各方创造价值。

为此，贝佐斯特别强调：从今往后，亚马逊最应当关注的，不是自己卖了多少东西、完成了多少订单，而是如何帮助用户做出最好的购物选择。

为了成为平台，在两次失败的尝试后，亚马逊依然矢志不渝，推出了面向第三方卖家的销售平台——亚马逊商城。

起初，大家对亚马逊的许多做法感到十分困惑。比如，用户搜索某件商品时，第三方卖家与亚马逊自营的搜索结果会出现在同一个页面。用户在第三方卖家那里下单后，亚马逊则会提供物流服务，帮卖家完成订单履约工作。第三方卖家经营时，亚马逊为它们提供各种职能管理工具，为它们赋能，让它们更好地同亚马逊自营业务竞争。

如果把亚马逊看成是单纯的电商企业，上述帮助竞争对手的做法确实不可理喻，但是如果从线上销售平台的角度看，亚马逊这样做就是理所当然的。这些第三方卖家，不仅是亚马逊的竞争对手，更重要的角色是亚马逊平台生态中的合作伙伴。从开放至今，亚马逊的平台生态中已经有数百万家合作伙伴。

亚马逊追求的不是自营业务短期收入与利润的最大化，而是与用户建立长期的信任关系。

单靠一家，无论能力多强，能服务的客户以及能为客户提供的选择，总是会遇上天花板的。通过搭建平台，通过引入合作伙伴，赋能成千上万乃至数百万第三方卖家，亚马逊才能真正做到始终为客户提供更优的选择、更好的价格及更便捷的服务。

当亚马逊把客户资源与第三方卖家分享，通过第三方卖家给客户提供更多的选择、更好的体验时，客户体验就会提升；与此同时，随着平台规模的增长，成本结构不断优化，价格也会随之不断下降，这样客户体验会更好；客户体验更好，客户信任度就更高，不仅能提升客户留存率，促进客户消费，还能吸引更多的新客户。

如此不断循环向前，不断自我强化——这就是亚马逊的增长飞轮（见图1.2）。

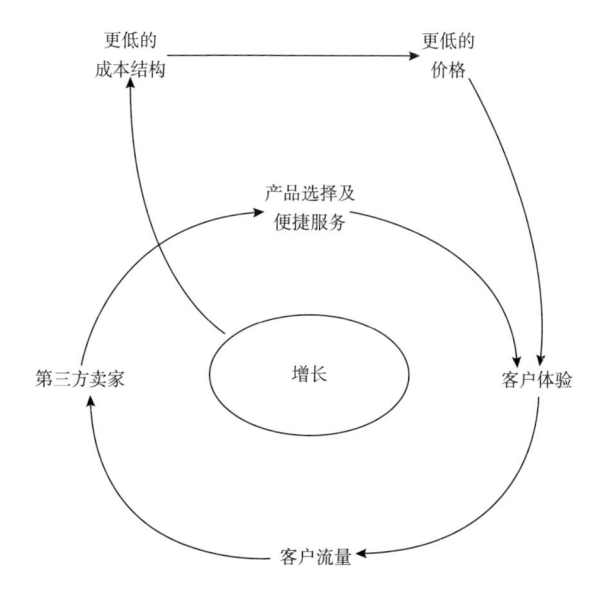

图1.2 亚马逊的增长飞轮

截至 2018 年，亚马逊已经成为全美最大的线上零售平台，占据 45% 的市场份额，像奔流汹涌的亚马孙河一样，远远超过了其他对手。其中第三方业务增长迅猛，1999 年的交易量仅为 1 亿美元，2020 年交易量激增至 2 950 亿美元，年均复合增长率高达 46%。第三方卖家交易量占亚马逊交易总量的 62%，大大超过自营电商业务。亚马逊实现了与开放生态的共同繁荣。

通过建立支持第三方卖家的平台，亚马逊实现了从自营电商向线上交易平台的物种进化，平台经济拥有的双边网络效应不断吸引着更多的卖家和买家，驱动亚马逊飞轮加速旋转，将亚马逊的竞争力带到全新的高度。

无限边界——提供数字化商业的基础设施（2014 年至今）

除了电商生态，亚马逊一直在探索全新的商业机会，同时，它也在积极主动地寻找再次加固竞争优势的契机，向更深和更广的领域探索，永不满足的亚马逊商业帝国在不断实现自我进化。

在过去 20 多年里，很多人问过贝佐斯：亚马逊会不会从线上杀回线下？但亚马逊多年都没有什么动静。其实亚马逊不是不想向线下拓展，只是在等待好的机会，探索可行的模式。

2015 年 11 月，亚马逊在西雅图开了第一家线下书店。更大手笔的线下探索是，2017 年 6 月亚马逊以 137 亿美元全资收购了以优质生鲜著称的全食超市，一举将其 471 家门店收入囊中，从此正式开始了线上线下业务的大规模融合。

2018 年 1 月，经过几年的秘密筹备，亚马逊又推出了"无人超市"——Amazon Go，主打简餐食品，通过摄像、红外感应和重量传感，识别客户身份、轨迹及其选购商品状态，客户拿了商品就走，后台自动完成结算。这种拿了就走、不用排队结账的全新购物体验，让很多客户惊叹不已。

为什么亚马逊一定要进入线下，而且对生鲜这个品类如此重视呢？因为这是高频业务。对于自己做饭的家庭来说，即便不是天天买生鲜，一周也得买两三次，而且买生鲜时，大家还是习惯于眼见为实，看看到底新不新鲜、好不好。通过这个特殊品类，打通线上线下，与客户保持高频接触，能更全面深入地了解客户的习惯和偏好，这是所有线上平台，尤其是亚马逊梦寐以求的。

此外，亚马逊还大力加强了自身平台化的基础设施建设，把核心能力变成了对外服务。比如，2006年，亚马逊推出了亚马逊履约服务（FBA）、亚马逊云服务（AWS）；2014年又推出了智能语音平台（Alexa）。

通过为第三方卖家提供亚马逊履约服务，让Prime会员在购买第三方卖家的产品时，也能享受两天到货的免邮服务，不仅解决了第三方卖家的后顾之忧，还能帮助它们提振业务，因而深受第三方卖家的欢迎。

更重要的在于，履约服务是固定成本极高、规模效应极大的业务，面向第三方卖家的履约服务，能够让亚马逊快速扩大业务量，并在更大的规模上摊薄固定成本，降低亚马逊整体的履约物流成本，提高整体的运营效率，在惠及他人的同时自己也能受益。

通过为中小企业提供亚马逊云服务，让它们按使用量灵活付费，不仅省去了中小企业自建互联网系统的大量投资，还极大地降低了初创企业做大时所遇到的资金、技术与能力门槛。

亚马逊云服务发展至今，已在原有的业务基础上进行了快速升级与持续扩展。2006 年云服务刚推出时，只有简单存储（S3）这一项服务。之后，亚马逊每年都会研发并推出新服务，2016 年服务已有 1 000 多项。

为满足特殊用户的特殊要求，2011 年亚马逊推出了专门为政府用户设计的云服务（AWS GovCloud），2015 年又推出了专门为物联网相关应用而设计的云服务（AWS IoT）。

在 2018 年致股东的信中，贝佐斯特别提高了 AWS 在机器学习和人工智能方面的探索程度。AWS 推出的智能工具，如 Amazon SageMaker，让那些原本无力投入前沿科技研发的企业，把机器学习、强化学习等数字技术快速应用到业务发展中。

亚马逊云服务成功引领了科技界的业务创新，引来微软、谷歌、阿里巴巴等巨头的模仿。到 2020 年，AWS 占全球云服务市场份额的 31%，遥遥领先于其他科技巨头，成为亚马逊利润的主要来源。

在智能硬件方面，亚马逊早在 2007 年就推出了 Kindle 电子阅读器，成为出版商、作者和用户交易的平台，占据了电子书市场的绝大部分份额。

2014 年，亚马逊推出搭载智能语音平台（Alexa）的智能音箱 Echo，并将 Alexa 开放给其他设备。截至 2018 年年底，亚马逊已经为包括亚马逊智能音箱 Echo 在内的 150 种产品、上亿台设备赋能，其中包括耳机、计算机、汽车及智能家居设备等。

这样大规模的使用及语音语料的收集，反过来对于 Alexa 自身性能的持续提升与迭代是至关重要的。相比 2017 年，2018 年用户与 Alexa 的对话次数增加了数百亿次。Alexa 掌握的事实信息量增加了数十亿，具备的技能数量增长了 1 倍，达到了 8 万多个，其理解请求和提供回答的能力提升了20%以上。

前面提到的增长飞轮，是面向个人消费者用户（2C）的，而这些基础设施的对外服务赋能，是规模更大、影响更深远、面向企业用户（2B）的增长飞轮。对外服务越多，能力提升就越快，服务拓展就会越多，而且服务成本会越低，这样客户体验就会越好，如此不断循环向前，不断自我强化。

经过20多年的发展，亚马逊成功地创建了业务遍及全球的商业帝国。2020年，公司总收入为3 860亿美元，折合人民币超过2.5万亿元。其中线上自营业务收入占56%，第三方平台业务收入占20%，云服务占12%，会员订阅服务收入占6.5%，广告收入占5.5%。盈利达到213亿美元。

即便已经如此成功，亚马逊也没有放慢持续拓展的脚步。比如，亚马逊还搭建了面向企业商户的B2B销售平台，以及面向二手商品交易的多个线上平台。

在金融服务领域，支付无疑是当仁不让的业务。亚马逊不仅推出了自己的支付服务Amazon Pay，还在印度收购了一家当地支付平台Tapzo公司。此外，亚马逊还以定向邀请的方式，通过亚马逊小贷服务Amazon Lending向中小企业提供贷款。

在本地服务领域，亚马逊搭建了亚马逊家庭服务平台Amazon Home Services，方便房主找维修、保洁等专业人士。除了家庭需要这种专业服务外，其实企业也需要。为了满足企业的这种需求，亚马逊创建了面向企业的工作外包服务平台Amazon Mechanical Turkey（土耳其机器人），帮助企业远程雇用"众包工作者"来执行零散的按需任务，这些任务大多是计算机无法有效完成，而人类可以轻松解决的。

2017年，人们惊异地发现，亚马逊竟然出现在奥斯卡颁奖典礼上，并一举拿下了最佳男主角、最佳原创剧本、最佳外语片三项大奖。原来亚马逊早已成立亚马逊影视公司Amazon Studios，并在游戏、影视、娱乐等诸多领域布局发力。

除此之外，亚马逊还进入了医疗领域。2018年年初，亚马逊与摩根大通以及巴菲特旗下的伯克希尔-哈撒韦公司成立了一家合资医疗保险公司，非常低调和隐秘，至今连公司名称都未确定。

2018年6月，亚马逊斥资10亿美元收购了美国的一家在线药房——PillPack公司。PillPack是一家创业公司，能帮助解决客户亲自跑药房和等待取药的烦恼。

2020年8月，亚马逊推出Halo智能手环，客户可以监测自身身体状态，同时还推出应用程序Amazon Care，亚马逊员工可以在上面在线咨询医生。虽然亚马逊目前还没有宣布在医疗领域的明确战略方向，但亚马逊的进场，已经令整个美国医药行业高度紧张了。

亚马逊的愿景是"成为地球上最以客户为中心的企业"，通过一系列数字化平台与基础设施的深入搭建，以及以"增强回路"的方式广泛探索创新业务，亚马逊在深度和广度上依然在不断自我超越。通过2C电商生态和2B数字基础设施这两大飞轮，亚马逊的智能技术还在不停迭代升级，而这正是其决胜未来的关键钥匙。

从地球上最大的书店到一网打尽的万物商店，从自营电商到赋能第三方卖家的电商平台，从零售生态基础设施到提供数字化商业基础设施的科技公司……亚马逊凭借商业模式的不断迭代，不断获得更强的竞争力，加上不断升级的创新飞轮驱动，其数字经济体的未来不可限量（见图1.3）。

阶段时间	第一阶段（1994—1997）	第二阶段（1998—2002）	第三阶段（2003—2013）	第四阶段（2014年至今）
战略形态	单品类电商	多品类电商	电商平台生态	数字经济的基础设施
主要业务布局	图书电商	图书、Kindle、万货电商	Kindle 万货电商 第三方商城 Prime FBA AWS	自营店、亚马逊商城、全食超市、Kindle、FBA、AWS、Alexa、Amazon GO、Amazon Pay、Amazon lending、Amazon studios、SageMaker、Halo、Amazon Care...
营收	1.5亿美元（1997）	39亿美元（2002）	744亿美元（2013）	3 860亿美元（2020）

图1.3　亚马逊战略形态与业务布局演进

资料来源：亚马逊官网。

———— 总结与展望 ————

不同于华为经历了产品为王、渠道为王、用户为王这三个时代，稍晚些诞生于大洋彼岸的亚马逊只经历了两个时代：渠道为王、用户为王。这也直接使得亚马逊的商业模式演变是以渠道而非产品开端，以线上书店试水，并逐渐构建起功能齐全的线上交易平台，并在线上交易平台的基础上探讨打造生态的可能性，乃至进化为更为多元化的数字经济生态平台。

感知"势"的变化，懂得提前布局以及顺势而为，亚马逊根据时代环境的变化不断更迭自身的商业模式，早已不仅仅是电商巨头，而是一个充满活力的强大的数字经济体。也许在未来，亚马逊的愿景"成为地球上最以客户为中心的企业"真的会实现，只是这个"企业"已经不再仅仅局限于零售行业了。

由华为和亚马逊的嬗变引发的思考

华为和亚马逊在根据环境的变化不断更迭自身的战略方向、商业模式、组织架构等，每隔一段时间就会进化出一种更加符合时代发展要求的新的商业物种形态。由此可见，随时而变、顺势而为的"适者生存"法则不仅仅适用于自然界，同样也主导着商业世界的演化。

正如大家所感知到的一样，当前，世界在各个层面上都面临着"百年未有之大变局"，这不仅影响着全球的政治经济局势，而且也在改变着身处其中的国家、企业以及个人。

虽然一切尚未尘埃落定，浓雾依然笼罩，但是风潮涌动的方向却足以被察觉。

聚焦于商业世界，有几大变化不容忽视：数字化正由交互端向制造端渗透，低成本的产业链协作成为可能，存量争夺推动需求满足的极致化，竞争多维复杂化趋势越发明显。

这一系列变化推动企业的商业物种形态从崇尚封闭走向鼓励开放、从强调竞争走向推崇战略协作、从注重执行走向聚焦创新。

除了华为和亚马逊，国内外有很多企业也在不断地进行自我更迭。

以提供产品或服务为主的企业的更迭方向与华为存在诸多相

似之处，如海尔、美的、IBM（国际商业机器公司）、小米、南极电商等。在原有市场份额面临不可逆转的侵蚀之际，它们的产品品类在不断扩充，更多的互补性产品和服务被引入产品矩阵并形成持续完备的整体解决方案，更为积极地接纳新兴技术。企业之间的关系也渐渐由过去的竞争主导向生态联合转变，它们渴望升维成产业的共享中台，制定并维护产业的运行规则，而非仅仅扮演游戏规则的被动接受者和附庸的角色。

其他以提供交易场所或平台为主的企业则更像亚马逊，如拼多多、京东、wayfair、红星美凯龙、奈飞（Netflix）等。流量红利存在天花板，虚拟经济无法完全取代实体经济，一家独大之后面对的不只是曲高和寡，还有增长放缓，在拓展品类的同时不断增加和完善平台的工具及功能成为各大平台型企业寻求新生的第一站，随后是实现线上线下的全方位连接以及平台生态化重构，在坚守 C（消费者）端流量入口的同时也在谋求更大范围、更广规模、更高层次上的 B（企业）端赋能。

商业世界呈现出一派全新的气象，这不免引人深思：在纷繁瑰丽的表象背后究竟暗藏着怎样的奥秘，商业物种进化的时代终局又是什么，近在咫尺但依旧模糊不清的未来究竟会以怎样的节奏、姿态和面貌显露出来……所有这些问题都值得力求在大变革时代存活下去并发展壮大的企业进行深入思考，以便于获得更为长远宏观的战略视角，审视自身的处境，找准自己的位置，看清想要去的远方以及通向远方的道路。

本章小结

商业世界的兴衰迭变迅速，许多企业在短暂的辉煌之后归于寂灭，少数优秀者则能持续进化，不断续写传奇，华为和亚马逊算得上是当今企业物种进化的代表。

自创立至今，华为一直踩着时代的节点，其业务边界与物种形态几经变迁，从交换机贸易公司成长为世界电信行业的巨头，并朝着以信息连接为内核的多元生态继续进化。

第一阶段（1987—1995），华为在创业初期从事香港到内地的多项转口贸易，后聚焦于电话交换机，在上游供货不及时、国内厂家纷起的背景下，华为开启自主研发，1992年其产品技术达到国际先进水平，一鸣惊人，华为也从贸易商变成国内交换机大王。

第二阶段（1996—2010），面对激烈的全球化竞争和多变的市场需求，华为以发展中国家市场为起点参与全球竞争，以多品类矩阵建构通信解决方案，并以二维矩阵式组织和科学管理变革作为支撑，从交换机大王又进化为国际领先的通信解决方案提供商。

第三阶段（2011—2016），为应对竞争超限和需求多元，2011年华为在运营商业务之外增设企业、消费者两大业务群，在组织上则调准业务群的权限，完善"群体智慧型"的治理体系。华为大步前进，成为世界领先的信息与通信解决方案提供商。

第四阶段（2017年至今），随着智能时代的来临，华为再次自我变革，为运营商打造数字化生态圈，为机构用户建立通信基础设施平台，为消费者构建多场景的智能生活系统，并增设云和

AI业务，加强平台化治理，旨在建构开放赋能、万物互联的智能生态。

与实体企业华为相比，亚马逊是互联网领域中进化的典范，其迭代过程更加迅猛壮观。

亚马逊是贝佐斯于1994年创立的互联网企业，其最初的愿景是成为世界上最大的书店。

第一阶段：单品类电商（1994—1997）。亚马逊于1994年在西雅图成立，其最初的业务模式是线上展示图书，用户下单后亚马逊再向出版商订货发货，经过多次迭代后，亚马逊迅速超过传统书店，成为美国最大的书店。

第二阶段：多品类电商（1998—2002）。图书业务站稳脚跟后，亚马逊开始构建万货商店，通过扩充自营品类和收购兼并，亚马逊很快实现了全品类的扩张，业绩保持持续增长。

第三阶段：电商平台（2003—2013）。亚马逊在建立了网站架构和物流体系与履约系统的基础上，开始建立向第三方卖家开放的亚马逊商城，不断强化给用户更多选择、更低价格和更便捷服务这三大优势，并推出Prime会员服务，构建用户生态圈。

第四阶段：数字经济体（2014年至今）。亚马逊通过打通线上线下的业务布局，打造软件、硬件、云服务等数字化基础设施领域，成为赋能生态伙伴的数字经济体。亚马逊的驱动飞轮不断加速，竞争优势不断增强，未来不可限量。

实体企业华为从品类大王到解决方案群，再从解决方案群到智能生态平台；互联网企业亚马逊则从自营电商到电商平台，再从电商平台到数字经济体，它们都要构建开放赋能数字智能化的超级生态，两条路径可谓殊途同归，其背后的奥秘值得探究。

第二章

适者生存

——商业物种的定义与演进的基本逻辑

我们周边的商业世界的变革从未像今天这样让人目不暇接。

起家于羽绒服的波司登起承转合，数次在羽绒服专家还是系列化男装领导者的定位间徘徊，最后还是回到了"畅销全球72国"的羽绒服大王定位。

全球家居领导者宜家开始抛弃一成不变的产业链集成SPA（自有品牌专业零售商经营）模式和单一的北欧极简风格，逐步走上线上线下结合的开放平台和涂鸦式的多种个性风格。

越来越多类似于顾家的传统家居品类巨头发现有一种新生意模式正在形成对它们的全面侵蚀，这些企业从房产销售开始渗入，直接通过量尺设计和拎包入住的一站式打包拦截让下游的企业无路可走。

号称要通过生态化反的无敌神功打造覆盖内容、电子设备、智能汽车的超级生态圈的"狂人"贾跃亭生态圈梦想破碎，遗留下的庞大债务使其不得不避居美国。

高举生态圈旗号，通过专业能力赋能生态，形成多个生态圈层的小米正如日中天，并通过短短9年的创业成就《财富》世界

500强企业，形成了小米模式和小米物联网圈层的无尽想象力。

中国的创业者日渐发现，创业已经无法摆脱BATHPM（百度、阿里巴巴、腾讯、华为、平安、小米），一线互联网平台巨头开始向多个产业全面渗透，成为推动多个产业改造升级的原动力。

纷繁复杂的中国市场，一方面不断涌现出一系列创新的超级物种，另一方面传统巨头也纷纷展开模式和组织进化，一时间，各种新老物种蔚然呈现，企业之间的竞合关系也在不断变迁，一个商业物种全面爆炸的新纪元已经全面开启。

何谓商业物种

物种，作为生物分类学的一个基本单位，组成了光怪陆离的大千世界。按照生态学的基本定义，物种是生态系统中的功能单位，不同物种占有不同的生态位。如果两个物种以相似的方式利用同一有限的资源和能源，它们必定会发生竞争和相互排斥，其中必有一个获得相对的胜利；如果一个物种的种内发生变异，占据了多个生态位，那么从生态学的角度看，就意味着新物种的生成。

随着数字化时代的到来，商业世界的企业变异也日渐加快，一系列采用全新商业模式或组织模式的产业组织形态不断涌现，一些我们熟悉的行业领军企业也在快速的转型过程中变得面目全非。为了解释不断演变和进化的复杂商业世界，一些管理学者开始将生物学中的物种概念引入管理学领域，但由于生物学中的每个独立物种都存在相对独立的基因表达，同时不同物种间又存在完全的生殖隔离，而商业形态的物种定义却过于粗放，因此直至当下，对于商业物种的定义和分类依然是缺乏精确定义的泛化表达。

为了更进一步界定商业物种的边界，我们将通过三个层面的讨论来清晰界定商业物种的定义及内涵。

商业物种是指产业中用以满足外部客户需求的经济活动单元

商业物种是产业中满足顾客需求的基本经济活动单元，其通过一系列活动组合，满足客户特定场景和定义下的需求。在农业时代，产业中满足各种需求的经济活动单元是个体种植户或手工业者，以及游商走贩，他们通过分散的个体式经营满足市场的需求；随着工业革命的诞生，满足各种需求的主体逐步演变成种植联合社及各种工商企业，它们有着精细的分工、强大的规模经济效应和相对完整的产业链，从而以更低成本的方式普及了各种基础消费品或工业品。随着全球化、深度工业化以及信息技术的诞生，这些工业时代的物种开始了更加复杂的进化，它们中的一部分开始涵盖工商服务的所有环节，并通过供应链的全球整合、开放化的外部合作，形成一系列开放化的虚拟整合企业，为客户提供一站式的整合型解决方案；到数字化革命和互联网革命完全形成，脱离空间实体的一系列刚性物理约束，构建空中产业组织形态成为现实后，一种旨在摆脱地域和时空限制，整合更大范围需求和供给的数字化平台应运而生，它通过买全球、卖全球，大幅提升了产业中需求供给匹配的便利性；再到产业互联技术逐渐成形，万物互联成为现实，一种提供产业基础设施，推动在产业互联背景下的产业大幅重构的产业平台生态开始不断形成，它通过开放的数字技术、连接和赋能，形成了一种高度开放的全新产业生态，最终为产业内的客户提供深度定制和一站式整合的个人化解决方案。我们可以看到，随着技术的不断升级，各个产业中满足客户需求的基础经济活动单元的形态在不停进化，而新兴物种的诞生，也并不一定意味着旧的物种的衰亡，最终演化成了我们今天看到的蔚为壮观的商业世界。

商业物种是作为参与市场竞争，相对于对手具有独立性和完整性的竞争主体

商业物种作为各个产业中存在的基础组织形态，在竞争层面具有相对于竞争对手的独立性和完整性。在传统手工业时代，各个行业的手工业者和游商走贩与从事同一门道的同行存在独立和激烈的竞争，这一点从包括乞讨在内的地盘争夺中可见端倪；在工业时代，厂商和其同行展开各种价格战、促销战、广告战，都是作为独立的竞争主体，因生存之需而采取的竞争行为；到了信息化和数字化时代，虚拟产业联盟或者数字化平台生态的主宰者，为了和其他虚拟联盟或数字化生态竞争，一方面会大量引流形成强大的客户流量和黏性，另一方面大量开展产业资源的整合，以实现对客户和产业资源的"独占"，这一点，从阿里巴巴和京东对品牌卖家的强制选边限制，到阿里巴巴和腾讯对各自生态的缔造和相互争夺中，都能够得到验证。

当然，随着数字化时代的深化，开放性成为新兴商业物种的

一种基本特征，因此，相对来说，在许多产业之中，竞合已经取代完全的竞争，但我们依然能从数字化时代巨头们激烈的口水战及促销战中发觉，虽然竞合理念已经在企业间普及，但基于独立性和完整性的竞争依然是提供同种产品或服务的物种之间关系的主旋律。

商业物种是用一个契约替代一组契约，通过内部的产权集约化治理替代市场交易的资源配置形态

从资源配置逻辑来看，商业物种是通过一个长期契约替代一系列市场交易契约，通过适度的产权集约化替代完全的产权市场化的一种高效资源配置形态，它通过产权的适当让渡和集中，通过长期契约的形成，大幅降低短期市场化交易的机会成本，从而实现了资源的高效配置和价值的高效创造。

在农业经济时代和前工业化时代，作坊的手工业者通过拜师仪式，实现了终生契约；到了工业化时代，各个流水线环节之间通过产权所有者威权化的生产指令和资源调配指令，实现替代市场交易的运作；到了数字化经济时代，大量的相互嵌入和即时链接的数字化系统，以及大量的共享基础设施使得商业物种内各个部分间产生了众多的专用化资产，从而通过一种虚拟的数字化长期契约实现了对交易合同的替代。

与科斯基于工业经济时代的研究对企业的定义相比，商业物种的视角更加全面。科斯所定义的用于替代市场化交易的企业，主要指的是在工业分工时代，在以资本为核心的产权集中背景下，一种通过企业家及其代理人的威权决策替代市场化交易的产

业组织形态。而商业物种在不同的时代背景下，所包含的产业形态会有所不同，比如在农业经济时代，商业物种主要是通过家族、血缘、师徒等传统宗族纽带（基于宗族关系的隐形合约）形成的小型手工业作坊或种植户；在工业经济时代，商业物种是通过雇佣的一揽子合约实现的工商业企业；而在数字经济时代，开始涌现出通过数字化系统内嵌的数字化合约形成新的商业物种。因此商业物种是一种群属定义，而企业是其中的一种类别定义。

通过用一个协议替代一系列协议，以独立的主体满足顾客需求及应对市场竞争，商业物种伴随时代的不断进化，演变出各种类型的变体，它们共同构成了我们今天正在经历并不断演进的复杂商业世界。

商业物种图谱

从农业经济到工业经济再到数字化经济，商业物种的类型在不断进化，新的商业物种在全新的技术推动下不断涌现（见图2.1）。

按照各种商业物种满足顾客价值需求的细分化和极致化程度与满足市场的多样化和动态化需求能力两个维度，我们将商业世界的物种分成以下六个类别。

类别一：实现品类普及的管道化品类物种

工业革命后，大量聚焦某个单一的工业或消费品类，通过专

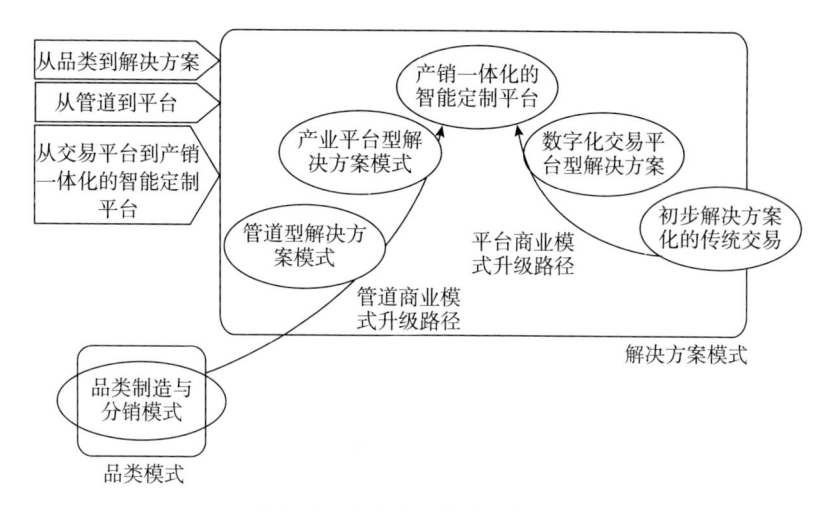

图 2.1 六大商业物种进化路线

业化的工业分工改造和大规模的产能布局,实现在某个品类市场中品质、成本和规模上遥遥领先的品类大王相继涌现,并在最近两个世纪伴随着产能布局的全球化和落后国家逐步进入工业化的进程,在中国等发展中国家逐步复制。

从 20 世纪 80 年代到 21 世纪的第一个 10 年,中国依托庞大的制造业人口规模、融入全球产业链的后发优势和规模惊人的国内市场需求,形成了各个产业领先全球的品类大王,小到打火机类别的虎牌,大到混凝土建工机械的三一重工,中国几乎在所有消费品和工业品类别都形成了满足全球需求的庞大产能,并通过品类知名度的推广形成了强大的品类专业品牌。

管道化的品类大王聚焦核心的生产制造环节,通过制造工艺的改善和大规模产能的投资布局,实现在质量精益化的基础上的成本最优化,并通过覆盖全国甚至全球的分销网络,推动品类普及,成为品类的代名词。在中国,人们提到夹克就会想到劲霸,提到西服衬衫就会想到雅戈尔，提到拉链纽扣就会想到浔兴和伟星，这些品类巨头成为中国制造的代名词，并推动中国经济崛起，成为世界的制造大国。

类别二：管道化解决方案物种

随着客户需求的日渐细分，原本由品类大王通过同质化需求满足而一统天下的板状市场逐渐分化，一种以细分群体满足和细分价值创造为核心，通过多品类集成而实现细分化解决方案的管道型解决方案物种应运而生。从全球来看，有服装的一站式集成商优衣库、ZARA（飒拉），家居的一站式购齐自有品牌零售商宜家、宜得利（NITORI），体育用品的一站式集成商迪卡侬等。从中国来看，也涌现出服装产业的领导企业海澜之家，家居产业的美克美家、林氏木业，日用快消领域的屈臣氏等。

作为深度细分化和一站式整合的解决方案提供者，管道型解决方案提供者一方面对日渐同质化和中庸化的品类大王形成强大的分流，另一方面又通过细分化的一站式解决方案形成对顾客更强的黏性和吸引力，从而实现在不断细分的消费新时代的异军突起，并成为传统商业时代最强大的物种之一。

类别三：线下交易平台物种

伴随逐渐形成规模的国内市场需求，一种旨在通过商业地产运作，从而搭建方便品牌商展示和实现与客户直接交易的线下交易基础设施提供商应运而生，并从最初的粗放化和混杂化的各类批发市场开始,向提高进入门槛,帮助顾客精选品牌商的各类专业超市、卖场进化,形成在线下具有最强议价权和控制力的超级物种——线下交易平台。百货业的银泰和茂业,家居业的红星美凯龙和居然之家,家电业的国美和苏宁等都是这一物种形态的典型代表。

这些以专业卖场为名,实质上作为商业地产上存在的线下平台,通常会定位于一个相对宽泛的大品类概念,集成这一领域几乎所有的优质供应商,通过精巧的选址,成为某个地域范围内独占几乎所有有效顾客的垄断者,并随着实力的增强而不断扩展品类,最终形成该地域内多种商品和生活服务的一站式集成商业地产。

通常来说,因为这些线下交易平台具有对某个核心地域范围内顾客的独占效应和强大的忠诚度吸附作用,因此,随着供给端的产能日渐过剩和竞争日渐激烈,这些代表顾客的交易平台往往成为产业中具有最终控制权的产业控制者,它们决定着产业供给端谁能获得更多流量,谁能被分配更多利润,而那些在传统工业时代叱咤风云的品牌制造商,在这个时代往往需要仰交易平台商的鼻息而生。

类别四:线上交易平台物种

互联网技术产生之后,一种通过完善数字化交易基础设施,为顾客提供足不出户的商品浏览和交易场所的线上交易平台应运而生。它们通过互联网技术,一方面吸引大量的产品供应商在线上开设数字化门店,另一方面通过广告或补贴实现对顾客的引流，最终形成 24 小时不间断、顾客能随时随地访问、交易更加简便和快捷的数字化商品交易模式，实现对线下交易平台的全面侵蚀甚至取代。

从模仿美国 eBay 的易趣开始，中国企业的数字化浪潮方兴未艾，并在全球实现了超越和领先，与此相对应，中国各个领域的数字化交易平台也逐步占据了全球领先的地位。美团在本地生活服务领域逐步形成了领先的模式；滴滴则依托庞大的中国市场需求，通过在出行领域的模式创新，成为全球出行领域市值最高的企业之一。

线上交易平台凭借数字化技术的无边界、低成本、海量数据积累的先发优势，形成了对线下交易平台的覆盖式打击。同样，传统的出租车产业，在滴滴的开放化、数字化平台面前，也一败涂地。数字化交易平台模式不仅成就了一大批市值指数级增长的独角兽，并且对几乎所有的交易型产业形成了强大的侵蚀和深远的影响。

类别五：产业互联网化的类平台物种

随着数字化技术的逐步深入和产业互联网技术的逐步成形，一种在产业内整合采购、研发、制造、物流、顾客交互等产业基础设施与资金、人才等基础资源，并通过数字化和智能化改造使得这些基础设施能被大规模开放共享和低成本调用的产业类平台物种开始涌现。

从距离数字化有一定距离的海澜之家开始，到高度数字化与基础设施共享化和开放化的小米、尚品宅配和瑞幸咖啡，中国开始涌现出一大批通过基础设施的数字化智能化改造，开放产业形成合伙创业模式的产业类平台企业，并在这些产业中形成了强大的破坏性创新效应，它们通过智能化数字化的基础技术和开放合作的产业模式，实现了指数级的成长，迅速成为所在产业的庞然大物，并推动产业从原来边界清晰的恶性竞争，转变成边界日渐模糊的有机竞合和共同成长。

类别六：产销合一的智能化定制平台物种

正如华为和亚马逊的殊途同归一样，随着客户的深度定制化需求日益成形，一些数字化交易平台企业开始从交易平台模式起步，逐步深入产业链，通过产业互联网技术实现对产业供给侧的深度改造，在提升供给质量的同时深度满足顾客的定制化需求。而另一些具有一定数字化能力的传统管道解决方案巨头开始整合自己的产业能力，将具有强大优势的产业专业能力整合为集成化和智能化的产业中台，并开始构建与顾客端的链接端口，实现逐步开放的供给生态与顾客之间的直接交互，这一系列改造也形成了对整个产业的开放赋能，为顾客提供开放化定制化的解决方案。两类企业殊途同归，走向了同一个未来物种——产销合一的智能定制平台。

产销合一的智能定制平台是由多个产业共享的产业平台和供需两端的交易平台包络形成的复杂平台生态，它通过整合内外部的供给端基础设施，赋能给开放的内外部供给端参与者，提升供给端的能力，深度满足顾客的私人定制需求，并通过交易端的平台化塑造，将顾客深度融入这一产业创造生态之中。

从2018年开始，携程开始逐步探索向酒店产业端的前端延伸。2019年年初，携程发布了酒店"Easy住"战略，推出在线选房、闪住2.0、自助入离机等多个酒店服务微创新项目。在预订环节，通过酒店数字化室内地图、VR（虚拟现实）等技术手段，客人可以提前了解酒店的室内外分布，实现在线选房；在入住及离店环节，借助自助入离机这一自助终端，只需在终端上刷身份证，就能自动查验身份信息，同时会同步匹配订单信息，发放房卡，帮助消费者自助办理入住、离店等手续。目前，该自助终端已与各大酒店的PMS（设备管理体系）系统全面打通，不论是携程订单，还是其他平台的订单，都可以通过自助终端办理入住手续。携程期望通过"Easy住"战略的全面升级，在传统的O2O（线上到线下）战略之外，深入产业内核，推动产业供给质量的提升，从更大限度上实现游客的便利。

与此同时，作为中国酒店产业的巨头，华住集团也开始产业环节的数字化和共享化。华住内部孵化的技术公司"盟广"已经发布了一整套包括前后台的酒店智能系统，包括使用机器进行自助入住、智能打印发票、后台保洁维修等实现线上闭环。其发布的三款产品——易掌柜、易发票、易客房，从前台入住，到后台客房的管理，都借由移动化App（手机软件）和机器来完成。目前这套系统已用于华住旗下酒店，并向行业输出。华住CEO张敏表示，2016年盟广信息的营收过亿元，已与美高梅酒店集团、地中海俱乐部（Club Med）、雅高酒店集团、万达酒店及度假村等高端奢华酒店进行合作。

携程和华住从不同起点，正朝向打造顾客定制和产业共享的产销合一智能定制平台这一相同的方向进化，这种殊途同归的现象不仅局限于出行旅游，也同时正在零售、时尚、家居等许多产业中上演。未来的商业世界，产销合一的智能定制平台将在许多产业中占据决定性的地位，并将推动传统产业的分工格局实现全面重组。

从传统的聚焦单品类的品类大王，到深度利用交易互联网和产业互联网技术，在人工智能和大数据云计算基础上实现的智能化产销合一定制平台，一代又一代的技术革命推进了新物种的涌现和传统物种的黯淡甚至衰竭，我们将在接下来的章节中深度讨论物种演进的逻辑和背后的驱动力问题。

商业物种演进的驱动力和基本趋势

物种演进的驱动力

自然物种的进化是为了适应外部环境的变迁，所以英国生物学家赫胥黎在《天演论》一书中一再宣称"物竞天择，适者生存"。同样，商业物种的演进，也是为了更好地运用不断迭代的技术，改造自身的战略和组织形态，应对外部环境的剧烈变革。因此，我们将从外部环境变革的三个视角，来探讨物种进化与升级的内在逻辑，并构建相应的演进模型。

1. **物种演进的需求动力：需求日趋专业化、细分定制化和苛刻化，推动物种不断进化产业链专业能力以满足需求的不断升级**

    借由数字化技术，顾客与厂商日渐实现信息对称；大部分产品进入多次消费阶段使得顾客需求日渐理性、专业和苛刻；供给的逐渐过剩也将使得产业的控制权由厂商端向顾客端转移，各个产业逐步进入高度专业、理性和个性的消费时代。这将推动各个产业的物种形态不断升级，从最初满足基本同质化需求的品类普及消费，到块状细分的细分需求消费，再到高度个性化和动态化的个人定制消费，不断升级化和苛刻化的消费需求演进推动了商业物种的迭代和变异。

2. 物种演进的竞争求存动力：竞争的日渐复杂化、动态化和不稳定，推动物种的开放化和平台化进化

随着一个产业从产品供给稀缺的厂商主导时代进入产品、服务和交易渠道供给均严重过剩的顾客主导时代，产业内的竞争日渐复杂，除了有同质化的传统品类竞争对手寻求更大规模的恶性价格战、渠道战、广告战，还有一大批不断深度分众或通过产业链重构再造价值的破坏性创新者不断分流或拦截客户，重构产业格局。一些产业还出现了更加严峻的挑战——其他领域中实力更加强大的参与者的跨界拦截或降维打击、三种不同的竞争者的共同参与，使得产业竞争高度复杂，产业格局高度不稳定。产业参与者必须不断升级自身的物种形态，朝向更加开放化、平台化、稳固化的新形态进化，才能确保自己在"漫天烽火"中求存图强，实现大部分企业所梦想的基业长青。

3. 工业化、信息化和数字化技术的不断进化及数字化技术在产业链改造和组织管理上的全面创新应用，推动物种形态的不断改变和优化

从电话、电报、卫星通信，到计算机诞生和管理信息系统的全面形成，再到数字化互联网技术，直至今天正逐步成形的物联网、云计算、人工智能、区块链，信息通信和数字化技术的不断进化及其在产业链改造和组织管理革命中的全面应用，正推动物

种形态不断变迁，一系列运用新兴数字化思维的新物种正如旭日东升，朝气蓬勃；而一些被隔绝于数字化时代，内外部运作形成诸多数字化黑洞的传统物种正如夕阳西坠，暮气沉沉。

从工业革命推动的规模制造业形成和大航海推动的品类市场大规模扩张开始，一系列面向全球的品类制造大王崛起，到通信技术进化和管理信息系统广泛应用催生出宜家、GAP（盖璞）、沃尔玛等以零售端为核心，广泛整合全球产业链资源的解决方案巨头或线下连锁化平台商巨头，再到数字化和互联网技术的广泛普及，亚马逊、淘宝等线上巨头崛起和苹果、小米等运用产业平台思维的产业类平台企业形成，最终到今天的阿里巴巴、华为、海尔、携程、药明康德等一大批巨头企业开始逐步探索运用数字化交易互联网和产业互联网技术，构建多个平台融合和包络的产业基础设施平台，搭建起以即时化、智能化、互联化为特征，以定制化即时满足客户需求为目标的产销合一产业赋能平台。不断演进的通信和数字化技术在产业链中的深度应用，催生了物种的全面进化和升级。

同时，不断升级的数字化技术在组织管理领域的全面运用也推动了物种组织形态的全面升级，从简单的MIS（管理信息系统）推动复杂的多层级代理科层制形成开始，组织逐渐可以适应品类大王所需要的大规模化、多区域化垂直管控，到全面信息化，CRM（客户关系管理）、PDM（产品数据管理）、ECR（高效消费者回应）等多个新兴管理系统的形成推动矩阵制、事业部制等改良型架构形成，多品类形成的解决方案所需要的垂直管控基础上的适度授权，适度高能激励的任务型组织基本形成，再到大数据即时化、透明化治理基本形成，大量共享职能和设施通过数字化和智能化被改造成为高度集成的可即时调用的基础设施，高度赋能赋权于一线，通过高能创业激励实现产品或服务的快速开发、快速响应，最终实现一对一定制的C2M（用户直连制造）模式，并且对应的平台型组织也基本成形。

产业链设施和组织朝向数字化、智能化方向的不断进化，一方面将迫使传统物种不断朝向更加透明、柔性、专业的新物种进化，另一方面也将催生出更多的借助新兴数字化技术、从新物种形态起步的新兴企业，这将在更大程度上丰富各个产业的物种形态格局。

物种形态进化的基本方向

通过对需求层级、竞争复杂程度层级和数字化技术的发展水平等多个维度的考量，我们构建了商业物种演进的基本图谱（见图2.2）。

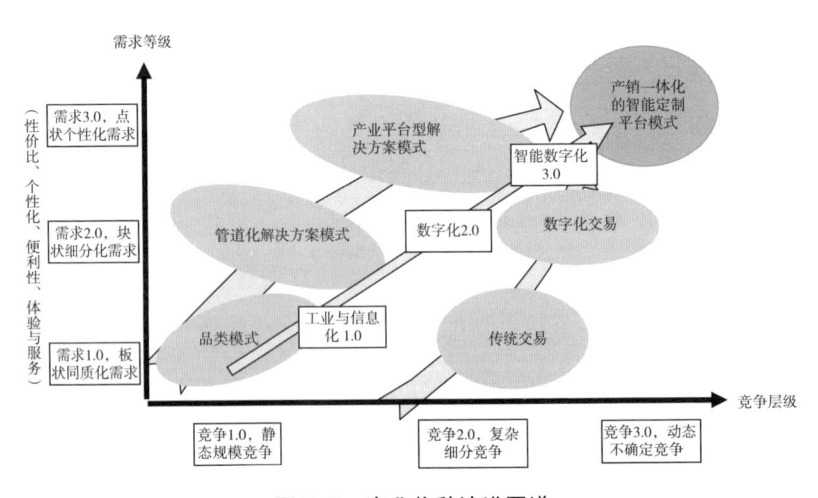

图2.2 商业物种演进图谱

1. 从品类到解决方案

随着顾客需求的全面升级，竞争的日渐复杂和信息化数字化技术的全面应用，从规模化同质产品提供者向个性化定制化一站式解决方案提供者演进将成为大势所趋。

随着顾客需求从较低层次向较高层次升级，顾客需求日渐理性和细分，他们一方面有自己日渐清晰的个性化诉求，另一方面又追求更高的性价比、更加便利和体贴的服务。这些需求的不断凸显将推动市场中的参与者从提供大众化、同质化、低便利性的品类产品，向提供高性价比、个性化、便利化的一站式整合型细分解决方案转型，传统的规模型同质化品类提供者面临着严重的顾客妥协，越来越多的顾客将被拦截和分流，传统品类大王将陷入规模悖论和价值中庸化的陷阱。

竞争的复杂化也将推动传统品类大王向解决方案形态进军。在市场化力量的驱动下，各品类供给格局逐渐由严重短缺转向高度过剩，各种提高经营成本和降低盈利能力的恶性竞争手段将此起彼伏，顾客对价值模糊的商品或服务日渐不满，一些先行者或后来的破坏性创新者将逐渐试探基于深度细分的顾客需求，提供针对化或定制化的产品与服务，并通过一站式整合周边产品与服务，提供更极致的功能体验或便利性。这一系列探索将突破传统的竞争格局，产生创新破坏者蒸蒸日上和传统守旧者不断沉沦的冰火两重天格局。

信息化、数字化、智能化技术的进步使得经济地提供细分化甚至个人化解决方案有了可能。工业革命后期，信息化的实现使得企业的全球化、多品类供应链整合和多品类连锁零售体验变成现实，顾客的初步数据化使得精益细分也有了可能，一大批基于深度细分的顾客价值，提供一站式集成解决方案的管道解决方案形态的企业开始涌现。互联网时代，基于顾客的一系列大数据信息进行有针对性的解决方案推荐，这一能力成为互联网企业生存质量差别的重要标志；再到产业互联网和人工智能时代，许多产业开始在数字化智能化平台的支持下，实现一对一的个性化推荐和C2M深度定制。随着数字化技术不断深入产业应用，未来更大范围的具有更高价值的一站式解决方案提供将成为新时代领先者的必要标签。

2. 从管道到数字化平台

需求的全面细分化和个人化、竞争环境的复杂化和动态化、数字化对产业的深度改造，使得越来越多的产业中的领先企业由传统的资产规模化、产业链一体化的封闭型管道形态，向更加敏捷、开放和智能的数字平台化物种形态进化。

随着顾客日渐专业和理性，以及产品知识的加速普及和信息对称，消费需求日渐细分，并呈现越来越不稳定的动态升级特征。传统的规模化、封闭化、刚性化的管道型产业链一体化模式日渐难以适应市场需求，一种在数字化和智能化技术支持下，将产业基础设施和面向顾客的产品或服务的应用开发和服务相剥离，通过产业基础设施的平台化共享，支持多样化和细分化的产品或服务的开发供应创业者的平台化模式日渐成为主流，并在继续深化产业专业能力的基础上表现出强大的灵活性和迭代应变能力。

竞争环境的日渐复杂也改变了传统企业通过规模化的投入和封闭的产业链一体化与对手进行殊死搏斗的竞争逻辑，一种更加开放、民主、共治共创共享的平台化生态体，取代了传统的等级森严、边界清晰的产业寡头,成为产业竞争中的主流力量,并不断推动产业的开放、协作和共同进步。这也是阿里巴巴和菜鸟看起来在零售和物流产业无处不在,却只持有少数零售和物流企业的一部分股权的原因。

在数字化技术的加持下,更多的企业正在朝向解决方案化、平台化的新物种形态飞奔。我们坚信,这两大趋势的形成不仅推动了物种形态的新旧迭代,也必将带给我们更加开放、智能和更具人本色彩的全新美好的商业世界。

高维生存——商业物种的升维进化逻辑

从刘慈欣的科幻小说《三体》广受关注开始,物理学领域的高维度生存和降维打击成为一种流行词汇。当我们看到歌者长老随意抛出一个二向箔,银河星系文明就陷入整体覆灭的结局时,我们更能够深刻地认识到高维空间对低维空间的打击将是灭顶之灾。其实,这种不对等维度的竞争,不仅可能存在于未来星际文明之间的战争中,也客观地存在于我们的商业世界物种之间的竞争中。为了帮助大家更加深入地理解物种演进的逻辑,以及为什么淘宝、小米、瑞幸等新兴物种企业能够实现远超传统物种的指数级增长,取得巨大的成功,我们接下来将构建不同物种的竞争力维度模型,从而抽象且生动地概述每个物种的竞争力逻辑。

从一维到四维——不同物种的竞争力维度模型

1. 一维化生存：规模经济——工业经济的原动力及规模为王的品类领导者

  规模经济理论是经济学的基本理论之一，也是现代企业理论研究的重要范畴。规模经济理论是指在特定的技术条件下，随着企业产品规模的增加，其单位成本将逐渐下降，即扩大经营规模可以降低平均成本，从而提高利润水平。规模经济的经济学概念如图2.3所示。

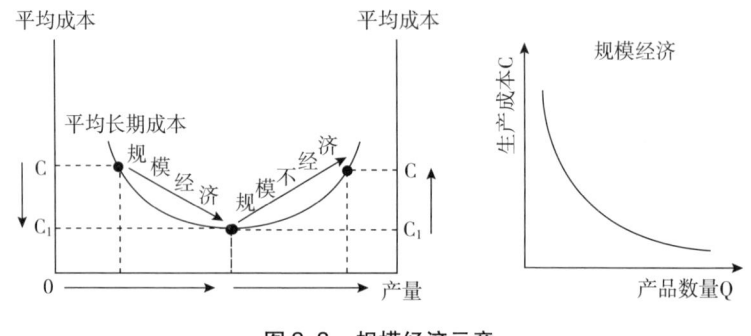

图2.3 规模经济示意

  规模经济是工业革命的产物，从蒸汽机发明开始的工业革命，一方面通过大航海挖掘出了广阔的跨大洋全球化市场，另一方面开始了高度专业化的生产分工，市场的规模化需求和生产的专业化和规模化，既使得采购端具有更大规模的议价权，也使得大量的基础设施成本能在更大规模的水平上被分摊，更使得专注于某一专业生产环节的生产工人产生不断叠加的学习效应。这一系列由规模创造的巨大成本优势，最终反哺于需求规模庞大的市场，形成了席卷全球的工业革命。

进入 20 世纪 80 年代，随着启动改革开放和融入全球产业链的步伐，中国也开始了工业化进程。在这一期间，大量的中国制造业企业通过大规模圈占土地、引进设备、推进各个产业生产工序的专业化和规模化、引进和培训生产工人，以低要素成本和面向全球市场的庞大规模经济优势，在几乎所有产品领域都形成了具有最大规模经济的中国制造优势。

以强大的专业化规模经济优势作为武器，和工业革命时期欧美国家涌现出一大批以制造为核心的品类巨头一样，中国市场也涌现出一大批涵盖几乎所有门类的品类冠军，从工业产品到农产品加工、从重工业到轻工业、从最传统的衣食住行到高精尖的电子科技，这些所谓的全球规模最大的制造型企业基本都集中在中国。它们高举规模经济之巨戟，挞伐四方而雄霸全球，最终以中国制造的名义创造了中国经济崛起的奇迹。

2. 二维化生存：规模×范围——资本主义商业的原动力和世界级的管道型解决方案巨头

范围经济指由厂商的范围而非规模带来的经济，即当同时生产两种产品的费用低于分别生产每种产品所需成本的总和，所存在的状况就被称为范围经济。只要把两种或更多的产品合并在一起生产比分开生产的成本要低，就会存在范围经济。

工业化后期，全球出现了一批以一站式提供某种场景或需求的整体解决方案为目的的公司，它们除了通过全国甚至全球的规模化连锁实现单品类的规模经济，也积极寻求通过更大范围的多品类提供实现范围经济，与许多在单品类时代在业内赫赫有名，但在大众世界中籍籍无名的隐形冠军（指品类在全球占有领导者地位，却只在业内知名）不同，这些企业因为涉足范围广泛，对商业世界的影响力举足轻重，所以往往成为商业世界的巨子。比如日用品产业的宝洁和联合利华、家居产业的宜家和宜得利、服装产业的优衣库和ZARA等，它们通过单品类的全球化规模化与多品类一站式解决方案化并举，实现了规模经济×范围经济的二维化进化与更高维度生存。

3. 三维化生存：规模×范围×网络——平台化商业的竞争力升级及衍生的指数级增长物种

网络效应是依据梅特卡夫定律发现的一种价值增值来源，即一个网络中的连接数越多，网络整体的价值就越高，而且随着网络的增长，网络的价值会出现指数级增长。

网络效应可分为"直接网络效应"和"间接网络效应"两种。直接网络效应是指同一市场内消费者之间的相互依赖性，即使用同一产品的消费者可以直接增加其他消费者的效用，如电话、传真以及互联网等。

间接网络效应主要产生于基础产品和辅助产品之间技术上的互补性，这种互补性导致了产品需求上的相互依赖，即用户使用一种产品的价值取决于该产品互补的产品的数量和质量，一种产品的互补性产品越多，该产品的市场需求也就越大。

网络效应最早是被实体零售业尤其是中国的实体零售企业所挖掘和利用的，它们大部分不介入某个具体的产业链环节，而是通过圈地和构建线下的实体零售设施，以商业地产运作的模式间接地介入这些行业。一方面实现覆盖全国甚至全球的规模经济和多品类一站式整合的范围经济；另一方面通过基础设施的提供，促成更多的买方和卖方在平台上交易，产生平台模式特有的直接和间接网络效应。比如红星美凯龙通过家居商业地产形成影响全国的家居零售商业模式。这些实体零售企业通过"规模经济×范围经济×网络效应"的三维化生存,迅速崛起成为非数字商业时代各个产业领域最具话语权和影响力的霸主,并逐步开始主宰各个产业的资源配置和利润分配。

随着互联网技术的普及,一种全新的运用数字技术搭建的线上交易场所也开始普及,它就是数字化交易平台,与传统的线下交易平台相比,其具有大数据支持的学习效应,并且因为线上化和数字化的低成本而基本消除了规模经济拐点,从而有更强的规模经济。它通过精准的大数据实现解决方案的定向化推荐,并同样因为数字化而基本消除了范围经济拐点,因而也具有更加强大的范围经济效应。它还因为数字化和网络化,产生了基本没有限度的网络效应。这一系列大幅增强的竞争优势来源,使得线上交易平台在诞生初始就成为一个超级物种。它实现了疯狂的指数级规模膨胀,并迅速在各个领域侵占和颠覆传统线下巨头辛苦构建的领地。淘宝对传统超市的覆盖打击,京东对苏宁、国美的侵蚀,都是这一新兴的线上交易平台具有更加强大竞争力的明证。

网络效应运用的另外一个典型物种是一些类产业平台企业,它们通过共享一系列产业基础设施,开放化地整合品类或服务提供伙伴,形成一种基于共享的产业基础设施的虚拟合伙模式,从而在间接网络效应的挖掘和运用上前进了一大步。其中的一些数字化水平非常高的企业,还通过对运营数据的数字化和基础设施的智能化,构建能支持更大范围的品类合作伙伴集成的平台,进一步提升了间接网络效应的程度和水平,成为一种新的三维化生存的物种。比如小米就是通过生态链企业对共享设施的运用,打造了强大的虚拟生态圈,成为电子产业最快进入《财富》世界

500 强的企业。

4. **四维化生存：规模×范围×网络×智能化协同锁定——智能化平台商业的竞争力跃升与未来的商业格局**

智能化协同锁定是指在物联网、人工智能、云计算等技术的支持下，企业内部之间及企业与外部通过智能化基础设施与智能化链接，实现在智能化生态下充分内部化外部效应，并实现高度柔性化和系统化的智能协同与对每一个生态参与者的高度锁定，避免平台特有的多属性特征的一种重要竞争优势来源。

随着数字化技术革命逐渐深入产业内部，越来越多的企业开始运用数字化和智能化技术改造产业各环节，它们通过将产业各环节中的基础设施独立化和智能化，变成一种高度数字化、可即时调用、对内外部开放的共享性数字化设施。这一方面可以在数字化生态内部吸收和消化基础设施投入的外部性，另一方面又形成了对内外部生态参与者强大的数字化协同效应，并通过数字化和智能化基础设施对每个参与主体的"虚拟内嵌"，消除了数字化交易平台参与者可以参与 A 也可以参与 B 的多属性，从而形成了高度锁定的强大智能化协同效应，获得远比传统物种和数字化交易平台更加强大的竞争力，实现自身的四维化升级和高维度生存。

从十亿到万亿——不同维度商业物种的商业想象力落差

从一维制胜的品类大王，到二维化生存的管道解决方案，再到三维空间的各类平台企业，最终到四维化高维竞胜的多平台赋能生态奠基者，在一个产业中，更高维度的生存意味着更大的规模和更加重要的产业话语权。我们结合对物种形态的分析与对大量行业的立体研究，将不同物种的商业想象力归纳为以下几个层次。

十亿做产品：由于规模化品类大王模式既面临单品类的规模顶点上限，又面临市场不断细分化的威胁，甚至还有些品类会在技术和需求的巨变中被整体颠覆，因此这类企业的规模想象空间往往有限。除了家电房地产等单价非常高昂的品类，大部分品类市场的领导企业规模以十亿元或数十亿元为上限，很难有大的突破。

百亿做方案：作为同时兼具品类规模经济和多品类范围经济的二维物种，尤其是聚焦于大众市场、以基础价值满足为目标的解决方案提供商，因为对市场细分趋势的成功把握和更加强大的一站式顾客服务能力，规模想象空间往往更大。不同于产品专家受十亿元规模的局限，许多产业中已经涌现出百亿元甚至千亿元级别的解决方案巨头，比如优衣库已经成为销售千亿元以上的服装业巨头，安踏成为规模超过两百亿元的体育用品产业领导者。

千亿做平台：平台商集成规模经济、范围经济和网络效应的强大三维化优势，以及其作为产业基础设施提供者，不受产业需求细分趋势波动影响的中立者角色，使得它们往往能相比解决方案提供商实现更大的规模突破。比如红星美凯龙在家居产业的交易规模已经逼近千亿元，温氏成为养殖业领域唯一的千亿元级产业领导者品牌。

万亿做生态：多平台包络、产销互联、智能化和定制化的生态网络，因为其强大的四维化竞争力，更加开放和强大的产业整合能力，往往一方面能实现产业内大部分交易的生态内部化，另一方面推动和激发产业需求的进一步升级扩大，因此可能具备万亿元规模的巨大想象空间。这一点，从阿里新零售的万亿元级交易体量上可以得到印证。

从一维到四维，从十亿体量到万亿体量，从随波逐流的十年产品生意到百年产业基业，商业物种的不断演进，其实是在改善每个维度的竞争力厚度的同时不断升维的过程。正是因为传统物种的不甘落后和不断进化，也正是因为后来物种的不断侵蚀、破坏和挤压，我们的商业世界才会在动荡的复杂竞争中日渐精彩，也才能摆脱冰冷和机械的规模化气息，日臻完美，从而接近于人本主义的理想商业。

本章小结

数字化时代企业变异加速，生物物种的概念变得极有借鉴意义。无论企业采用何种商业模式和组织形态，商业物种的概念皆可涵盖，清晰解释不断进化的复杂商业世界。

商业物种的精确定义有三层内涵：从客户角度看，它是满足外部客户需求的经济活动单元；从竞争角度看，它是独立且完整的市场竞争主体；从组织角度看，它是内部产权集约化治理替代市场交易的资源配置形态。

以技术进步作为外部参照，根据商业物种对需求的极致化满足程度和自身的复杂动态化调整能力，商业世界的物种可以分为六大类别。

1. **管道化品类大王**：它们借助工业化技术，聚焦某个品类，实现消费普及，能推动一个国家的工业化进程。如拉链大王浔兴、夹克大王劲霸、混凝土机械霸主三一重工。

2. **管道化解决方案**：它们以细分顾客和细分价值为核心，通过多品类集成而实现细分化的一站式解决方案。如宜家、宜得利、迪卡侬、美克美家、屈臣氏等。

3. **线下交易平台**：它们以商业地产为核心，向品牌商提供展示和直接交易的线下基础设施，控制着产业供给端的线下流量。如红星美凯龙、居然之家、国美、苏宁电器等。

4. **线上交易平台**：基于互联网技术，为顾客和商家提供在线交易平台等数字化基础设施，对线下平台形成降维式打击。如亚马逊、淘宝、京东、携程、滴滴、美团等。

5. **产业类平台**：数字化技术渗入产业后，诞生了集合采购、研发、制造、物流、交易等基础设施的平台，凭借数字化开放赋能实现指数级成长。如尚品宅配、小米、瑞幸等。

6. **产销合一的智能定制平台**：为满足顾客定制化需求，线上交易平台和有数字化能力的实体企业殊途同归，推出向产业端开放赋能，向顾客开放定制化的产销合一平台。

商业物种进化的推动力有三重：需求日趋专业化、细分定制化和苛刻化，推动物种不断进化产业专业能力，以满足需求升级；竞争日益复杂化、动态化和不确定，推动物种不断开放化和平台化；科学技术的不断进步，先进技术企业运营和组织的推动令商业物种不断优化迭代。

商业物种演进有两大基本方向：从交付成果来看，从标准的产品或服务形成的单一品类开始，逐渐发展到满足顾客细分需求的解决方案，再到个性定制化解决方案；从组织形态来看，则是从封闭的管道升级为共享设施的产业平台，再到数字智能化技术赋能的平台生态。

商业物种的竞争力维度在进化中不断升级，从品类大王的一维规模经济，到管道解决方案的二维"规模×范围"，再到平台物种的三维"规模×范围×网络"，最后到智能定制平台的四维优势"规模×范围×网络×智能锁定"，高维物种对低维物种有全面碾轧优势。

不同维度的生存也决定了该商业物种的发展极限或想象力上限，大体可分为几个层次，十亿级的企业做产品，百亿级的企业做方案，千亿级的企业做平台，万亿级的企业做生态。整个商业世界就依此量级序列展开。

第三章

消费普及时代的一维物种

——管道型品类大王和遍布的中间陷阱

驰名全国的品类大王群像

近代工业革命拉开了人类商业文明的现代浪潮，人类社会从经济、科技到文化各领域都发生了翻天覆地的变化。在商业界，现代公司对传统自然经济下分散的小农经济和家庭式手工作坊形成了全面碾轧之势，停滞数千年的商业格局被迅速打破，原来孤立分散、弱小无序的商业原虫时代被终结，在广袤的蓝色星球上，第一批巨型商业物种率先崛起。

波澜壮阔的新时代——孕育品类大王的土壤

1. 技术革命的浪潮

科学技术是第一生产力。从技术条件看，巨型商业物种的诞生离不开三大技术变革的支持。

动力革命。18世纪中期，英国人改良后的蒸汽机使人们摆脱了依靠人力、畜力、水力的自然条件限制；19世纪中期，欧洲大陆出现的内燃机、电动机则将此动力再次跨越式升级，使机器可以夜以继日地为大型工业生产提供强大而稳定的动力。动力革命为大型商业物种超越自然的限制奠定了基石，推动现代化工业巨轮滚滚向前。

效率革命。动力推动效率革命。19世纪中期，从美国开始的标准零部件运动极大地提升了社会生产效率，跨企业、跨行业、跨国家的社会化大生产成为现实，节约了大量的物质资源和管理成本；20世纪初期，福特公司创造的流水线使生产效率大幅提升，产品成本也随之下降；20世纪中期，日本企业推行的精益化生产、六西格玛管理将制造效率再次带上新高度，直到今天依然是工业生产的标杆。

实用发明。在基础科学革命的带动下，各种实用性的新发明被创造出来，涉及人们日常生活的方方面面。从传统农业时代走出的人们以惊奇的眼光打量着工业革命带来的新奇成果。1851年，英国举行水晶宫博览会，成为现代科技发明对民众生活全面塑造的新开端，自此，工业企业创造的产品成为人们的消费首选。到20世纪末，用工业技术生产的商品已经占据了全世界各阶层人群的购物清单，几乎成为全部的生活物资。

科技革命浪潮推动下的工业化产品，以其高效的生产模式和无与伦比的产品魅力，为现代巨型公司的诞生提供了强大推动力。

2. 消费需求的井喷

空间壁垒被打破。地理大发现后，现代贸易体系将全世界连成一个整体，国家之间的政治壁垒逐渐被商业力量打破，先进国家对落后国家的商品输出无法阻挡，而落后国家凭借独特的资源禀赋获得比较优势也需要在国际市场上体现。在一国之内，地方保护主义政策正被逐渐废除，跨区域的原产地商业价值正被广泛认可；此外，日益发达的交通和通信技术使人们的消费变得更加便捷，自然经济时代的空间壁垒被全方位瓦解。

零散需求被整合。在工业化起步阶段，消费者的需求没有得到满足，市场处于卖方阶段。制造先进工业品的企业在主动塑造着人们的需求，使之从原有的零散状态第一次走向集中。19 世纪中期，全国性媒体的兴起加快了商品信息的传播速度，在大量广告和明星的示范效应的推动下，大众需求呈现高度从众性，一款走俏的商品很容易引发抢购潮，整个市场的需求呈现出高度的同质化色彩，也可以说，这是被现代企业塑造出来的同质化需求。

消费主义的兴起。当社会处于高速发展的阶段，整个社会的财富快速增长，人们对未来变得更有信心，更愿意为当前的生活消费。随着文明的进一步世俗化，现代消费主义的观念逐步替代传统的节俭理念，人们对更好生活的向往尤其强烈，从衣、食、住、行的生存型消费，到娱乐、教育、医疗、健康的发展型消费，都在不断改善。消费主义观念兴起带来的旺盛需求，给现代大公司的发展提供了强大的牵引力。

3. 高层次竞争的缺失和广阔无垠的蓝海

当科技发明不断涌现、产品供给源源不断，而嗷嗷待哺的消费者又需求旺盛时，整个市场都是一片广阔无垠的蓝海，会有大量的市场空白等着领先企业去占领。

发达国家拓荒全球。无论是在早期殖民扩张时期，西方列强凭借绝对的军事力量和科技力量所开辟的全球空白市场，还是在

20 世纪现代国际体系和现代贸易制度支持下，全球市场连成一片，每个实力超群的大公司都能够迅速占领最广阔的自由市场，令当地弱小企业难以抵挡，市场总是一片蓝海，有足够的空间安放宏大的梦想。

新兴国家深耕本土。在一定时期内，后进国家在工业化起步阶段采取有限开放的政策，能够暂时区隔这些危险的全球掠食者，给国内企业赢得足够多的喘息之机。然后逐步引入国际巨头，激活国内竞争，待到国内民族企业发展得足够强大之时，便能建立起比较优势，参与全球分工和角逐。当然此前提是这个国家的市场体量足够大，形势足够复杂，才能在一定时期内保持相对独立的发展，培育出超大型的本土企业，与国际巨头相抗衡。改革开放后的中国无疑符合这个特征，以后发优势奋起直追。

压缩时间后来居上。后进国家的市场存在技术和模式上的后发优势，能够迅速填满市场空白，无须经历漫长的技术积累和商业摸索。在与国际巨头竞赛的过程中，也能够快速学习先进经验，运用到本土市场，国内品类大王便能迅速崛起。它们的基础设施建设效率更高，能迅速战胜发达国家。

广阔的全球市场和庞大的国内市场给巨型公司提供了充分施展的舞台，它们纷纷跑马圈地，关于体量和速度的竞赛不断上演，谁能快速扩张，谁就能成为产业巨头。

壁垒分明的各行业——品类大王的群像

在不同的行业中，由于供给的难度和需求的复杂程度不同，品类大王的出现概率、发迹之路和稳固程度也不一样。

1. 基础能源与设施行业

在涉及国家经济命脉的领域，政府会设置较高的准入门槛，且只发放极少数量的经营许可证，从政策层面创造出该行业的垄断企业，垄断企业自然是该领域唯一的王者。

首先，在基础能源领域，由于能源的稀缺性和不可替代性，对一个国家的经济发展有着重要作用，因而各国政府普遍对石油、天然气、电力、矿山等基础资源或能源行业实行高度监管，只有极少数企业能获得入场券，且获得入场券后，其经营也在政府的高度监管之下。即使在市场化程度较高的发达国家，该领域也因资源稀缺和高投资门槛，只有少数玩家能入局，所以该领域的垄断型巨头的领导者地位非常稳定。

其次，在公共基础设施领域，如公路、铁路、航空、水运等交通行业，以及电话、网络、卫星通信行业，由于投资极大，重复建设会造成资源浪费，所以不鼓励竞争；再加上公共设施无法避免搭便车行为，以盈利为导向的普通企业无意介入，所以此类行业只能交给特许经营机构来运营，它们也成为政府监管下的垄断型巨头。

而在涉及国计民生的农业领域，情况较为特殊。由于产品的高度同质化和种植主体的高度分散，在深加工和流通环节诞生了巨头企业。在全球市场中，通过资本整合形成了 ABCD 四大粮商[1]。国内则在原有的国营粮食储备系统的基础上，改组成立了地方性粮油集团和超大型国企中粮集团，同样占据着行业主导地位，各类中小型企业无力与之抗衡。

---

[1] 美国艾地盟、美国邦吉、美国嘉吉、法国路易达孚四家企业。

在基础设施与公共设施领域,产业巨头的身份来自政府经营许可的政策壁垒,除非政策改变,该领域的领导者地位稳固。

2. 工业品制造领域

比基础设施领域准入门槛更低的工业品制造领域,因缺乏政策支持,巨型公司的诞生需要通过真刀真枪的市场竞争,产生难度无疑更大,而主导这一进程的是技术竞争和资本加持。

每个时代都有引领时代进步的高科技企业,它们凭借革命性的产品发明成为行业巨头。例如,19世纪西门子发明的电报机、发电机、跨洋电缆,使之迅速成为产业龙头,卡尔·本茨发明的汽车使奔驰家族成为汽车行业的引领者。20世纪,拜尔的青霉素等药品、孟山都的化学农药、IBM的大型电脑、施乐的复印机、英特尔的芯片,都是技术发明成就巨头的范例,技术领先者即行业冠军,能够引领行业发展方向。

在技术相对稳定成熟但后期需要大量资本投入的行业,如采矿业、钢铁冶炼、大型机械整装制造,对工艺创新和投资规模的要求较高,大型企业可以借资本之力大举兼并中小企业,使行业中只剩下巨头,如波音与空客,中国的中车、中船、宝钢、鞍钢。而在整装之外的零部件制造领域,对资本的要求相对较低,但对工艺和技术传承要求较高,巨头不愿介入,因而每一种零部件领域都可能诞生一个利基冠军。行业巨头和利基冠军都面向企业级客户,用户的专业诉求决定了技术领先者的地位较为稳固。

大宗消费品行业则有些特殊,其生产具有大型工业品的属性,但在消费终端,普通消费者对技术的了解程度远逊于企业级用户,因而技术退居次席,产品的设计感、附加功能与性价比成为顾客首要考虑的因素,集中表现在汽车产业和房地产业上。车企宣称的技术进步只对少数技术控有吸引力，大多数普通消费者关心的是表层利益点和自身支付能力。由于市场体量巨大，所以大宗消费品领域可以培育出许多个规模巨大的企业。房地产具有地域性和基础设施特征，因而也容易诞生区域性巨头。

在工业品领域，由于存在技术路径的依赖、资本门槛和消费者支付能力的制约，该领域巨头企业的更迭比基础设施更快，但也大致稳定，处于缓慢更迭的状态。

3. 消费品市场

而在进入门槛极低的消费品市场，由于初期参与者众多，许多市场呈分散状态，很难有企业脱颖而出。但随着竞争的愈发激烈，市场多轮洗牌后，大量实力不济的企业退出，行业龙头才能立到最后。因为与民众生活贴近，消费品巨头一旦登上王座，必然能闻名遐迩。

必需品：服装餐饮。在物资匮乏期，服装面料的可选择面不多，裁剪款式也很简单，基本随大溜。由于进入门槛极低，从业者众多，小型服装厂遍地开花。随着成衣的全面流行，在劳动力密集、交通便利的沿海地区率先出现全国性大厂，凭借款型设计、精工质量、渠道推广和广告效应，诞生了第一批服装品类大王，如雅戈尔、杉杉、罗蒙、利郎、九牧王、劲霸、柒牌、安踏、李宁等。而在食品领域，各种调味品和包装食品饮料也逐渐成为消费者选择的对象，诞生了一批批知名企业，例如傻子瓜子、娃哈哈、达利园、王老吉、李锦记、海天、老干妈、莲花味精等。

快消品：日用百货。在日用品领域，由于日化清洁用品领域开放较早，国际巨头宝洁、联合利华、拜尔斯道夫先后进入中国，而中国本土市场广阔的战略纵深，也培育出冷酸灵、云南白药、雕牌、立白、蓝月亮等知名日化企业。工具类小商品则是中国企业的天下，以义乌为中心的小商品产业集群，几乎承包了全球日用小商品的供给，每一个小品类都能培育出大王，如拉链大王浔兴、打火机大王新海、扑克大王姚记等。它们在小商品利基市场默默耕耘数十年，将企业年产值做到了几十亿元的规模。

耐用品：家具家电。在体现居民生活水准的家具家电市场，从20世纪80年代的"三转一响"（手表、自行车、缝纫机、收音机）到90年代的"三大件"（电视、冰箱、洗衣机），更新迭代飞速。随着居民生活的不断升级，一大批家电家具领导企业相继诞生，如家电行业的格兰仕、格力、科龙、美菱、苏泊尔、康佳、TCL、创维、长虹、海信、海尔、美的、九阳等，家具家居行业的芝华仕、左右、顾家、慕斯、索菲亚、欧派、喜临门、罗莱等。在个人电子产品消费领域则出现了联想、小霸王、步步高、中兴、华为、酷派、飞科、vivo、OPPO等品牌企业，这些企业的科技含量较高，且曝光度充足，成为名副其实的名牌企业。

在竞争激烈的消费品市场，王位更替最为迅速。不断有新的王者诞生，但过去的王者并不会完全退位，因为其历经搏杀得来的领导者地位含金量十足，会沉淀下巨大的品牌价值资源，甚至当它们消失后，其名声依然存留于一代消费者心中。

品类大王的一维化生存

从工业革命到零售业变革，全球商业舞台上独领风骚、光彩照人的几乎全是品类大王，它们牢牢占据《财富》世界500强的主要席位，将品牌的旗帜插遍世界的每个角落，称霸全球200余年。而在中国，由于特定的历史原因，品类大王的春天始于改革开放，随后经历了一段野蛮生长的岁月，并称霸数十年。

尽管不同的行业有不同的特征，但每个行业都有领导企业，它们或是没有对手的垄断企业，或是击败对手独占鳌头的冠军，或是与同等级的对手划江而治的寡头。这是人类商业史上首次出现能主宰行业格局的大型商业物种，在商业物种演化史上，它们都有一个共同的名字——品类大王。

品类大王的一维化生存特征

品类大王从业务边界的选择，到企业关注的重心，以及在整个产业链中地位的追求都呈现出高度相似性，而这决定了该物种的商业模式基本一致。品类大王物种的核心特征如下所示。

1. 以单品类冠军为企业目标

近代商业萌芽期，市场总体上供不应求，巨头企业面对的都是明确且旺盛的刚性需求，并且能用超出用户期待的产品满足对方。而在市场拓荒期，每个品类都是广阔无垠的大蓝海，拥有足够的发展空间，因此企业可以从某个品类切入市场，并憧憬着成为全球第一，且这个目标有着足够大的诱惑力。

在到达目的地之前，大部分企业都能抵御多元化的诱惑，保持业务边界的专注。它们普遍相信专业聚焦的价值，将有限资源集中在特定领域，形成聚焦的优势。在遍地黄金的市场机遇期，许多盲目多元化的企业因为资源分散，无法形成有效的战斗力，被困在一隅，或倒在扩张的半途，只有那些保持专注的长跑健将才能到达胜利的终点。

2. 奉行产品和企业中心论

品类大王的目光始终放在产品上，而较少关注顾客的需求。它们认为，顾客的需求就清楚地摆在那里，无须关注，只要产品够好，就能横扫一切对手，占领市场。所以它们将大量资源投放在产品技术研发和规模化供应上，提升产品的质量，降低产品的成本，对自家的优质产品引领消费风潮非常有信心，因此长期以来养成了从企业本位出发，而非以顾客为导向的习惯。这种"以我为主"的自信心态，也被称为领先者的傲慢心态，尽管这种领先者心态可能被挑战者利用。

由于资源有限，品类大王将资源集中在产品研发和生产制造上。除了极少数自建终端，大多数品类大王的销售渠道是与外部分销商合作，依然本着"以我为主"的强势原则，将少量流通端的利润让渡给分销商，自己攫取制造端的超额利润，即研发和制造环节的价值。这个做法虽然让品类大王离消费者更远，却能借助外部合作者的力量，实现快速扩张。例如宝洁和可口可乐能够快速占领全球市场，就不是依靠自建的渠道。

3. 采用强控制的线性管道商业模式

与自然经济时代的原始商业物种分散而随机的商业合作相比，品类大王首创并充分发挥了管道型商业模式的能量，将大量分散的商业要素集约化，组成一个高效分工与协同的巨型链条，以内部交易取代大量市场交易，以产业链上下游的固定合作取代随机的合作，用计划的手段分解价值链，做强每个环节，并提高效率。在此过程中，其科学的流程设计，通过专业化分工与大范围协作，大幅提高了产能，并将产业链的各个环节高效整合。

与后来的商业物种相比，线性商业模式强调控制性，在需求和任务明确、企业资源有限的前提下，管道型商业模式发挥了极大的优势，凡是被纳入管道化的部分，就有专业运营的高效，而位于管道之外的自然经济则是效率的洼地。所以，有雄心的品类大王会将自身的管道优势向上下游合作者推广，例如丰田公司对上游供应商输出精益体系，使得采购成本大幅下降，助力丰田成为全球汽车销量冠军。

通过上述三个特征，可以将品类大王这一商业物种的模式总结为：以单品类冠军为目标，以制造产品为本位，谋求产业链最大掌控度的管道型企业。

作为第一个大型商业物种，品类大王一步步从萌芽到破土而出，在泥泞荒凉的土地上汲取养分，再从弱不禁风到发展壮大，超越以往物种的发展上限，最终长成庞然大物。然而，一将功成万骨枯，品类大王的成功是建立在无数失败者的白骨之上。时代、产业背景相同，冠军企业与失败者有何不同？品类大王又是如何在同类竞争中脱颖而出的呢？

我们可以看到，品类大王在市场纵横捭阖，敢于高举高打，在于它们找到了该物种最重要的竞争优势——规模经济。品类大王挥舞着规模经济的巨棒，凭借雄厚的财力，以更强的研发投入、更大的生产规模、更猛的市场推广、更广的渠道布局，对同品类对手进行碾轧式攻击。这正如原始丛林的竞争法则，在同类对手的短兵相接中，体量更大的企业占有明显优势，规模越大，这种优势越明显。

品类大王的单维竞争优势来源——规模、规模、规模

规模经济为何能发挥如此大的作用？企业如何获取规模经济优势？对于每个企业而言，规模优势绝非从天而降，而是需要从多个方面进行积累。一旦获得规模经济，将形成"规模越大－企业越强－规模更大"的正向循环。对每个品类大王而言，规模经济效应有四个源头，每一个都能带来特定优势，不可偏废。

1. 专业化分工与学习效应提升效率

首先，规模越大，专业分工的效率就越高。品类大王会运用工业生产理念，将传统的工艺流程分解成多个简单、连贯的工序，每个工序上的人只需要做简单重复的标准动作，即形成专业化，就能使每个环节上的效率大大提高。然后通过纵贯全程的流水线设计，用精确的排程保证同节奏和高效率，使整体生产效率达到最大化，即所谓协同带来整体效能的提升。

一般而言，规模越大的企业，生产流程的分工分解会越细，专业化程度就越高；规模越大的企业，整体协同的难度越大，不过一旦完成流程的畅通搭建，其进发的整体效率就越高。所以，大企业的生产效率会远远超过中小企业，横扫传统作坊。专业力与协同力成为品类大王获取规模效应的第一重利润来源。

其次，规模越大，经验曲线与学习效应越强。规模越大的企业，其生产累计数量更大，工人的生产经验、技术设计与管理经验就会更优。统计显示，当企业达到一定的规模，其累计产量每增加一倍，其新增部分的成本只有原来的3/4，符合克莱伯定理的幂律原则，这条成本下降的曲线被称为经验曲线（若横轴产量用对数表示，则是一条向右下方倾斜、斜率为 -1/4 的直线）。经

验曲线被生产单品类的品类大王普遍运用，成为其降本增效的利器。

基于生产经验的学习效应虽然仅覆盖了企业内部生产流程，尚未触及对消费者的需求洞察，但对于将专业技能作为重要壁垒的品类大王而言已经足够。它能够提升行业进入壁垒，让进入者望而却步。无论后者有多雄厚的资本，基于经验的学习效应都无法快速模仿，也无法压缩或移植，它需要经过岁月的长期沉淀。学习效应在时间维度上巩固了规模效应。

2. 内部集成化，节省交易成本

规模化的品类大王在提升生产效率之外，还能够通过对产业链的集约化掌控，降低整个产业链的交易成本。例如，品类大王通过长效机制锁定外部优秀供应商，使原本游离在外的合作者资产专有化，提升双方的匹配性，带来更高效率，同时也避免了大量随机交易的失误与浪费，节约了多次交易产生的费用。

更有甚者，可以通过对产业上下游的兼并收购，扩大企业的产业链掌控力度，尽可能地将企业外部的多环节交易变成企业内部的部门协同，如此不仅可以提升产业链的效率，也能实现整体效能的最大化，还能够节约交易成本，增加利润空间。此举可能打破产业上下游分工的传统格局，对整个行业秩序进行重塑。率先实现纵向一体化的品类巨头，往往在行业内具有最大的话语权，享有最大的利润空间。

3. 产业链一体化与基础设施、技术投入的外部效应内部化

由于品类大王规模大，所以敢于大量投入资源在基础技术研发上，从而引领整个行业进步。它们不必担忧技术发明的效应外部化——为他人作嫁衣，因为品类大王有足够的市场覆盖能力，可以将技术发明带来的市场价值成果全部回收至企业。即使在专利保护较弱的法律条件下，竞争对手也很难模仿或搭便车，因为品类大王已将大部分外部效应内部化。所以，在规模的照拂之下，品类大王有足够的动力投入发明创造，保持技术领先。

在广告宣传方面也一样，品类大王作为品类开创者或品类普及者，敢于投入大量广告费，对消费者进行市场普及教育，也不必担心帮整个行业打了广告，因为只要它自身有足够的规模覆盖能力，那么消费者只要看过广告，就能买到品类大王的产品，而不会被其他企业"捡漏"。如此，品类大王更愿意投入大量宣传费用，成为市场上的主要传播者和收割者，马太效应越来越明显。

4. 规模巨头有更强的对外议价权

对无法内部化，或内部化之后效率反而下降的价值链环节，品类大王可以让其保持独立性，双方保持交易关系。而此时，品类大王可以充分利用规模优势，获得较高的议价权，从而节省成本。

规模大的企业最明显的议价权优势体现在采购环节，采购1 000吨原料和采购10万吨原料能享受的价格肯定不一样，品类大王可以利用巨大的采购量，压低原料的单价，从而获取更大的利润空间。规模化采购中的压价是品类大王的重要利润来源。

规模化巨头在分销的过程中，对下游渠道商的谈判能力更强。不仅下游渠道争相邀请，比如进场费可以减免、租金可以更低，甚至免费入驻，而且在利润分配上，品类大王可以给渠道商较少的折扣，自己保留更多的利润，这是小企业无法享受的优势。规模化巨头在下游渠道面前享受巨大福利，是它的第二重利润来源。

自诞生起，品类大王的目标就是成为所在品类的冠军，衡量冠军的标准就是营收规模最大，市场占有率最高，如今它们终于得偿所愿。在品类大王看来，规模最大不仅是过去成功的标志，也是未来继续成功的保障，既是上一阶段的终点，又是下一阶段的起点。规模更大－竞争优势－更大规模，品类大王建立了单维度的正向循环。

与后来携范围经济、网络效应、生态效应等多维竞争优势，拥有更高竞争优势护城河的企业相比，品类大王单维度的竞争优势似乎过于单薄，但这一由规模引发的增强循环却在消费普及时代造就了人类商业史上第一批巨型企业。当然，保障这一产业王者地位的还有匹配其商业模式的科层制组织。

光芒闪耀的金字塔威权王国

为了支持单品类管道型厂商模式，品类大王在组织层面建立了高高在上的金字塔王国——一个威权至上、等级森严、纪律严明的类军事化组织，这种组织的核心灵魂只有一个，那就是其最高领导者。

庞大森严的科层型金字塔组织

金字塔组织是形象描述，其本源是马克斯·韦伯所描述的科层式组织——这是人类历史上最先出现的以职业化为基础、以指令为纽带的大型组织范式，与品类大王追求专业、集权和规模效应最大化的商业模式高度契合。

直线职能制组织结构如图 3.1 所示。

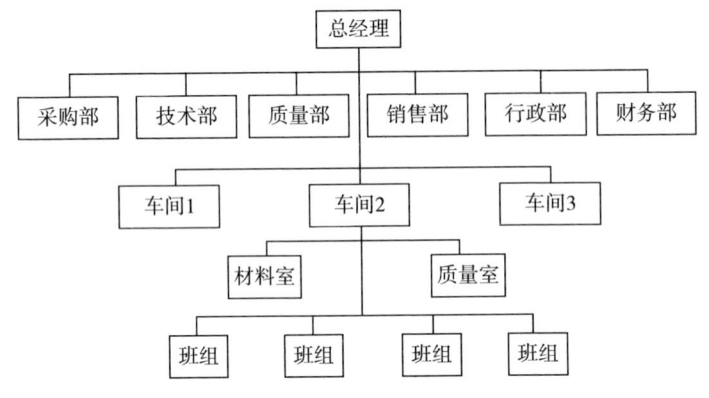

图 3.1　直线职能制组织示意

1. 组织结构：规模庞大的直线职能制

（1）权力高度集中的纵向直线指挥体系。

由于市场需求和竞争相对简单，品类大王需要处理的信息并不多，完全可以集中在最高领导层，所以品类大王会按照管理权力将企业人员分为高层、中层和基层，每个层级里又细分为多个级别，大型企业可能多达十几个层级。从上到下逐级发出指令，让下级执行，同时从下到上逐级汇报，对直接上司负责，这套纵向传递的权力路线又被形容为直线制，是保持组织有效运行的主干，不可动摇，就像树干与主根，维持着整个组织能量与信息的传递。

（2）以专业化分工为基础的横向协同。

同时，作为以现代工业技术和专业化分工为生产力的组织，科层式组织得以建立的另一个根基是横向的职能合作。企业将整个经营链条细分为不同的环节，每个环节需要设置相应的部门来执行，从研发、设计、采购到制造，从营销、销售、物流到服务，都是与创造价值直接相关的基础职能部门。此外，还有行政、人力资源、财务、法务等支持性职能部门。各职能部门都需要专业人才、专业分工来组建，通过整体经营计划和标准化运营流程实现整体协作，追求更高的组织整体效率。

（3）严谨的操作规范和衔接流程。

在企业的日常管理上，科层式组织强调企业的所有流程都要高度标准化，包括生产流程的标准操作程序（SOP），也包括管理动作的程序标准化，大到战略制定，小到请假报账，企业大小事务都有高度标准化的流程。全面标准化后，企业可以提高管理沟通效率，减少人为主观失误，形成"凡事有人负责、凡事有章可循、凡事有据可查、凡事有人监督"的管理闭环。越高效的科层制组织，就越重视运营流程和管理的标准化。

2. 激励机制：以产量规模为导向的KPI考核

（1）与绩效挂钩的代理薪酬激励。

如何激发劳动者的积极性，使其能够跟上企业标准化和快节奏，制造出更多更好的产品呢？品类大王基于理性人趋利避害的假设，制定出一套严格的奖惩制度，奖勤罚懒，以保障每个人的产出效率，杜绝违规与浪费。主要的激励制度是薪酬，最初是通过计时工作制来实现，以为将人固定在机器上就能保证产出，对于员工的绩效管理也较为粗放，只关注考勤。后来管理精细化到可以核算每人的产量，即实施计件工作制，从而提高了员工的积极性和总产量。

（2）日益精确的 KPI 考核。

随着企业职能部门的扩展，品类大王的专业化管理能力得到了提升，不再一刀切地用产出衡量每个人的贡献，而是将每个职务上的 KPI（关键绩效指标）列出来，根据每个人的实际完成情况予以奖惩，KPI 成为戴在所有人员头上的紧箍儿，完成 KPI 则弹冠相庆，等着名利双收，未完成则愁云惨淡，准备接受惩罚。KPI 将每个人的工作积极性充分调动起来，而在所有 KPI 的背后，依然体现的是组织对整体绩效的追求。

（3）较为固定的晋升机制。

品类大王严格的科层制组织体系，令其晋升通道相对固定，一般分为技术通道和管理通道。在技术通道上，通常实施技能评级制度，技术人员定期接受级别考核或评估，按级别享受待遇；而在管理岗位，则需要对辖区业绩或部门 KPI 负责，表现出类拔萃者方可获得晋升。除非业务急剧扩张，才增设管理层岗位，而支持部门管理的岗位越到高层的金字塔尖空间越小，想获得晋升的难度也会增大，不仅要看表现，还要凭资历。通过稳定的晋升机制，科层型组织得以在较长时期内保持稳定。

3. 组织文化：强调忠诚与执行

（1）忠诚文化，积累经验曲线。

出于对经验曲线的追逐，品类大王将保持组织稳定作为重要任务，尤其是生产和技术型人才的稳定性，将他们视为企业的资产。因此，金字塔组织通常都会塑造"忠诚与关怀"的企业文化，提倡员工"爱厂如家"，企业与个人形成稳定的"忠诚"与"奖励"的交换机制，企业从员工的忠诚中获得稳定的回报，而员工在集体的关爱中获得归属感。相对于强调个人主义的西方，在集体主义价值取向更为强烈的东方，组织对员工的忠诚度要求更为普遍。

（2）执行人才，保持运转效率。

由于科层型组织的信息获取与决策权都集中于高层，所有决策、计划和指令都由高层做出，所以从上到下的严格执行成为品类大王获取效率的关键。因此，科层型组织塑造出另一种文化内涵——强调执行。类似于军队中的无条件服从，不问条件，只管执行，所以最终把信送给加西亚的"罗文"被广泛称颂。经验证明，所有成功登顶的品类大王，其组织执行力都远超对手。强调军队般的执行力和战斗纪律，是品类大王决胜于商海的重要底牌。

在品类大王披荆斩棘的过程中，坚硬稳固的金字塔组织像一艘钢铁巨轮，撞开结满坚冰的海洋，开启伟大的航程，它在广袤无垠的蓝海市场予取予求，在尸横遍野的红海市场笑到最后。这艘巨轮能够经受住惊涛骇浪的考验，固然与其结构设计和用材质量高度相关，但能到达成功的彼岸，则离不开它的船长——全能型的威权式领导者。

聚焦产品的威权式领导者

品类大王的领导者大多是创业企业家，在企业内部拥有至高无上的权威。无论其个人性格如何，在领导风格上都有着极大的相似性。在机遇把握上，市场嗅觉敏锐，敢于大胆投入；在运营管控上，熟悉专业技术，要求细节完美；在目标坚持上，有恒心与毅力，能力排众议坚持目标。只有具备这种特质的企业家，才能成为全能型威权式领导者，并成就品类大王的伟业。

企业本身就是创始人精神的外化，品类大王的气质是创始人赋予的，打上了深深的个人烙印，所以品类大王有时既可以指企业，也可以指企业家本人。具体而言，品类大王领导者一般扮演着以下三个角色。

1. 雷厉风行的实干家

产业革命带来了社会大分工，出现了一群对市场需求最敏感，拥有特定品类的一技之长，并且对机械化大生产能够率先投入的人，他们是行业最初的开创者。其中的佼佼者眼界从不困于一隅，首先瞄准的是畅销全国乃至全球市场，他们信奉"心有多大，舞台就有多大"，在创业初期就描绘出产品畅销全球的愿景，并以此作为奋斗目标。

成立于1984年的浔兴集团，就是抓住了服装和箱包市场中衍生出来的产业机遇，果断进入拉链这一利基产业深入耕耘，做专做精，以追赶全球冠军YKK集团为目标，打造出中国最大的拉链企业，成为中国拉链标准的制定者，创始人施能坑也被称为"中国拉链大王"。

实干家熟谙产业上下游的成本结构和技术秘诀，能快速发现自身产品的成本和技术优势所在，选择快速高效、低成本的生产和营销方式，以快速占领市场。在率先占位的品类企业内部，创始人通常也是技术发明者或该领域的技术专家，对行业的产品和技术发展趋势通常都有极强的前瞻洞察力。例如惠普创始人威廉·休利特就是电气工程专家，波司登的创始人高德康则是手艺非常出色的裁缝，能够在17分钟内做好一件定制的衣服。

与纯粹的技术专家不同，企业家最宝贵的品质在于拥有超越常人的胆识和行动能力，能捕捉到稍纵即逝的市场机遇，并且对风险有很强的承受能力，因而能将产品设想和市场规划变为现实。他们敢于在局部领域进行超常规投入，"银行贷款打广告、手提现金砸渠道、利润全部扩产能"成为他们的成长写照。正是凭借雷厉风行的实干作风，他们才能够在众多同行中脱颖而出，成就品类大王的强大基业。

2. 事无巨细的完美主义者

由于最初阶段的产品导向，品类大王的掌舵者对产品细节无比严苛，始终坚信"产品质量是企业发展的生命线"，对产品质量尤为重视。他们事必躬亲，深入研发和生产一线，为了产能甚至可以"睡在车间"（马斯克），以降低次品率；如果次品依然存在，就不惜挥起大锤砸掉它们（张瑞敏），领导者成为企业的头号质检员（朱江洪）。通过一系列的质量改进运动，品类大王最后都能获得市场的认可。

同样，为了降低成本、提高效率，高度集权的掌舵者在各项流程管理上也很严格，对各项流程的改进拥有最后的决定权。更有甚者还会对一线业务进行指导，并常常化身"神秘人"亲临"一线"明察暗访，以检验企业高层的决策和要求是否执行到位。工匠精神、完美主义、对细节一丝不苟，这些都是品类大王掌舵者引以为豪的标签。

在生产一线和市场一线的事必躬亲给企业发展带来了极大的动力。能够经常深入一线的企业家通常是最优秀和勤奋的群体，通过随时捕捉动态来推动企业运营能力不断进步。但如果一个企业将这视为常态，并对企业家的事必躬亲产生依赖，就会埋下不少隐患，一旦企业家产生倦怠，其他人则缺乏相应的责任感，整个企业就会丧失发展动力。而且，在细节上投入过多精力也不利于企业家进行战略层面的思考，可能会导致企业逐渐患上战略"短视症"。

3. 心无旁骛的登山家

专注于特定品类的企业家，对于赖以发家的主业通常都有难以割舍的情结，无论外界环境如何变换，他们依然会选择独自坚守主业，心无旁骛地成为所在领域最专注、专业的企业。这种专注的精神在商业环境相对稳定的时期能带来巨额回报，成就数百年屹立不倒的公司。

能够成为百年品牌的品类大王毕竟只是少数，大多数品类大王企业都因为品类的更替而逐渐在市场中失去了光彩。而心无旁骛的企业家由于主业情怀，加上对过去成功路径的依赖，已经失去了创业之初的锐意，往往不愿意更换跑道，在快速涌现的机遇中失去先手。尤其是在产品和需求快速迭代的行业，局限于某个过时品类将为企业埋下失败的种子。

心无旁骛的企业家通常非常勤奋，在工作中倾注大量心血，并以此为个人信仰。无论外界压力如何巨大，心无旁骛的企业家依然坚持在孤独与彷徨的心路历程中独自攀登，期望守得云开见月明。但在当今的开放时代，继续心无旁骛地闭门造车，并不能保证成功，即使企业家降格成为产品经理来聚焦主业，也依然可能失败，例如魅族的黄章、暴风的冯鑫和鼓吹"匠心精神"的罗永浩。

与企业一样，企业家也是时代的产物，品类大王赖以崛起的环境孕育出与之匹配的传统的企业家典范。雷厉风行、完美主义、心无旁骛这些个体品质至今依然闪烁着光芒，但其中所隐含的固有缺陷，已经不足以让他们居于最优秀企业家的行列，因为品类大王企业赖以生存的外部环境发生了剧烈的变化。

风云再起：品类大王的中间化陷阱和生存挑战

"其兴也勃焉，其亡也忽焉。"正如前两次工业革命与消费普及让品类大王在林立的小作坊中横空出世并一统江湖一样，第三次信息革命又重新赋予了创新者力量，加快了产品迭代和需求升级的速度，整个世界充满了变动性、不确定性、不可预测性，品类大王的高光时刻随着信息化革命的爆发而逐渐逝去。

新的 VUCA[①] 时代的市场环境、消费者需求、竞争格局以及对企业能力的要求都发生了巨大的变化，让成长于稳定环境中的品类大王措手不及，不能与时俱进的品类大王逐渐面临被淘汰的危险。

品类自身的增长极限与困境

品类大王遭遇的第一个风险是品类自身的风险，即使是创业

---

① VUCA 是指组织将处于"不稳定"（volatile）、"不确定"（uncertain）、"复杂"（complex）和"模糊"（ambiguous）状态之中。VUCA 的概念最早是美军在 20 世纪 90 年代用来描述冷战结束后越发不稳定、不确定、复杂、模棱两可和多边的世界环境。在"9·11"事件后，这一概念和首字母缩写才被真正确定下来。随后，VUCA 被战略性商业领导者用来描述已成为"新常态"的、混乱和快速变化的商业环境。

之初就选择了一个非常有潜力的品类,任何品类也都有其生命周期和增长极限,这就需要品类大王能够敏锐发现潜藏于品类自身的风险,主要包括以下三种情况。

1. **品类规模天花板**

品类大王依靠规模优势登上顶峰,通过不断地跑马圈地占据了广阔的市场,但所有产品的市场均有其规模上限,即使该品类依然很受欢迎,品类大王已经成为行业内的冠军,将产品卖给了大部分顾客,也意味着其发展遇到了天花板,其增长势必减速、停滞甚至衰退。例如可口可乐帝国辐射全球,让每个想喝可乐的人都能买得到可口可乐,但规模达到最大,便无法再继续增长,企业影响力逐渐下降。即使在品类一直受欢迎的理想状态下,市场规模的天花板也是品类大王难以摆脱的宿命——登顶之时,大限即至。

2. **品类沉没的风险**

大多数产品的形态是在不断演进的,面对同一个长期需求,市场上会不断出现新品类来替代旧品类。有的替代是缓慢渐进的,在同一个品类的框架内进行功能改良,逐渐升级,这样的情形对品类大王通常有利;另外一些替代则是激进快速的,尤其是在科技创新的冲击下,某些品类可能会整体消失。如胶卷相机被数码相机替代,胶卷相机品类大王柯达沉迷于旧时代,最终遭遇破产,退出历史舞台。品类大王要及时洞察技术发展的趋势,迅速转移到新产品上,避免成为品类覆灭时的牺牲品。

3. **品类创新的悖论**

许多品类大王对研发非常重视,实力雄厚的它们往往是行业技术创新的引领者或新品类的发明者,但由于新技术产品的性能往往超出顾客的需求和支付能力，因此新品类推广要冒很大风险。在照顾主流顾客需求和盈利的压力下，品类大王会继续选择用保守的产品来收割现金牛市场，雪藏自己斥巨资发明的新技术。最终这些革命性技术被挑战者率先采用，并逐渐蚕食市场，成为主流用户的选择，挑战者也借此击败了发明该项技术的领导者。领先企业发明新技术却不能运用新技术，反而给自己掘下坟墓，这就是许多领导企业难以摆脱的"创新者悖论"。

无论品类遭遇天花板，还是面临覆灭风险，抑或创新品类遭遇创新者悖论，都是品类大王不得不面临的生死存亡的考验。要想成功化解品类危机，就需要跳出厂家品类思维，以客户需求满足的视角来动态审视产品的价值。

顾客需求细分化浪潮的撕扯

品类大王遭遇的第二个风险来自消费者需求的个性化潮流。如前所述，品类大王是建立在同质化需求的沃土之上，迅速通过大规模生产的同质化标准品占领市场。但经过市场普及阶段的跟风消费之后，消费者的个性化意识逐渐觉醒，希望在市场上找到与自身特征相匹配的产品。品类大王曾经依赖的同质化需求根基被细分化浪潮撕扯，从而陷于险境。

很难有一款商品能满足所有人的需求。按照品类属性不同，需要将消费者按地域、年龄、收入、价值观等特征细分成不同的人群，针对不同人群开发不同的产品，才能让顾客获得更大的满足。随着信息化时代的到来，消费者的个性更为明显，从人群细分进一步分解至个人细分，每个人都是特定的个性化标签组合，对各类产品都有个性化的选择和取舍。

而品类大王热衷于为尽可能多的消费群体提供爆品，无论男女老少、高矮胖瘦、贫富中产，全线通吃是其一直以来的追求。为尽可能覆盖更多人群，只好围绕所有人的共性进行产品研发，最终提供的产品很容易走向外观不潮不土、质量不好不坏、价格不高不低、渠道不上不下、功能无一亮点的中庸路线。中庸产品貌似满足了所有人的需求，但在消费细分和升级时代，实际上并不能满足任何人的深度需求，因而没有忠实顾客。

中庸产品只能在没有替代品的空白市场畅销，只要出现为细分人群打造的产品便会败下阵来。陷入中间陷阱的品类大王会受到高端改进者和低端颠覆者的双向挤压，市场份额被更极致的对手蚕食。即使品类大王痛定思痛，决定进行彻底的产品革新，但只要依然追求一招通吃的爆品，一门心思憋大招，就只会在中间陷阱里越陷越深，无法自拔，导致增长停滞，利润衰竭，最终走向死亡。

面对需求的细分，习惯一统江湖的品类大王往往变得无所适从。若想全面出击，在每个细分维度开发出相应功能款型的产品，势必会分散力量且将企业变得极其庞杂松散。但要稳守阵地，坚持提供面向所有人的无差异产品，则又很容易招致满盘皆输。在顾客需求细分浪潮的冲击下，品类大王一度坚固的阵地变得支离破碎。

树大招风：四面围城的超限竞争

对所有企业来说，最直接的威胁就是竞争者。随着时间的推移,曾经在竞争中获胜的品类大王未必能够持续获胜,它无时无刻不面临着来自四面八方的挑战。

1. 同质化竞争泥潭

在现有的市场中,品类大王首先遭遇的是同质化竞争,特别是在行业竞争手段非常简单,产品同质化到没有秘密,且各种进入壁垒失灵之时,品类大王独占丰厚的利润将吸引嗜血的"鲨鱼"前来。竞争对手会像影子一样复刻品类大王的行为:推出相同的产品,进入相同的渠道,采用同样的大众传播营销手段,进行完全同质化的竞争。虽然先行者有一定先发优势,但模仿者也能避免先驱所犯下的错误,站在巨人的肩膀上看得更远。同质化竞争到最后就会演变成渠道战、价格战、广告战,将行业的利润降至最低,从利润丰厚的蓝海市场变成血流成河的红海市场,行业剩下的巨头在近身肉搏中变得筋疲力尽、奄奄一息,令整个产业也死气沉沉。在与自己影子搏杀的同质化竞争中,品类大王相继走下王位。

2. 异质创新者的替代

如果说同质化竞争尚且能和对手两败俱伤,那么更加严峻的挑战在于品类大王一旦遇到更高水平的异质化竞争则可能完败。尤其是在对手通过技术创新推出突破性产品之时,技术落后的一方则会被淘汰。例如当 MP3 播放器出现时,传统的随身听、CD 机大王便不得不退出市场;当数码相机出现时,传统的胶卷相机品类大王柯达轰然倒下;当智能手机出现时,传统功能机的霸主诺基亚、摩托罗拉则日薄西山,不得不贱卖自己的业务。随着资本自由化和创业浪潮的兴起,技术创新和产品创新的速度不断加快,来自全球范围的大量创新者正在不断冲击传统品类大王的领地，越来越多的品类被创新者颠覆或替代。正如冷兵器遇到热兵器，传统品类大王一旦遭遇颠覆式创新，很可能在竞争中彻底出局。

3. 高维物种的降维打击

除了产品和技术，创新者还能建构更高维度的商业模式，对品类大王进行降维打击。品类大王最容易遭遇的高维物种是解决方案，它们是从品类大王中演进而来的，但又避免了前辈的弱点。它们摒弃从厂家出发的产品导向，而是从顾客需求出发，推出一站式解决方案，解决顾客在某个价值层面的全场景需求（小米），或者针对某个场景推出一站式解决方案（宜家、ZARA）。这类解决方案模式除了拥有品类大王的规模经济优势，还有比品类大王更突出的范围优势，能极大限度地节约消费者的决策时间，降低总成本，给顾客带来附加值，满足其深度需求，从而形成顾客黏性。解决方案凭借双重竞争优势的叠加，对只拥有单维优势的品类大王形成碾轧之势。

规模过大超出组织负荷能力

出于对规模优势的追求，品类大王的市场规模越来越大，同时也造成金字塔的规模过于庞大，进而带来规模不经济。由于采取管控型的科层制组织结构，品类大王很容易患上各种大企业病，引发的问题将危害整个组织的良性运转。

1. 大企业内耗

一个企业的衰败，最大威胁并不是来自外部，而是来自内部。因为外部威胁可能会使组织更团结，而内部损耗则可能让企业纵使在黄金时期也走向失败。组织越庞大，如果缺乏良好的价值观和价值分配机制，其内耗的可能性也就越大。随着企业规模的扩大，品类大王搭建起庞大的金字塔组织体系，在内外有别、上下有序、责任明确的思想指导下建立一整套标准化制度。然而，在各环节各司其职的职能部门往往因为推诿责任而产生本位主义。按照同质化产品打造出来的彼此竞争的业务团队往往会产生利益山头主义，导致企业越大，"冗官"越多，在位者为逃避责任或争抢功劳，就会滋生官僚主义，利益纠葛就越复杂，内耗也就越严重。

2. 行动迟缓症

如果企业规模过大却缺乏一套良好的信息和资源运行机制，就会变得迟缓。例如，层级过多导致信息传递失真，审批流程缓慢，行动落实层层衰减，而一线部门又缺乏足够的授权和激励，结果是企业对市场需求缺乏响应速度，让顾客产生不满，从而错过市场机遇，而针对竞争对手的行动也缺乏有效应对，只能一味被动挨打。科层制组织反应慢的最大恶果是抑制创新，由于运行机制缓慢，仅有的创新灵感历经层层审批和论证变成产品时，多半已经是过季的产品了。行动迟缓的企业总是落后于市场的节拍，并且差距越来越大，这样的品类大王常常危机四伏，却自我感觉良好。

3. 缺乏创新变革动力

有极少数品类大王，越过了内斗与低效的陷阱，在成功的道路上一路驰骋，却缺乏创新动力。品类大王极易在过去的功劳簿上洋洋自得，妄图用过去的成功经验去应对一切，逐渐失去了对现实的判断力和对未来的想象力，在产品创新上故步自封，在战略和组织层面，成功的保守派往往非常排斥变革。品类大王的科层制组织也难以培育变革的力量，严重缺乏对创新的鼓励，因而很容易沉湎在暮气沉沉中无法自拔。

产品、顾客、竞争、组织四个方面的挑战，极大地削弱了品类大王的光环，缩短了它的寿命，降低了其在商业生态丛林中的影响力。这四大挑战也指明了品类大王的困境根源，要想让品类大王重获生机，就必须找到它的升级之道。

走下神坛：品类大王的坚守与进化

时间的指针来到21世纪，随着互联网技术的日渐普及，消费者获取信息的来源日益广泛，信息成为消费者走向主导地位的关键钥匙。日渐多元的思想碰撞，让全球的消费需求呈现出多元化、个性化、快速迭代的特征，加速升级的电子产品与虚拟的互联网产品引领了新的消费风潮，以互联网为载体的新经济逐渐替代传统工业经济。

在新经济浪潮的带领下，全球范围内的传统工业巨头和品类大王纷纷遇到发展困境。埃克森石油、通用汽车、宝洁、柯达等传统制造类企业相继从《财富》世界500强的宝座上跌落，让位于沃尔玛、微软、谷歌、脸书、亚马逊、苹果等新公司，它们都代表着全新的商业物种，新旧迭代在不断上演。

而在国内，同样的剧情也在随后上演。新崛起的商业物种逐渐走向舞台中央，而那些曾经喧嚣显赫的国家级、省级著名品牌及品类大王则相继走下神坛，由于经费短缺，银根收紧，它们不再像以前那样在媒体上高调宣传，只是利用昔日余威，在传统渠道顽强生存,其中有很多甚至在默默地消失,只有在破产时才能让人记起。

面对新时代的外部挑战和内部威胁,不甘就此沉沦的品类大王分别走上了三条不同的道路。

坚守主业,迭代产品

第一批企业选择了坚守,继续留在原有行业,做原来的品类,只是在产品形态上进行创新,推进产品迭代,或者不断增加新的功能,或者继续降低成本。这类企业大多位于利基产业,大多是2B(面向企业用户)的业务类型,市场体量不大,未来的增长潜力也相当有限,因而巨头或创业者都无意进入,让这些利基企业暂时获得避风的港湾,安居于隐形冠军的位置。

而那些早已名声在外的品类大王,其坚守需要依赖两个屏障。一个屏障是需求的可预测性。在众多行业中,总有部分行业的需求较为明确,企业能够进行有效预测,从而可以按照节奏对现有的产品进行更新换代,满足顾客需求。例如对于能源、粮食、通信、交通等基础需求,消费者的选择相对固定,且技术节奏掌握在企业手中。

另一个屏障是企业的发展路径依赖。包括先进入者获得的资源占位、巨大的投资门槛、不可压缩的学习过程、稀缺的人才等,有这些壁垒的存在,后来者需要花费数倍代价才能进入,并且极有可能不敌原有的在位领导者,因而新的企业不敢涉足。在这样的竞争背景下,原有的品类大王的先发优势极其明显,可以获得一时的安全。

需求的可预测性和发展路径依赖同时发挥强大的作用，那么品类大王的坚守就有了一定的后盾，无须担心被消费者抛弃或被新入局的竞争者代替。一旦争取到了这样的发展时机，企业便将主要关注点放在技术的革新上，以领导者的姿态引领整个行业的技术变革，从而跟上时代的步伐。

坚守的品类大王很有可能残存了"以我为主"的思维习惯，虽然在不断地更新产品、更新生产技术和基础设施，但它们认为这是在跟随技术的进步节奏，是在坚持匠心精神，将产品做到极致。不管是否承认，"以客户为中心""以市场竞争为导向"这些外部的新信息和新浪潮还是会源源不断地渗入企业，引发企业进行潜移默化的整体改变。

值得注意的是，品类大王赖以坚守的两大屏障的效用是有限的，不排除出现颠覆性的创新，彻底改变需求结构和投资路径依赖的情况。坚守的品类大王需要时时留意，关注技术变革趋势，并确保在每次技术迭代中选对方向。

横向多品牌扩张

第二批企业选择了保守的多品牌扩张之路。这类企业位于顾客需求多变，十分难以预测的市场，这类市场的需求在以往是相对同质化的，并且培育出了几个行业领导者，但随着消费者需求的个性化转变，原本简单的爆款已经难以满足需求。同时行业进入门槛较低，个性化、潮流化的小众品牌如雨后春笋般大量涌现，但它们流行的周期也非常短暂，可谓速生速朽，比如餐饮、服装、日用快消品、化妆品等行业。

这类市场形成了两极分化，一极是体量巨大但产品中庸保守的品类大王高高在上，另一极是众多小型创新者如繁花盛开。其中外部创新者的创造能力远远胜过品类大王内部的创业孵化，但因为市场进入门槛太低，过于碎片化，对外部资本缺乏吸引力，所以创业者很难获得长远发展所需的资金支持。两极分化产生了一个巨大的契机，产业领导者可以借助资本力量，大量并购优质创新品牌，以多品牌矩阵应对个性化的需求。

有些品类大王不断通过并购，建立起多品牌的集团，每个品牌可能代表一种风格，针对某一类消费人群。在消费者看来，这些品牌各自独立，并无相互关联，但实际上因为这些品牌属于同一个品类，它们除了资本层面的关联，在供应链层面也会有共享设施，例如原料采购、生产制造以及渠道谈判等环节。

"单品类、多品牌"意味着品类大王在局部放下了"品类＝品牌"的执念，升级为"细分品牌＝细分品类"的新阶段。为了保持各细分品牌的独立性，其采用独立事业部的矩阵式组织架构，也将品类大王的组织管理能力推进到新的阶段，当然，这对企业的管理能力提出了更大的挑战。

通过横向收购保持扩张趋势的企业，实际上是多个品类的集合，其本质依然是品类大王，只不过很少有多品牌集团能做到每个细分品牌都领先，品类大王便名不副实。值得注意的是，多品牌集团貌似获得了更大的蛋糕，但也带来更多的不确定性。每一个子品牌的风险被累加到一起，内耗下可获得的资源有限，可能酝酿更大的灾难。比较典型的便是多品牌的宝洁，每一次危机来临都需要砍掉一批子品牌，才能轻装上阵。

———— 案 例 ————

安踏是在1991年成立于福建晋江,以制鞋起家。1999年签约孔令辉,开创了"体育+央视"的营销模式,迅速成为国内体育一线品牌。2008年奥运狂欢之后,安踏也曾陷入困局,但随即启动多品牌战略,同年推出子品牌"ANTA KIDS"(安踏儿童);2009年收购时尚运动品牌斐乐(FILA)的中国业务,打入高端市场。2015年安踏提出千亿目标,确定"单聚焦、多品牌、全渠道"战略,随后引入迪桑特(DESCENTE)、可隆(Kolon Sport)、亚玛芬(Amer Sport)等国际知名运动品牌,带来了高速发展。2016年安踏营收超过100亿元,2018年营收241亿元,2019年市值超过2 000亿港元,在国产运动品牌中一骑绝尘,并跻身全球行业前三。

向更高维物种进化

第三批企业开始以顾客为中心,向解决方案进化。这类企业既可能是多品牌-多品类,也有可能是单品牌-多品类,但它们已经不再是"以自我为中心埋头做产品",或鼓吹自己的品类大王身份,而是转向以顾客需求为中心,为顾客提供灵活的解决方案。这是革命性的进步,只有这样做,才能突破具体形式的限制,成为更强大的企业。

走这条路的企业通常处于顾客需求高度变化的行业,同时竞争非常激烈,几位品类大王各有所长,由于产品比较有技术含量，且各个企业的产品有一定的差异性，所以市场份额的差距并不太大，没有一家独大，而这通常是发展较为成熟、健康的行业。在激烈的竞争之下，技术和产品迭代很快，行业的服务意识较为超前，较早地形成了"以顾客为中心"的商业共识。在这样的行业中，最容易进化出全新的商业物种，例如汽车、家电、数码、通信行业便诞生了不少优秀的创新企业，老牌领导者也能通过变革焕发出新的生命力。

走向解决方案的企业首先要从解决问题的高度去理解顾客需求——顾客需要的并不是产品，而是在其支付意愿内帮他解决问题或带来快乐。企业向顾客交付的是有价值的整体解决方案，而非孤立的产品，解决方案由产品、服务、知识、情感等价值要素组合而成，因此解决方案要求产品的服务化，并且能够实现各种价值要素的高度灵活组合，根据客户需求的重点和程度不同，企业应向顾客提供个性化的解决方案。

较为普遍的基础问题可以由顾客自选方案，企业只需提供各类易于组合的产品，加以翔实的产品详情页和自助的搭配建议，让顾客自行组合方案。如果是较为复杂的问题，则由企业的专业销售顾问进行推荐，专业推荐凸显了解决方案的独特价值。当然解决方案的最高阶段是定制化的解决方案，不再是从市场大数据中获取信息预备方案，而是直接根据顾客本人提供的小数据生成订单，再调配相应资源，满足其个性需求。

不同深度的解决方案能够辐射的群体不一样，解决问题的极致程度也不同，这决定了企业的营收规模；不同深度的解决方案对成本和效率的要求也不同，这决定了企业的盈利水平。越到高级阶段，成本越高，对企业的敏捷性和智能化要求也更高，这正是解决方案企业需要快速提升的能力。这是一条险峻的路,也是通向光明的道路。

———— 案 例 ————

顾家家居从2000年开始崛起,以重点展会、高端卖场和名人代言为手段,迅速建立起品牌影响力和规模优势,2010年营收达到20亿元,成为国内沙发大王。面对激烈的市场竞争,顾家家居在2012年提出大家居战略,以实业发展和战略投资为驱动双轮,发展全品类、多层次的产品矩阵,形成以软体家具(沙发和床)为主,配套家居(餐椅、电视柜、茶几等)为辅的全屋定制解决方案。在解决方案的推动下,顾家家居的营收从2012年的21亿元迅速增长至2018年的91亿元,年均增长达27%,市值超过200亿元,稳居中国家居第一阵营。

内向坚守还是外向扩张,或者是向上跃升,这是品类大王避免跌入中间陷阱的三条路,选择这三条道路会走向不同的远方。内向坚守只是解决燃眉之急,后期暴露的问题将会越来越多;横向扩张实际是在掩盖问题,并制造新的问题;只有向解决方案升级,才能解决长远问题,迎来全新的生命(见图3.2)。

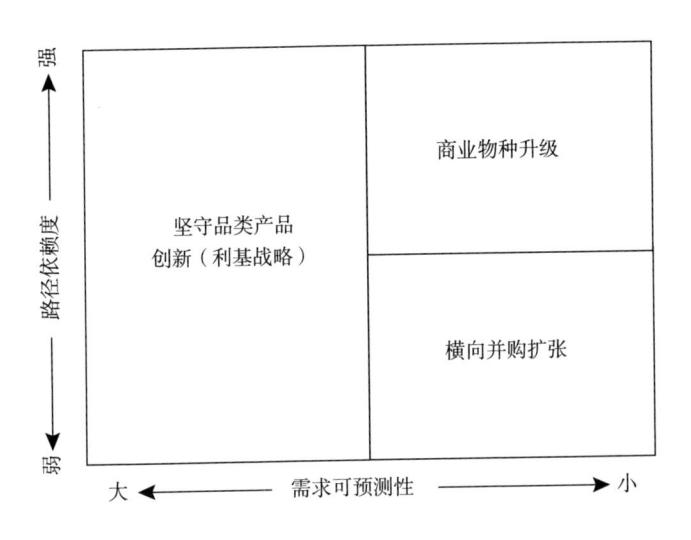

图3.2 品类大王的变革路径

[变革案例]

南极人与波司登

——内外暖衣大王的不同转型选择

内外殊途

从20世纪70年代起，中国的防寒服市场分为内外两派，外派以波司登、鸭鸭、美尔姿的羽绒服为代表，内派则以南极人、北极绒、俞兆林、恒源祥的保暖内衣为代表。在消费普及时代，它们都凭借广告和营销攻势快速崛起，成为品类大王，红遍大江南北。

1995年,波司登首次成为中国羽绒服销量榜冠军,至今这一位置也从未旁落。1998年赞助中国登山队登顶珠峰的事件营销,让波司登成功占据羽绒服第一品牌制高点。巅峰时期,波司登旗下的品牌占据了中国羽绒服市场的半壁江山,成为名副其实的品类大王。

与此同时,保暖内衣市场也纷纷冒出品类大王。1998年,保暖内衣发明者南极人和跟进者北极绒异军突起,加上恒源祥和俞兆林,组成保暖内衣市场的四巨头。凭借大手笔的广告投入,四巨头在国内市场搅动风云。

这两派也曾有过短暂的交集,2001年北极绒为切入羽绒服市场挑起了"鸭鹅大战",但因缺乏羽绒核心资源而最终退出竞争,从此内外两派像两条并行的河流,互不干扰,成为映衬对方的镜子。

先后求变

变化首先从竞争激烈的内派四巨头开始,由于保暖内衣的进入壁垒低,产品设计也高度同质化,市场很快陷入无序竞争。到2004年,保暖内衣企业达到数万家,虽然头部企业能通过营销获得更大销量,但价格战让利润急剧下降,让品类大王的宝座也岌岌可危。

2008年,嗅到危机气息的南极人率先开启转型,首先是砍掉制造工厂,只做设计与营销,并开启品牌授权的轻资产运营模式。其次跳出保暖内衣品类局限,进入多个品类,打造消费品王国。包括服装、内衣、布艺、箱包、配饰等，这些品类的共同特征是市场零碎，缺乏领导品牌。而凭借早期积累的品牌资源，南极人在这些市场所向披靡，切入多个品类后，仅仅通过收取品牌授权费，就能获得丰厚收益。

随着对手纷纷跟进品牌授权模式，南极人的探索也走得更远。2012年，南极人将品牌授权关系升级为"南极人共同体"（NGTT），整体对接上游资源，以更大的规模获取议价优势；在销售端也对品牌授权商进行数据考核和经营辅助，帮助共同体成员快速成长。南极人共同体初步具备了产业赋能的特征，到2014年，南极人共同体伙伴超过1 000家。

相较于竞争白热化的内衣市场，在羽绒服市场独占鳌头的波司登日子要舒服得多，变革也来得更晚。为打破羽绒服只有冬季热销的时间约束，预防行业天花板，波司登主动进军普通服装品类。2005年"波司登男装"在英国开店，但该实验并未达到预期效果。2010年，波司登正式提出"四季化、多品牌化、国际化和以羽绒产品为核心"的3+1战略，通过收购全面进入男装、女装、童装品类，各类门店一度超过1.3万家。

四处出击的效果并不理想，缺乏协同效应和突出优势的多品牌很快陷入市场竞争的泥沼，导致多条战线失利。而在核心羽绒服领域，2012年后，暖冬和国际快时尚的欧式皮革，天鹅绒、提花等替代品的进入，让波司登品牌和产品形象迅速老化，核心业务和多元化业务营收同步下滑。2013财年波司登营收达到92亿元的高峰后即遭遇三连跌——2014财年为82亿元，2015财年为62亿元，2016财年为57亿元，波司登陷入"关店砍成本、撤牌搞内斗"的混乱状态。

各有小成

正当波司登的多品牌频频遇阻之时，南极人"多品牌－多品类"的轻资产扩张道路却越走越宽。2015年南极人借壳上市，更名为南极电商，全面入驻淘宝、京东、唯品会、拼多多等综合平台，并进行更彻底的"品牌＋价值链赋能"升级。2016年南极电商以5.93亿元收购了卡帝乐品牌，还通过一系列收购与合资完善品牌矩阵。2017年又收购了时间互联公司布局移动端，进一步增强了资源推介、品控、研发、营销流量、数据分析等全套电商供应链服务。

南极电商的电商生态综合服务给合作者带来了更多的竞争优势，在内衣、女装、纺织等成熟品类上持续保持竞争优势。南极电商的业绩也节节攀升，2015—2018年，南极电商分别实现营业收入3.89亿元、5.21亿元、9.86亿元和33.53亿元，分别实现净利润1.72亿元、3.01亿元、5.34亿元和8.86亿元，2018年的GMV（网站成交金额）达到205亿元，2020年GMV突破400亿元，连续多年实现高速增长。南极人已经从昔日的品类大王，变成全新的物种——基于互联网技术的产业赋能平台。

痛定思痛，四处碰壁的波司登终于回过神来聚焦核心业务。从2017年开始，波司登大幅收缩阵线，将资源很难协同的男装、童装业务砍掉，仅保留和羽绒服在时尚设计上具有协同性的女装业务。2018年起，波司登对主品牌形象进行全面升级，聘请国际顶尖设计师，频繁亮相国际时装展，借助好莱坞明星进行推广，并对门店进行全新升级改造。整合了世界级资源、提升了企业能力的波司登重新回到潮流前列，获得美国《户外》杂志（Outside)颁发的 2019 年度户外装备大奖，告别"土味"，迎来了引领国际羽绒服潮流的新时代。

重归时尚前沿的波司登也逐渐走出业绩低谷，2017 财年业绩回升至 68 亿元，2018 财年达到 88 亿元，2019 财年已经突破百亿元，2020 财年达到 121 亿元，2021 财年超过 135 亿元，三连跌后实现了稳健的五连升，说明波司登的时尚化变革取得阶段性成功。

路径对比

纵观南极人和波司登的变革史，两位昔日的防寒服品类大王的变革路径完全不同。南极人的"轻资产、多品类、多品牌"平台化转型取得成功，而波司登的"四季化、多元化"转变却处处碰壁，最终回归核心业务才重获生机。这充分说明多元化战略不适合所有品类大王，需要根据每个企业与行业特征对症下药，采取不同层次的疗法。

南极人最初所在的保暖内衣品类进入壁垒很低，产品高度同质化，早期凭借营销投入获得的领先优势很快缩水，很容易跌入同质化竞争的泥沼。因此将核心资源投在品牌建设和授权的轻资产运营上，反而能够提高壁垒，降低成本，吸引低成本的制造商加盟，聚沙成塔后成为杂乱市场上的主导者。但作为平台，南极电商应加强平台治理，防范劣质产品透支品牌信誉。在模式变革的基础上，南极电商需要强化的是运营能力。

而波司登所处的羽绒服品类，产品功能性较强，资源、技术壁垒和规模效应都非常明显，先发优势很难被撼动。羽绒服的资产专属性极强，很难溢出给其他业务，一旦分散资源，将会拖累核心品类失去创新能力。在需求个性化浪潮的冲击下，专注核心品类，进行产品时尚升级和功能迭代，反而能够杀出重围。波司登正是通过战略收缩，改进运营效率才实现了逆袭。不过，波司登的变革只是企业能力升级和简单的战略收缩，而且能力升级也仅限于设计、营销等价值创造能力，其企业管理和治理机制等组织能力依然落后，给未来发展带来很大不确定性，若想基业长青，波司登也需要更加彻底的变革。

[延伸阅读]

定位，需要一个定位

——从品类大王的更迭看品类定位理论的适用性

风靡一时，值得一论

自1969年阿尔·里斯和杰克·特劳特发表了《定位：同质化时代的竞争之道》一文以来，定位理论问世已超过50年。继20世纪50年代瑞夫斯的"独特销售卖点"和60年代奥格威的"品牌形象论"之后，70年代"定位理论"成为美国广告界的主流理论，一时间，人人皆谈定位。

在随后的数十年里，里斯和特劳特笔耕不辍，连续出版了几十本著作，给定位搭建了系统的理论框架和丰富的战术工具，使之从广告营销战术上升到企业级战略的高度，一跃成为美国营销界影响最大的理论,同时对美国企业界也产生了深远影响,并斩获无数奖项。

20世纪90年代,定位理论传入中国,正值中国各行业的品类大王厮杀正酣,其"品牌=品类"的应许让无数品类大王趋之若鹜,奉为暗夜明灯,涌现了大批拥护者。但时过境迁,定位在理论和实践中不断暴露短板、引发争议,因此有必要探讨其优劣得失和适用范围,以正视听。

理论体系解剖

任何理论都是时代精神的体现,定位理论也毫不讳言自己就是同质化竞争时代的产物,其一系列理论的展开都以此为基本前提。定位称自己诞生于大竞争时代,企业竞争的战场已从第一阶段的工厂、第二阶段的市场进入第三阶段的消费者心智。

为此,定位提出其基本假设——心智空间理论。这一理论认为在信息过载的当代,心智容纳空间非常有限,对外界信息会采用"排斥-简化-归类-定位"四步处理法,最后在心智中给每个品类建立梯子。品牌营销的目标就是占领顾客心智中该品类阶梯的第一位,使品牌成为该品类的代名词,这叫顾客"以品类思考,以品牌表达"。

基于上述前提假设,定位理论提出了四大核心主张:(1)认知大于事实,顾客只会根据自己的心智认知去行动,事实则排在其次;(2)竞争大于顾客,企业实际经营应该以竞争为导向,不应掉入"以需求为导向"的俗套中;(3)品牌大于企业,竞争的基本单位是品牌,而非顾客看不见的企业;(4)战术决定战略,先有战术突破，后有战略制定，应自下而上。这四项主张极大地冲击了主流商业理论，使定位理论独树一帜，声名鹊起。

以上述四大主张为基础，里斯和特劳特提出了一套指导实战的方法论，即四步工作法：第一步，分析整个外部环境，确定竞争对手是谁，竞争对手的价值是什么；第二步，避开竞争对手在顾客心智中的强势，利用对手的弱势，确立品牌的优势位置——定位；第三步，为这一定位寻求一个合适的证明——信任状；第四步，将这一定位整合进企业内部运营的方方面面——系统整合。

围绕四步工作法，定位理论建构了一系列的工具体系。包括三大基本定位方法——聚焦、对立、分化，聚焦指抢占强势定位，对立指第二品牌要与领先者针锋相对，分化指创造新品类成为第一。针对不同地位的品牌，定位总结出四套战法：防御战、进攻战、侧翼战和游击战。为打赢商战，要求企业储备足够的武器弹药，包括广告、公关两大重武器，以及品牌口号、视觉锤两项常规武器，并要求企业在品牌定位的战役中持续投入。

从前提假设，到核心主张，再到方法工具，定位建构出一套完整的理论体系，且还在不断更新和深化，里斯和特劳特有意识地使之从营销战术拔高至业务战略，再到企业战略，以保证实施效果。这使定位理论从众多营销理论中脱颖而出，能够对企业的整体经营产生持续而重大的影响。

实践得失盘点

定位对现实的影响力从解释现实开始，它褒扬成功运用定位的企业，如美国数字设备公司（DEC）、安飞士、七喜、联邦快递、沃尔沃，都是凭借独特定位成为品类第一；对不能坚持正确定位或正确更新定位的企业则扼腕叹息，如通用汽车、施乐、美国电话电报公司（AT&T）、汉堡王、玛莎、李维斯。定位将可口可乐、宝洁视为典范，因为它们恪守"品牌＝品类"的信条，在扩展多品类时会启动多品牌。

定位在美国的咨询实践中，也创造了不少成功案例，不仅有中小公司，还有 IBM、惠普、美林、高盛、默克、百事等大企业。从 20 世纪 80 年代开始，在华尔街资本的推动下，大企业纷纷以并购来扩张多元业务，里斯强调"聚焦"，特劳特强调"更新定位"，但成效不大。21 世纪互联网公司崛起后，互联网成为基础设施，商业世界的逻辑被重塑，但定位只将互联网作为一个新品类，导致定位理论在美国主流商界的影响力直线下降。

幸好，定位理论在 20 世纪 90 年代找到了新大陆——中国，在这里，蓝海市场正在逐渐转为红海市场，大量同质化竞争的品类大王在激烈争夺，都在渴望行业冠军的宝座。此时，系统完整的"定位"理论如久旱之甘霖，成为众多企业的品牌启蒙者。许多原生的品类大王搭上定位的战车迅速崛起，比如劲霸、王老吉、东阿阿胶、长城汽车、老板电器、九阳、真功夫、香飘飘等，都依靠定位营销策略迅速崛起，成为消费普及时代的品类冠军。

略显遗憾的是，这些打着浓厚定位印记的企业虽能快速崛起，但不久后都会遇到发展瓶颈，达到一定规模便无法继续增长，甚至会断崖式下跌，明显后劲不足。具体原因有很多，包括品类规模到顶、产品迭代乏力、重新定位失误、执行偏差、广告投入不够等，但背后的共同原因在于，定位于单品类限制了企业的发展空间，而大企业又都具有多元化的本能。

定位理论并不反对多元化，但它反对单品牌延伸，要求多品类必须匹配多品牌，例如宝洁公司，旗下的每一个品牌就代表一个品类。但中国企业很少会如此分散品牌资源，大多采用企业主品牌延伸，事实上也取得了巨大成效。于是定位理论便对它们发动口水战，从多个角度频繁攻击多元化战略，而巨头企业对此充耳不闻，结果使定位理论在大企业圈"没有朋友"。

一旦某种理论开始攻击具有强大生命力的现象，就证明这套理论处于失效的边缘，对面正是它的不可知之地。定位理论正是如此，它的对面就是单品牌巨头的多元化，而后者正用实际成果证明自己是正确的，并且已经找到了新的理论支持，而这些新理论处于定位的视野之外。例如对新世纪的商业模式理论，定位从不攻击，也不借用，更无法解释，可谓完全失语。

定位不能解释一切，那定位理论的适用范围是什么？

定位理论的适用范围

正如任何理论的诞生都有其时代背景、任何理论都有其适用范围一样，定位理论也不例外，在它擅长的领域成效显著，在它失效的地方爱莫能助，那什么是它的适用范围，什么不是它的适用范围，需要一个明确的界定。

定位理论诞生于同质化竞争时代，同质化信息轰炸让消费者不堪重负，同质化竞争则以简单粗暴的价格战为主，而优秀企业会以差异化摆脱同质化的泥潭。1980年，波特将企业的竞争战略归为三类：成本领先、差异化和聚焦。特劳特和里斯将"差异化"和"聚焦"发扬光大，在同质化竞争的战场，定位理论锋芒逼人。

随着技术变革和商业模式的演进，VUCA时代不仅有同质化竞争，来自高维商业物种的降维打击威胁更大。低维物种"战胜了所有对手，却输给了时代"，便是这一现象的残酷写照。多维竞争让定位的假设发生偏移，比如对手变得不可预测，心智却无限扩容，大数据、人工智能将超载的信息驯服，为人类心智所用。

商业大环境的改变颠覆了定位理论的前提假设，但这并不表示定位理论完全失效。正如在高速运动的宇宙中，牛顿经典力学依然能解释惯性系统内部的低速运动一样，商业世界依然给一维物种——品类大王保留了一席之地，它们还在追求成为极致品牌，以达到"品牌＝品类"的一维规模化目标，定位理论对它们依然有效。

但对高维物种来说，定位理论几乎完全失效。如二维物种已将多品类组成解决方案，获得了第二维的范围优势，不会再固守单品类的单维规模优势。而三维物种已是平台，整合了无数解决方案构成动态价值群，拥有了网络效应，更不可能退回到仅有单维规模优势的一维物种。对这些高维物种的竞争优势，定位理论完全失语，无法给出解释，自然不再适用。

即便在定位理论依然有效的品类大王这里，定位所扮演的角色也需要重新界定。它从最初的营销职能战略（沟通战术）上升为业务层竞争战略，已经是其所能达到的最高层次，再上升为企业层战略便属"僭越"。定位为了获取更多战略资源支持，以确

第三章　消费普及时代的一维物种　　115

保战术取胜,主张"战术决定战略",明显本末倒置,需要回归常识——商业模式决定战略,战略决定战术。

即便作为业务层战略,定位理论所适用的阶段也应受限。在既定战略指导下,定位理论适用于品牌宣传,但后期的企业经营不应再以宣传为重心,而应通过迭代产品和服务赢得顾客忠诚,并以运营效率战胜同类对手。被定位贬为"同质化竞争手段"的运营效率,应恢复其本来地位。定位作为品牌营销战略,应与其他职能战略配合,而不是企图总揽全局,否则品类大王无法长期取胜。

总结:对定位的定位

至此,定位理论的适用范围已完全界定清楚:定位理论诞生和适用的大环境是同质化的单维竞争世界,而不适用于多维度的超级竞争世界;它适合追求单品类规模冠军的一维物种,不适合拥有多维优势的高维物种;在品类大王内部,它也只适合作为营销职能层战略,而不能"僭越"为企业层战略。

综上所述,可以给定位一个定位:定位是一维商业物种最有效的营销战术。定位理论在创立极致品牌时大有可为,而这些极致品牌要在 VUCA 的新时代摆脱速生速灭的宿命,继续茁壮生长,则需打破厚甲,融入更广阔的商业生态,而融入商业物种的语境,正是定位理论重新焕发生机的契机。

本章小结

在近代工业革命的推动下,诞生了人类商业史上第一个大型商业物种——品类大王,它以摧枯拉朽之势横扫传统自然经济的小型商业物种。

品类大王的诞生有其特殊的时机和土壤。首先是科技革命的浪潮,包括动力革命、生产流程革命、基础科学进步与实用性发明的大量涌现。其次是消费需求的井喷,国内国际市场的空间壁垒被打破,零散需求被标准化产品整合,以及消费主义的兴起。再次是各行业处于跑马圈地的拓荒阶段,竞争非常简单粗暴。

在不同行业中,品类大王的出现概率、发迹之路和稳固程度差异较大。在基础能源与基础设施领域,由于政策的壁垒保护,品类大王的垄断地位稳如泰山;在工业品制造领域,依靠技术研发壁垒和资本优势,行业基本被品类巨头主导;在消费品市场,品类大王需要从早期的蚂蚁市场艰难杀出,成为知名度极高的大品牌,但霸权更替极快。

虽然每个行业有所差异,但品类大王有三大共同的核心特征:以成为单品类冠军为企业发展目标、以制造和产品为企业经营重心、采用高度控制型的管道化商业模式,这三大核心特征构成了品类大王这一物种的本质定义。

与后来的商业物种相比,品类大王的生存是一维的,它的一切竞争优势来源都是规模经济,表现为四点:专业化分工和学习效应越强,内部集成化后成本越低,外部效应的回收更充分,对外的议价能力更强,所以能够"大者恒大"。

为了保证一维的规模竞争优势,品类大王建立了庞大的金字塔威权王国——科层型组织。在组织结构方面，在权力高度集中的基础上，建立横向分工协同和高度标准化的流程规范；在激励机制方面，则是与绩效挂钩的 KPI 考核与较为固定的晋升机制；在组织文化方面强调忠诚与执行。

品类大王的领导者大多是创业企业家，拥有至高权威，企业精神就是企业家本人精神的外化。他们通常扮演三重角色：雷厉风行的实干家，既有专业之长，又有过人的胆识和新动力；事无巨细的完美主义者，对产品质量和流程管理以及企业管理事必躬亲，力求完美；心无旁骛的登山家，对主业有着难以割舍的情怀，对成为品类冠军有强大的信念。

但风云再起，在新时代，品类大王遇到多重生存挑战：首先是品类自身的增长极限，包括品类规模天花板以及品类在颠覆式创新中沉没的风险；其次是顾客需求细分化浪潮的撕扯，品类大王以爆品满足所有人的需求成为幻影，极易陷入中间陷阱；再次是四面围城的超限竞争，面临各种同质化对手、异质化创新者以及高维物种的环伺；最后是组织规模过大，超出管理负荷，患上"大企业病"。

面对挑战，品类大王通常有三条道路可走：一是坚守本业，通过产品的迭代创新保持竞争力；二是横向多品牌扩张，不同的细分品类打造不同品牌，以保持增长；三是最艰难也最有前景的道路，即以顾客为中心，从品类大王向解决方案进化。

第四章

市场细分时代的二维平面物种

——管道型解决方案巨头的崛起与困境

管道型解决方案——工业时代最强物种登场

和宜家类似，随着传统工业时代的日暮将近，而信息时代的黎明若隐若现，工业时代的最强物种——管道型解决方案模式闪亮登场。

在20世纪70、80年代，一批以在供给端纵向整合产业链、横向扩展品类，和在需求端解决方案化输出整套产品为特征，架构复杂、规模庞大、行动迅捷的企业登上商业竞争的舞台，并迅速成为行业的领导者。例如：GAP在20世纪80年代总结出SPA模式之后，通过垂直一体化经营实现快速扩张，在此后的十几年间复合增长率超过20%；创立于1975年的ZARA一开始采用的就是产销整合的经营模式，引入IT（信息技术）系统并投建物流中心，基础设施初步完善之后于1988年开始"海外布局+多品牌储备"，在整个发展过程中始终坚持投资仓储物流、信息系统等基础设施，种种努力最终将其推上了快时尚领导者的地位；

专注于体育用品的迪卡侬创立于1976年，与同类竞品相比，拥有种类齐全、价格便宜、质量过关三大优势，集设计、加工、零售环节于一体，能够全产业链掌控，可以为初学者和专业运动者提供运动服饰、装备以及各种性价比极高的创意类运动产品；日本最大的家居连锁企业宜得利成立于1967年，实行了"一条龙"式的业务模式，即从产品开发到物流配送，在各个环节上都建立自有系统，从而能够为顾客提供极致性价比的整套家居产品。

然而，商业世界是纷繁复杂的，能够在供给端和需求端做出如此详尽战略布局的企业毕竟是少数，多数较为成功的企业所采用的是类管道型解决方案模式，或者横向拓展品类成为以细分化为核心的多业务集团（例如安踏建立多品牌矩阵），或者更多地采用外部整合的方式输出解决方案（例如 IBM 整套输出软硬件服务）。这些企业虽然没有复制管道型解决方案模式的全部要素，但在某一个或几个关键节点的高强度、高效率把控，也使其获得了巨大的竞争优势。

管道型解决方案的诞生背景

时势造英雄，管道型解决方案模式得以诞生并获得强大的生命力和竞争力，得益于当时的宏观产业大环境。

1. 需求细分化呼唤基于细分的解决方案需求

随着物质资源的不断充裕，需求日益细分，同质化大众商品的市场空间被压缩，企业需要开拓多种品类和提供多种服务并形成细分化的解决方案，才能够同时满足多种细分需求并覆盖尽可能多的消费群体。日化巨头宝洁一向专注于大众品市场，在当下这个需求高度细分化的时代日益举步维艰。

2. 品类供过于求的同质化红海竞争推动品类大王向细分化解决方案升级

在供不应求的产品为王阶段，企业仅需依靠品类模式就可以赚得盆满钵满。但是随着供求双方力量的逆转，好酒也怕巷子深，粗暴野蛮的走量模式在面对激烈的市场竞争时显得粗糙又原始。正如自然环境的改变会促使生物进化一样，当商业天平由供方摆向需方，买方市场取代卖方市场，企业的运转便再也不能仅仅以自我为中心，而是需要更多地以客户为导向。所以，相对于品类模式而言，服务更为周到的解决方案模式横空出世且先天具备更强的竞争力。

3. 信息化和零售物流技术的升级推动以零售为核心的反向整合型解决方案的形成

随着信息技术的发展，各种市场信息及企业内部信息的传递和处理速度呈几何倍数上升，企业的决策重心不可避免地前置以及时应对市场环境的变化并有效捕捉市场机会。另外，零售物流技术的升级则进一步清除了市场端灵活应变的障碍，所以，以零售为核心的反向整合型解决方案得以发挥出强大的竞争力。

管道型解决方案的分类

在强大的趋势性力量的推动下，商业世界出现了全新的物种——管道型解决方案模式：以顾客交易和服务环节为中心，全产业链布局，围绕细分顾客需求，提供高性价比的一站式产品与服务（见图 4.1）。

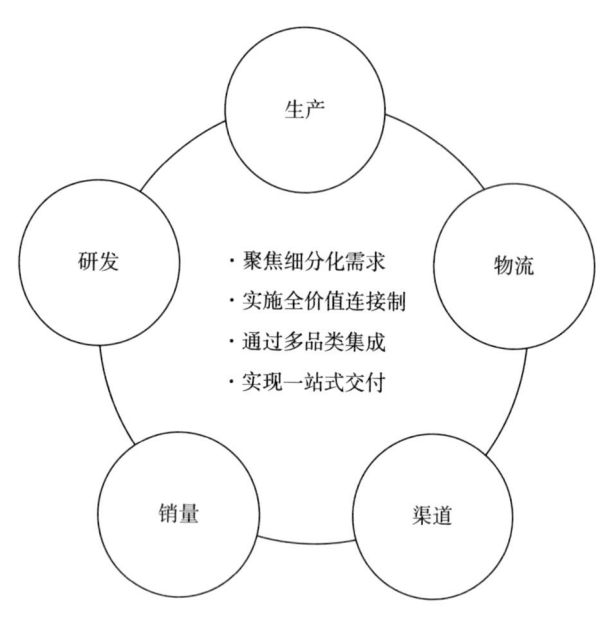

图 4.1 管道型解决方案模式框架

（图中文字：生产、物流、渠道、销量、研发；·聚焦细分化需求 ·实施全价值连接制 ·通过多品类集成 ·实现一站式交付）

管道型解决方案模式主要有两种表现形式：致力于满足基础需求的 SPA 模式（宜家、宜得利、迪卡侬等），和以细分化为核心的多业务集团模式（安踏等）。

1. 面向基础需求的 SPA 模式

此种类型定位于大众化市场以提供极致化的基础价值，主要有三种类型：以质量取胜，以功能（设计）取胜，质量与功能（设计）相结合下的极致性价比。例如在服装行业中，质高价平的典型代表就是优衣库，快时尚的典型代表是 ZARA，轻奢的典型代表是 MK（迈克高仕），这些品牌的核心竞争力之一就是基于基础价值（质量、设计、性价比）的极致化，只是侧重点有所不同，优衣库的侧重点是基础款、一定的品质和高性价比，ZARA的侧重点是潮流设计跟随和高性价比，MK的侧重点则是在重视质量和设计基础上的大众化和性价比。忽视长尾市场，将同质化程度最高的主流人群作为目标消费者，因所有的基础设施和功能模块都可以共享，所以可以提供极致性价比的产品。宜家就是这一模式的典型代表，坚守北欧极简风，极力压低成本，专注提供平价产品。另外，宜家还供应一些"窒息货"——拥有可以让顾客惊叹到窒息的低价，例如4.9元的靠垫、15.9元的台灯、33元的拉克桌等（见图4.2）。

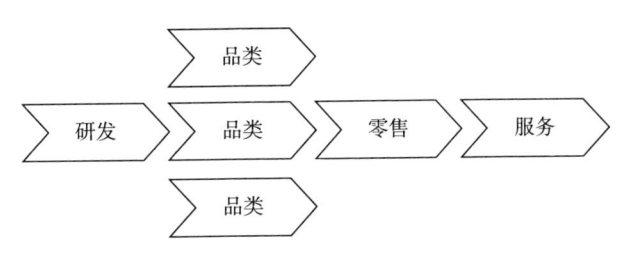

图4.2 面向基础需求的SPA模式

SPA模式需要企业全程参与设计、生产、物流、零售等产业链环节，这是一个极为庞大的系统性工程，任何企业都难以一次性地打造出SPA模式，多数都是从产业链中的一个关键性环节入手，然后逐步延伸，最终实现对全产业链的强控制。其中，从生产设计环节和零售采购环节起家的企业（即热衷于自产自销的生产制造商和购进卖出赚差价的零售商）相对更容易转型为SPA模式。宜得利创立之初，其创始人似鸟昭雄每个月都会到中国台湾批货，大量采购沙发、餐桌椅组、床和台灯等，然后再售卖给顾客以赚取差价。后来，为了降低成本，宜得利整合了家居全产业链，宜得利的产品也由原来的采购赚差价模式逐渐过渡到自建海外工厂生产。目前，宜得利售卖的商品中有七成是自主设计研发的，将近九成产品由公司自己制造。

在数字化时代到来之前，SPA 模式因控制了全产业链，能够最大限度地压缩成本，同时还可以根据零售端的变化及时地调整生产设计端，从而成为工业经济时代中最为高效的商业模式。SPA 模式对产业链的内化改造和效率提升作用在环节繁杂的行业尤为明显且更有竞争力，所以，在产业链条又长又复杂的日化、服装、家居等领域出现了数家规模庞大的 SPA 型企业，如宜家、宜得利、ZARA、爱茉莉太平洋（日化）、屈臣氏等。

2. 以细分化为核心的多业务集团模式

此种类型以业务集团的形式存在，囊括多个风格化细分的深度分众品牌。基于特定行业特点和消费细分化趋势不断加剧的背景，此类型的企业往往多元化发展，成立多个细分化品牌事业部，各品牌事业部一般都具备独立的研发、零售、营销、渠道等职能部门，并同时共享战略、财务、法务、公关、部分供应链等通用性质较强的集团基础设施（见图 4.3）。与第一种类型相比，以细分化为核心的多业务集团模式的规模经济程度相对较低，但品牌实现深度细分之后，可以更好地顺应需求碎片化的大趋势并覆盖更多的细分人群。

"今天，消费者和需求都非常多元化，一个品牌不可能满足所有的市场需求，多品牌是我们的一个非常核心的战略，我们都做了布局。"丁世忠曾这样解释安踏为什么热衷于"买买买"。在十多年间，从专业体育到大众体育，从高端休闲到城市健步，以及户外领域，安踏已经完成了多品牌矩阵布局，目前集团旗下品牌包括安踏、安踏儿童、斐乐、斐乐儿童、斯潘迪、迪桑特、NBA等。

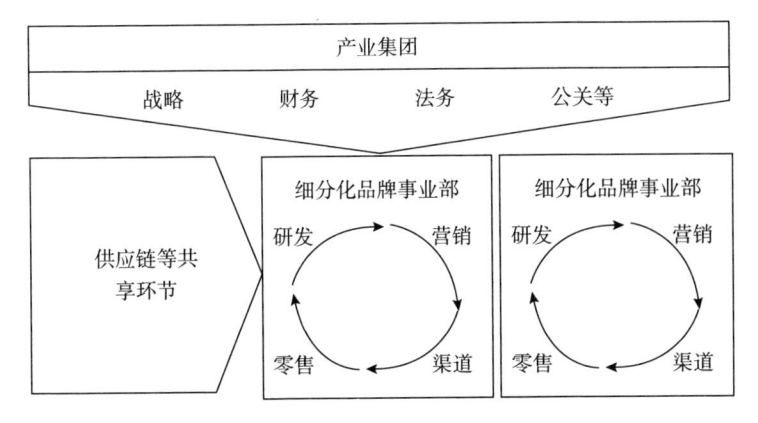

图4.3 以细分化为核心的多业务集团模式

物种的二维化升级"规模×范围"——管道型解决方案模式强大竞争力的来源

追根溯源，管道型解决方案模式强大的源泉活水正是规模和范围这两个工业资本主义发展的原动力。不同于以往的商业物种形态，规模和范围这两架发动机的马力在管道型解决方案模式中得到了指数级的提升。

"规模×范围"二维化升级的实现

要实现"规模×范围"的二维化升级，适宜的外部条件和足够的内部努力缺一不可。

1. **"规模×范围"潜力释放需要的特定时代条件如下：市场规模足够大、生产足够柔性化、各产业链环节协调足够顺畅**

　　市场规模足够大，才能够为企业拓展生产规模和产品品类提供足够的空间。20世纪80年代中期，世界经济开启全球化融合时代，产品市场和要素市场都得以突破地域限制，庞大的市场规模为跨国巨头的诞生准备好了市场条件。

　　生产足够柔性化，企业才能够在拓展生产规模和产品品类的过程中避免规模不经济和范围不经济的困扰。科学技术是第一生产力，20世纪50年代暴发的第三次工业革命，以自动化和柔性化为典型特征，各种工业机器人出现在工业生产中，极大地提升了生产效率，这为企业延缓规模不经济和范围不经济临界点的到来准备好了技术条件。

　　各产业链环节协调足够顺畅，企业在拓展生产规模和产品品类的过程中才能保证处于"1+1>2"的有利区间。全球化交通网络布局的不断优化以及互联网技术的不断发展，使得各产业链环节沟通交流更为便捷，为企业将市场交易内部化、拓展企业边界准备好了外部协作配套条件。

　　仅仅具备特定的时代条件并不足以获取规模经济和范围经济带来的红利，企业自身还需要进行必要的组织能力升级才能够抓住时代的机遇。

2. **"规模×范围"潜力释放需要企业在生产、分销、管理三个方面进行重要的相互联系的投资**

　　在生产、分销、管理方面进行三叉投资能够释放规模和范围潜力的理论依据来自美国企业史学家小艾尔弗雷德·钱德勒的著作《规模与范围：工业资本主义的原动力》。"关键的企业行为不在于一项新的、大大改进的产品或方法的发明（乃至商业化）。相反，它在于建成一个充分利用规模经济，或范围经济，或二者皆有的经济所需适宜规模的工厂。"根据书中的研究结果可知，在生产设施、分销网络和管理体系方面的投资可以保证企业获得强大的组织能力，进而激发规模经济效应和范围经济效应。"最先在生产、分销和管理方面做出重要的、相互联系的三叉投资的美国公司从19世纪80年代到20世纪40年代一直保持着领先者的地位。"

管道型解决方案模式最早出现于二十世纪六七十年代，彼时特定的时代条件已经具备，另外，管道型解决方案模式所进行的全产业链整合和组织架构方面的改良优化大大提升了它的组织能力。因此，管道型解决方案模式能够实现"规模×范围"的二维化升级。

规模经济与范围经济彼此强化

1. **规模强化范围：几近全产业链的整合使增加相关品类变得更为容易**

    软硬件基础设施方面的高投入，使得采用管道型解决方案模式的企业能够拥有一个要素近乎完全的生态圈。在这个生态圈内，不需要新建或只需要新建少部分基础设施，即付出边际成本小幅增长的代价，就可以培植一个全新的相关品类。迪卡侬自有品牌率超过90%，其中既有如趣岳（Quechua）这样的自建品牌，也有如SIMOND这样的收购品牌。收购的品牌大都是以往声名显赫但是后来经营不善的公司。例如SIMOND发明了冰镐，在当年登珠峰热的时候还是和 PETZL、GRIVEL 等齐名的顶级品牌。迪卡侬收购 SIMOND 之后不仅利用自身齐全的供应链提升了 SIMOND 的实用性和性价比，而且还充分利用了 SIMOND 的设计来提升自己的原有品牌力。

2. **范围强化规模：更多品类的引入则使软硬件基础设施的运转更为高效**

随着品类的不断增加，产业链空转现象不断被消除，效率得以提升，营收及利润的增加也使得企业能够整合更多的产业链环节或者进一步优化现有的产业链环节。迪卡侬的门店非常大，平均面积为 4 000 平方米，配有免费的篮球场、足球场、停车场及相关配套设施，并且必须留出约 15% 的室内使用面积供顾客体验。迪卡侬之所以有魄力开如此大的门店并且还大手笔地"牺牲"坪效做体验，是因为它的品类非常齐全，从户外运动、游泳到马术、钓鱼，无所不包，能够满足 80 多种运动需求，使得它的门店可以自主吸收流量，节省了大量的引流成本和营销成本。

管道型解决方案模式中"规模 × 范围"的天花板

根据经济学理论，规模经济和范围经济都存在边界，一旦规模超过必要的限度、范围过度扩张，规模不经济和范围不经济的现象就会出现。不同的商业物种形态因其组织能力强弱有别，再加之时代环境的不断变迁，所能够享有的规模经济效应和范围经济效应的红利大小也是不同的，例如，品类模式就很难充分激发范围经济效应。

管道型解决方案模式能够较高程度地受益于"规模 × 范围"

效应，但是其本身并不是充分激发"规模×范围"效应的最优商业物种形态。因缺乏互联网平台海纳百川的气度，除主动整合以外，没有足够的"魅力"吸引外部资源主动投靠，前端门店因面积有限所能够容纳的品类数量也是有限的，所以管道型解决方案模式相对于淘宝、京东、拼多多、亚马逊一类的互联网平台来说，其所能够享有的"规模×范围"有利效应的天花板要低得多。

时代变迁又导致管道型解决方案模式中"规模×范围"有利效应的天花板进一步降低。在过去，市场块状化明显，管道型解决方案模式拥有更广阔的成长空间，可以随着其在东南亚、非洲、南美洲等发展中地区的业务扩张而不断发展。2018年宜家在印度开设首家门店，开业当天吸引了成千上万名顾客，使周边交通陷入了瘫痪。但是，随着市场点状化趋势越来越明显，供给端产能过剩，需求端日益个性化，主流大众市场被不断分割，管道型解决方案模式预先锁定目标市场然后大手笔投资基础设施的战略，因潜在市场规模的缩减而受到了巨大的挑战。

正如在自然界中，缺乏高含氧量的空气，难以出现如恐龙一般体型巨大的生物一样，缺乏潜在规模巨大的同质化市场，也难以推动规模大、范围广、结构复杂的管道型解决方案模式进一步发展，或者可以悲观地预测，随着市场环境的进一步恶化，甚至可能难以维持管道型解决方案模式现有的体量。当下已非管道型解决方案模式的黄金时代，它所享有的"规模×范围"有利效应的天花板在不利的生存环境中被进一步压低了。

第四章　市场细分时代的二维平面物种

适度分权,打造多维矩阵型组织

知行合一才能成就大业。企业的成功,既需要敏锐的宏观战略嗅觉,也需要强悍的组织能力与之相匹配。

为了构造强大的组织能力,管道型解决方案模式要求企业在领导者角色、组织运营模式、治理与激励机制、人才模式、文化风格等方面进行全方位的解构和改良(见图4.4)。

多维矩阵型组织

领导者角色	组织运营模式	治理与激励机制	人才模式	文化风格
集战略规划、人才培养、资源整合于一身的深度布局型领袖	适度分权的任务改良型组织	适度产权激励、短期低能激励和中长期高能激励相结合	以品类、门店或项目为中心的事业经理人制度	适度顾客导向、责任驱动、团队协作

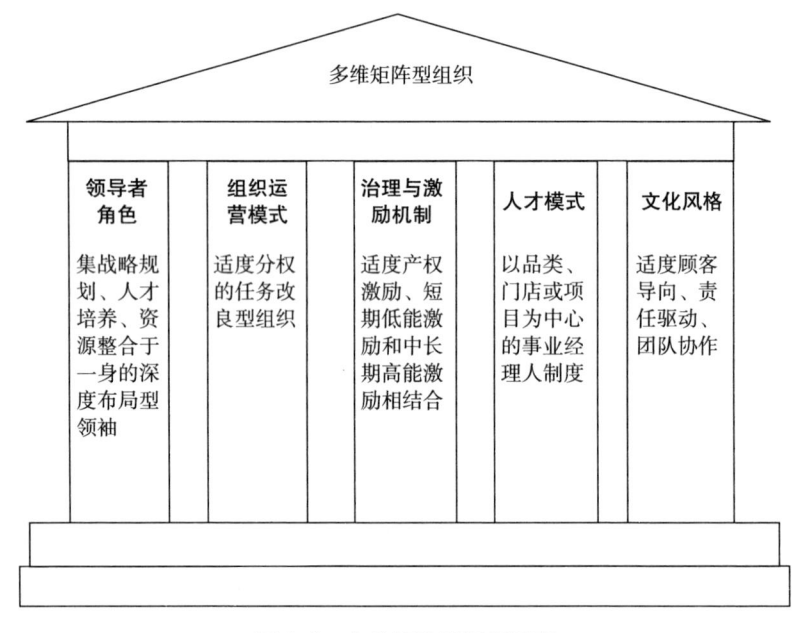

图4.4 多维矩阵型组织示意

领导者角色：集战略规划、人才培养、资源整合于一身的深度布局型领导者

复杂的产业链环节、繁多的产品品类以及激烈多变的市场外部竞争环境，要求企业领导者必须具备不同于品类模式领导者的能力。这些新的领导力要求主要集中在三个方面：战略规划、人才培养和资源整合。

正如围棋非常讲究布局一样，结构复杂的管道型解决方案模式也很重视战略规划。富有预见性的战略规划能够使企业从容不迫地"排兵布阵"，逐渐构造出管道型解决方案模式的轮廓。柳井正喜欢研究经济学理论来为优衣库的发展寻求正确的战略方向，他每天起床后会先阅读两个小时的经济学理论，尤其是古典经济理论的书，然后才会去处理邮件、询问当天需要见的人、准备去的地方等。战略之外，规模庞大、结构复杂的管道型解决方案模式的运转需要大量的人才，企业领导者自然要当仁不让地担负起人才培养和选拔体系总设计师的职责，除了关键性人才由自己亲自识别并培养，领导者还需要建立一整套可持续发展的人才培养和选拔机制来为企业的发展源源不断地输送新鲜血液。柳井正有一套"店长论"：店长重要性堪比 CEO，并领导建立了"超级明星店长制"，实现了明星店长的"量产"，7 年内培养了 4 000 名店长，为优衣库激进的海外扩张提供了强大的人才支撑。管道型解决方案模式对产业链的涉足已经达到前所未有的程度，但是也无法做到"五脏俱全"。能够高效地进行"移花接木"式的整合资源成为企业及其领导者的一项基本功。

ZARA 创始人阿曼西奥·奥特加想要为顾客提供"买得起的

快时尚",所以在服装设计方面采用了资源整合而非原创的思维。ZARA没有顶级的设计大师,其他品牌的设计大师就是ZARA的设计大师,ZARA所需要做好的就是关注和跟随。ZARA的极速供应链模式也秉持了这种资源整合的理念,既有传统的外包流程,也有公司内部整合上下游一体生产的流程。

组织运营模式:适度分权的任务改良型组织

外部市场环境变化剧烈,内部实行多品类的经营模式,令企业领导者无法熟悉并掌控所有的品类,因而迫切需要激发组织内部的创造性、灵活性和主观能动性来补足企业领导者的品类知识盲区,并对市场环境变化做出及时适当的反应。

管道型解决方案模式通过对产品线、职能线、任务线的调整重置,并结合企业的战略规划,形成了以品类、门店或项目为中心的品类事业部和职能部门相结合的任务改良型矩阵架构,使企业的沟通运转有的放矢且更为高效。安踏围绕"协同孵化、价值零售"的战略,让每个品牌和部门能够互相合作、互相赋能,三个品牌群均配备相关的设计、品牌、营销等职能,零售、采购、生产、职能、电商等职能均由集团成立专门的部门来全面统筹,最大化提升各个品牌事业群的工作效率(见图4.5)。

治理与激励机制:适度产权激励,短期低能激励和中长期高能激励相结合

在适度分权的任务改良型组织中,各品类、门店或项目的负

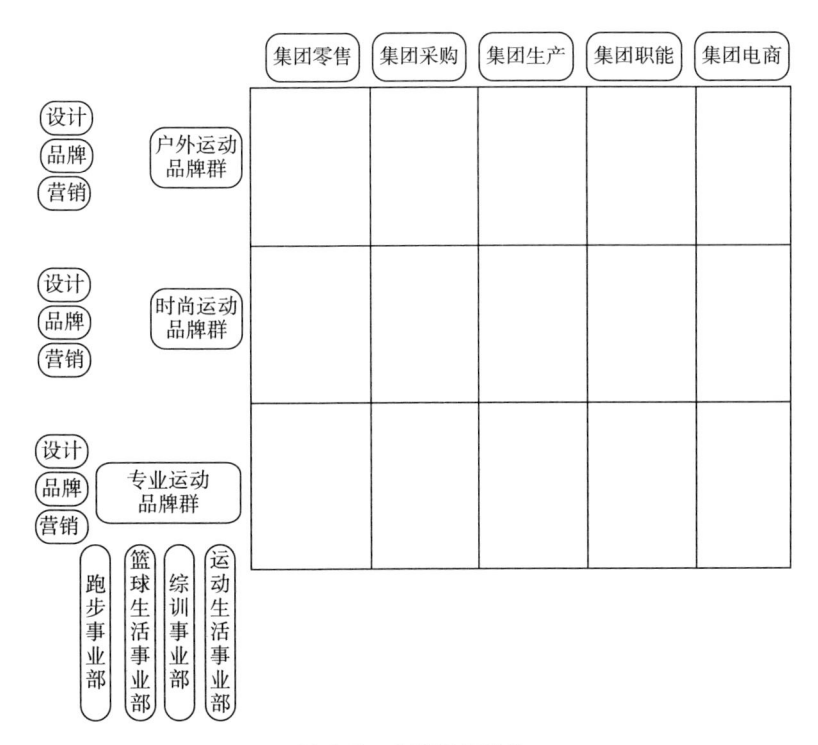

	集团零售	集团采购	集团生产	集团职能	集团电商
设计/品牌/营销　户外运动品牌群					
设计/品牌/营销　时尚运动品牌群					
设计/品牌/营销　专业运动品牌群					

跑步事业部　篮球生活事业部　综训事业部　运动生活事业部

图 4.5　安踏组织架构

责人会扮演部分企业家角色，分担企业家的部分不确定性决策责任，承担一定的市场风险，因而需要遵照委托代理理论给予其一定的产权激励来作为风险溢价。所以，对于采取管道型解决方案模式的企业来说，既需要利用短期低能激励手段来激发员工的冲劲儿，又需要通过中长期高能产权激励赋予关键人才以企业资产的剩余分配权来补偿其承担的风险。

例如，美的推崇"绩效导向"的企业文化，核心机制是"先相马后赛马"，每年年初会和各位职业经理人签订当年的绩效考评书，内容包括盈利水平、市场占有率、销售收入等指标，同时规定事业部连续三个季度没有完成目标就要"下课"。被提上来的干部必须尽快证明自己，基层员工一般只有 3~6 个月的证明期，事业部总经理的聘期为一年，其间干得不好随时都有可能"下课"。各职业经理人之间、各事业部的员工之间甚至同一个部门的员工之间，都形成了良好的竞争状态。除短期的薪资、奖金、职级等方面的激励以外，美的针对不同层级的核心员工采取差异化的中长期股权激励，对高管层（副总裁、事业部总经理及其他核心责任人）实行合伙人持股计划，向其他中高层管理人员发放限制性股票，并授予中基层管理人员和科研人员股票期权。

人才模式：以品类、门店或项目为中心的事业经理人制度

事业经理人，即扮演部分企业家角色、拥有部分不确定性决策权、承担部分市场风险，并同时享有一定的企业资产的剩余分配权的关键性人才，他们既需要在战略大方向上绝对服从于企业领导者，又需要在某一品类、门店或项目的战略执行和市场应变层面承担较高程度的责任并享有相应的自主权。

例如，为快速培养出事业经理人，优衣库制定了六条准则。第一，清晰地定义"管理人员"。"管理人员是取得良好结果的人，而管理的定义就是执行。"管理人员应当像企业创始人一样思考，并把一切可能做到和应该做到的事项付诸实践。第二，鼓励员工以成为管理者为目标，培育使命感。鼓励员工制定职业发展规划，并对员工在中期和长期职业规划目标取得的进步进行核查和评价。第三，有意识地选择年轻员工，通过经验的积累来培养他们。第四，鼓励员工接受挑战，给予曾经失败的人再次尝试的机会。第五，由业务主管、人力资源部门和人才开发部门共同进行人才管理。第六，充分利用企业领导者开发人才的承诺和热情。柳井正将30%的工作时间用于人才开发活动，包括出席每半年一次的5 000名人才参加的全球优衣库大会、与员工直接会谈、参加优衣库价值理念的讨论会等。

文化风格：适度顾客导向、责任驱动、团队协作

　　管道型解决方案模式要想真正落地，需要企业在市场导向的基础上高效运转，求胜欲、执行力和集体主义协作精神缺一不可，换言之，适度客户导向、责任驱动、团队协作的企业文化不仅是值得提倡的而且也是必需的。

　　奄奄一息的蓝色巨人IBM在被称为"经营奇才"的郭士纳的带领下获得了重生，其中，IBM企业文化的重塑对最终变革的成功发挥了重要的作用。"在IBM任职的10年间，我发现，公司文化并不仅仅是游戏的一个方面——它就是游戏本身！"在郭士纳接手之前，IBM的文化是由其创始人老沃森建立的，具体包括三个信条：精益求精、高品质的客户服务、尊重个人。

　　随着时间的推移，曾经适用于1962年的信仰，在1993年的世界中所代表的意义完全不同了，或者说至少它们被运用的方式发生了变化。"精益求精"变成了对完美的固执迷恋，每隔四五年才会有新的主机产品发布，"产品都不是在IBM发布出来的，而是好不容易才从IBM逃离出来的"；"高品质的客户服务"则由双边互动变为单边关系，不关注行业变化，被动为客户提供后勤服务；"尊重个人"则演变为理所应当的津贴文化，"个人"不需要做任何事情就可以获得尊重——他仅仅因为受雇于公司，就可以想当然地获得丰厚的福利和终身工作职位。文化方面的严重问题已经危及公司的运转，阻碍 IBM 的转型重生。

为去除这一顽疾，郭士纳重新定义了 IBM 的文化内涵："（1）力争取胜：做生意是一个具有竞争性的活动，要么成功，要么失败。在新 IBM 中，那些缺乏竞争热情的人将找不到他们适合的位置。我们必须把市场确定为我们的所有行动和行为动机。（2）快速行动：这是一个有关速度和磨炼的事业。我们不能再执迷不悟做一个完美主义者，因为完美主义会使我们错失市场良机，并会使竞争对手夺走我们的科技发明。不要再一味地进行死研究了，在新 IBM 中，成功的人士都是动手做事的人，而且是快速而有效做事的人。（3）团队精神：要使 IBM 像一个团队一样进行运转——一个实实在在的团队。"围绕新文化，IBM 建立了新的绩效管理系统，所有员工每年都要围绕上述三个方面制定"个人业务承诺"，并列出来年他们需要采取的行动，具体方法由他们的工作类型决定，但是总的方向要统一。

工业时代最强物种在信息时代的挣扎与迷茫

工业时代落幕，信息时代到来，助力管道型解决方案模式成为最强物种的生存环境已然改变，风光褪去，挣扎与迷茫丛生。

时代更迭，经济环境发生了一系列的异变：需求细分化程度加深，市场由块状向点状过渡，大众市场正在被不断分割解体；品类供过于求的趋势加深，需求端逐渐占据绝对的话语权；信息化和零售物流技术不断升级，互联网平台强势崛起并成为线下难以匹敌的流量高地。与此同时，管道型解决方案模式占据主流细分市场的举动显得不合时宜，所提供的解决方案也逐渐陷入无法满足消费者个性化需求的窘境。除此之外，大数据、物联网、5G、人工智能等新技术的出现也在考验着管道型解决方案模式的吸收消化能力。

面向基础需求的 SPA 模式面临的困境

1. 消费需求升级背景下产品难以迭代的风险

专注于基础需求的 SPA 模式输出的是平价商品。而消费升级之后，人们更愿意为设计、品质、技术等软性要素买单，只提供基础价值的商品在人们的心中也不再是基于性价比诉求进行购物的首选。唯一的性价比优势一旦丧失，专注于基础需求的 SPA 模式的根基就会被动摇。另外，企业自身的大众化定位也会阻碍其主动进行产品的迭代升级，在当前这种急速变化的大背景下，守成就意味着退步，产品不及时更新迭代只能面临被遗忘的命运。

2. 巨大的沉没成本和模式整体颠覆的风险

沉没成本，是指以往发生的但与当前决策无关的费用。但是，沉没成本效应会在精神层面上对企业的转型决策产生干扰，容易使企业在犹豫不决中错过转型的关键风口期，进而会招致模式整体颠覆的巨大风险。宜家在电商方面态度一向保守且行动异常迟缓，在互联网蓬勃发展的大背景下显得颇为"另类"，其中原因既有做电商确实困难，也有宜家原有模式及理念的掣肘。宜家本身拥有 9 000 多种商品，而且很多都没有硬包装，仓储物流体系也不健全，这会对宜家经营电商业务造成极大的障碍。"难"确实是客观存在的，但最终致使宜家知"难"而退的还是原有商业模式带来的惯性思维及沉没成本效应。宜家重视体验营销，但是电商会抹杀宜家商场各种样板间及动线设置所产生的体验优势，另外涉足电商必然会在中短期内拉高宜家产品的成本，这对于视低价为生命的宜家来说无异于挥刀自残，所以综合考虑各种原因，宜家被自己的过去束缚了手脚，以至于错过了互联网垂直型电商发展的黄金期。

以细分化为核心的多业务集团模式面临的困境

主要困境为主观选择细分市场造成的决策失误风险。与基础需求的 SPA 模式一样，多业务集团模式的成功关键因素也在于对市场的准确预判。这是因为管道型解决方案模式的打造需要提前很长一段时间就开始进行大规模的基础设施投资，这就不可避免地使采用此种商业模式的企业面临一场风险极高的"赌博"，成则远远地甩开竞争对手，败则受困于"无用"的基建投资而经营困难。如今，长尾市场成为新主流，多业务集团所依赖的凭借洞察力攫取份额较大的几块细分市场的做法正在逐渐失效，原来还可以牢牢握住的石头如今已经逐渐沙化并从指缝中慢慢流失。

大象起舞，蜕变重生

"成也萧何，败也萧何。"曾经为管道型解决方案模式带来核心竞争力的重资本产业链布局，如今成为阻碍其转型发展的关键性障碍之一。所以，对于采用管道型解决方案模式的企业来说，需要以一种更为开放的平台化视角去推动自身商业模式的转型升级。

以主业的极致化为基础，强化专业能力

采用管道型解决方案模式的企业往往具有主业高度聚焦的特点，拥有丰富的产业资源、专业能力和经验。在互联网企业都已经开始精耕产业的大背景下，采用管道型解决方案模式的企业无疑是拥有先发优势的。企业想要摆脱困境，出路不在于舍弃主业去盲目地追逐风口，而是在打牢根基的基础上求新求变。所以，对于采用管道型解决方案模式的企业来说，要迎接未来的挑战并实现涅槃重生的第一步就是不断放大自身的主业优势，实现自身产业能力的现代化、智能化升级。

安踏借零售终端改造之势提升消费体验感，希望实现"价值零售"。在"单聚焦、多品牌、全渠道"的发展战略之外，安踏正在努力提升商品力、品牌力、零售力、数字化能力和组织能力。其中，安踏线下门店的改造升级在不断更迭。在进店方面，门口设置的两个摄像头是与腾讯合作且具有人脸识别功能，作用在于精准洞察消费者结构，包括男女性别比例、年龄构成，从而为商品总体结构优化做支撑。根据销售数据对比，安踏门店消费男女性别比例为4∶6，但商品成交比例是6∶4，因此安踏一是要面临如何挖掘女性消费者更大潜力的问题，二是要思考如何进一步优化男性商品结构的问题。在逛店方面，门店顶部分布多个摄像头,主要用于收集测量门店冷区和热区的数据,根据记录消费者所在不同区域的数据收集,有利于进一步优化商品陈列以及门店动线规划的合理性。在选品方面,安踏设置了智能互动屏,利用RFID(射频识别技术)互动技术来判断商品对顾客吸引力的大小。这有利于增加有竞争力的商品的曝光率,可以及时调整商品陈列;此外商品具有生命周期,商品上市会受到消费者的高度关注,后期则会慢慢减弱,通过数据也可以对商品的生命周期性做相应调整。在试穿方面,试穿区域设置相应数据感应器,可以通过记录产品试穿频次和频率来收集现场数据。在结算方面,设置智能收银机,消费者可以直接支付并打印小票。

产业基础设施平台化

采用管道型解决方案的企业通常情况下会构建起较为强大的产业基础设施,一直以来只为自身服务,也确实在企业内部实现了产业链的高效运转。但是,当下是一个讲究开放合作的时代,企业将自有的产业基础设施开放给同行共享既是可能的也是有利的。产业基础设施平台化之后,企业在整个产业中的角色会逐渐由运动员转变为裁判员,并有望成为产业运转的核心,从而获得更为重要和稳固的产业地位,也更能适应当下万物互联的时代环境。

平安加强产业基础设施建设,对内赋能业务,对外赋能政企。平安坚持"金融+科技""金融+生态"策略,强化人工智能、区块链和云计算三大核心技术领域研究,全面支撑"金融服务、医疗健康、汽车服务、房产服务、智慧城市"五大生态圈建设。平安重视技术研究和自主知识产权掌控，将每年收入的1%用于科技研发，并持续加大科技研发投入。平安在科技上的研发方向基本都与其主要业务相关，有着很强的行业应用前景，研发上采取了实用策略，其相关技术基本上拿来就能用，易于商业化。不少科技企业是先开发技术再去市场上卖给企业去应用，而平安则是先有内部业务的需求再来研发，甚至一边研发一边在试验和业务中修正提升，待集团内部试运行检验成功后，再适时地向市场推出相关服务。

例如，平安"金融壹账通"的智能认证产品，结合人脸识别、声纹识别、微笑表情等生物特征识别的人工智能技术，让用户身份认证过程变得简单快捷。该产品可将用户的投保时间缩短为原来的1/30，既节约了客户的时间，也大幅提升了代理人的生产力。通过内部长达一年的试运用，"金融壹账通"的智能认证产品向行业开放，目前已经获得了国内400多家城市银行客户。采用"金融壹账通"的智能认证产品之后，这些银行在优化服务流程，大幅提升工作效率的同时，也节约了大量人力及时间成本。平安云基于平安集团对金融行业业务场景的深刻理解和丰富实践，以及自身在金融合规方面宝贵的技术经验，推出了涵盖银行、保险、投资、互联网金融四大行业类别的综合金融云解决方案，融合开源技术、商用技术、合规、运维能力和运营体系，为金融行业的企业提供全面的技术赋能。

此外，平安集团还特别重视政府企业服务市场，不遗余力地为它们量身定制产品。例如平安医保科技，几乎是专门为政府企业服务市场成立的高科技公司，其宗旨就是致力于成为中国最好的科技驱动管理式医疗服务平台，已累计为超过200个城市和8

亿人口提供医保、商保管理服务，商保自动化运营网络接入超2 000家医院，"城市一账通"App上线超过26个城市，其基于国内首创的疾病分组器"Ping An Grouper"，结合神经网络先进算法，医疗总支出预测准确率高达99.7%，达到世界领先水平。

个性解决方案创客化

企业想要由管道逐渐演变为掌握管道资源的平台，就需要明白一个道理：把平台的留给平台，把用户的还给用户。作为平台，本身更多的是生态的维护者而非活跃在生态圈中的运动员，所以内容、产品模块需要开放给内外部创业者，这是因为只有开放的生态圈才能物种丰富并繁荣不息。所以，企业应该把输出解决方案的权力下放以及外放，实现终端解决方案个性化、创客化。

海尔平台一方面为小微企业提供开放的资源支持，另一方面通过开放地吸引资源，快速地聚散资源，使海尔平台生态更丰富，从而吸引更多的小微企业到平台创业，快速变现价值，使相关方利益最大化。海尔生态圈中共存在三类人：第一类是"平台主"，就是为小微企业提供创业资源支持，其价值体现在有多少成功的创业团队；第二类叫"小微主"，是经营小微企业，直接创造全流程用户最佳体验和创造用户价值的人；第三类是创客。

互补产品或服务的平台化开发

功能单一的平台容易速生速死，所以必须不断增加互补性产品或服务来强化平台功能并加深护城河。所谓的互补性产品或服务，包括需求端、供给端、平台端三个部分的工具、服务及内容。

乔布斯一直希望能把苹果建成一个封闭的"乌托邦"，在这个神奇的"国度"内，硬件、软件和周边辅助产品及服务一应俱全、完美结合，某个组成元素的成功将带动整个生态系统的蓬勃发展。但是单个企业的力量毕竟有限，强大的苹果也不例外。所以，作为"妥协"，乔布斯"现实主义"的一面占据上风，一向推崇封闭的苹果决定开放手机应用开发平台，对外发布针对iPhone手机的应用开发包，供第三方应用开发人员免费下载，方便他们开发适用于iPhone手机以及iPod touch的应用程序。一个月时间，应用商店（App Store）里就出现了超过1 500个应用程序，下载量达到了6 000万次以上。但细究其本质，开放的App平台并不违背乔布斯的基本认知——"在我们所涉足的领域，必须要同时控制硬件和软件，否则我们迟早要受制于人。""App Store是iPhone唯一的下载渠道，所有的应用都必须通过苹果的认证才能使用"，把渠道和认证的权力牢牢握在手中，保证了苹果公司面对开发者时的话语权，无论其大小。互补型产品的引入不仅丰富了苹果的生态系统，而且强化了苹果生态的凝聚力，除此之外，三七开的收益分成为苹果提供了额外的收入。

组织的扁平化和赋能化

管道型解决方案模式是一个相对传统的商业模式。其中，SPA模式最早是由美国服装巨头GAP公司在1986年提出的，所以，此类商业模式所搭配的组织架构往往是科层制金字塔基础上的改良版。金字塔型的组织架构讲究层级权威，市场反应缓慢，不利于平台化企业迅速应对市场变化和及时进行更新迭代；减少层级，实现组织架构的扁平化才能使企业更好地适应当前瞬息万变的市场环境。另外，个性化解决方案的创客化则要求增强企业组织赋能的能力。

提升平台型领导力

平台型领导力的突出特点表现在：设定使命、识人、放权、建赛道。

设定使命，是从战略角度设定企业存在的意义，除制度机制等硬性的约束之外，建立企业内部的软性连接。例如阿里巴巴的使命就是"让天下没有难做的生意"。

识人，是为企业的转型发展识别关键性管理人才、专家人才以及创业人才。小米成立的第一年，雷军把绝大多数时间都用来找人，确切地说是找合伙人。雷军说过："小米团队是小米成功的核心原因。当初我决定组建超强的团队，前半年花了至少80%的时间找人，幸运地找到了7个"牛人"合伙，全部是技术背景，平均年龄42岁，经验极其丰富。3个本土加5个海归，来自金山、谷歌、微软、摩托罗拉等，土洋结合，充满创业热情。"[1]

放权，指除方向性重大决策以外，将与市场相关的权力层层

---

[1] 资料来源：i 黑马. 雷军自述：3 年销售破百亿的秘诀 小米的管理创新［EB/OL］. (2013-09-01). https://news.pedaily.cn/201309/20130901353914.shtml.

下放，保持前端灵活机敏。华为总裁任正非曾经提出"让听得见炮声的人做决策"，原因在于："现在我们恰好是反过来的，机关不了解前线，但拥有太多的权力与资源，为了控制运营的风险，自然而然地设置了许多流程控制点，而且不愿意授权。过多的流程控制点，会降低运行效率，增加运作成本，滋生官僚主义及教条主义。"[1]

建赛道，指同一个方向同时投放多支团队，提高达成目标的效率。马化腾在回顾微信的诞生历程时表示："要尽早做决定，当有一个新的商机出现的时候，你可能也很难判断这个到底重不重要，是试探的做还是交给谁做。当时微信出来的时候，很多团队都想做，但是动作和投入度都不一样，当时我们说有三个团队，最后是两个团队之间都做了，而且产品都一样，都叫微信。最后我们广州的团队先跑出来了，而且一看他的产品设计思路水平高很多，而不是我们真正做无线产品部门的团队做出来的。"[2]

智能匹配和深度赋能，成就智能化的平台化商业

能够提高买卖双方匹配效率的平台才能够对外部从业者产生吸引力，所以企业需要通过大数据、用户标签化、推荐算法等技术实现买卖双方的智能匹配。另外，仅进行智能匹配不足以保证用户的忠诚度，还需要为其深度赋能，仅把需要创意的部分交还

---

[1] 资料来源：华为任正非总裁在销服体系奋斗颁奖大会上的讲话 [EB/OL]. https://www.doc88.com/p-314620262993.html?r=1.

[2] 资料来源：马化腾：企业看准商机要尽早做决定 [EB/OL]. (2013-03-31). https://www.163.com/tech/article/8RA1IC0I00094NEV.html.

第四章　市场细分时代的二维平面物种

给用户，其他琐碎的事项均由平台打包提供。

美国高端百货诺德斯特龙有一个客户忠诚度项目（占营业收入的51%），可以收集公司3 300多万顾客中许多人的购物习惯，从而帮助品牌集中火力销售卖得最好的产品。打好数据这张牌，有力地帮助了公司成功地和许多主营线上却希望通过百货商店提高曝光率的品牌合作，其中包括服装品牌EVERLANE（埃韦兰斯）和运动鞋品牌GREATS等。

[变革案例]

房间里的"野蛮人"：链家

链家是一家极具生命力的企业，是房产中介行业里的另类，每隔一段时间就会进行一次自我颠覆。

2001年，链家成立。

2004年，首推"透明交易、签三方约、不吃差价"的中介模式。

2008年，开始打造真房源楼盘字典。

2011年，成为业内首家承诺真房源的中介公司。

2014年，上线链家网，开始向线上拓展。

2018年，高调推出贝壳找房平台。

"达则兼济天下，穷则独善其身。"通过自我改造成为行业老大的链家野心越来越大，下一个目标是颠覆房产中介行业。

在混乱行业中创造秩序

过去,房地产中介行业混乱而低效,虚假房源满天飞,各中介品牌之间深陷零和博弈的困境。出现这种现象的原因是多家委托机制和平台流量导向的收费模式。所谓的多家委托机制,即消费者可以同时委托多名中介为其寻找房源并随时可以选择收费率较低的中介来协助最后的合同签订。在这种情况下,同行就是敌人,竞争远大于合作,发布虚假房源以防止对手挖走客户也就在情理之中。另外,以58同城为代表的线上交易平台按照流量来收取端口费,倒逼房产中介通过发布虚假低价优质房源的方式尽可能地提高流量转化率,即利用低价吸引客户预约看房,然后再推介真实的高价高质或低价低质房源。除此之外,近乎完全竞争的市场环境也迫使各中介品牌以低佣金抢市场,国内中介费一般为1~3个点,而美国的同行则可以收取6~7个点,低中介费率导致行业人才流失严重且从业人员素质不高。

房地产中介行业的乱象亟待整顿,呼唤一个只发布真房源的大型共享平台出现,并同时推动行业内利益分享机制的重建。链家推出贝壳找房平台想要解决的主要就是这两大问题,而采取的方式就是对标美国MLS(多重上市服务)房源系统,建立一个数字化、智能化程度更高且赋能能力更强的中国版MLS系统。

MLS是美国公共房源信息系统,最初是由几个小公司发起的,目的是分享彼此的房源。一开始大公司并不愿意加入,但随着MLS系统囊括的资源越来越多,大公司也逐渐加入进来。现在MLS系统已经囊括了美国90%以上的二手房源。在美国的二手房市场中,只要加入协会的注册经纪人,就有使用MLS的资格,但需要交纳会员费，得到委托的卖家经纪人会将房源输入系统中，而另外一边的买方经纪人则正在系统中搜索对应的房源，从而完成匹配。

贝壳就是一个打破经纪品牌的界限，并无差别开放共享所有真实房源信息的中国版 MLS 系统。在贝壳问世之前，链家准备了近十年，耗费了大量的人力物力，搭建真房源楼盘字典。早在 2008 年，链家从一间一间的数房子开始积累一套真房源数据库，前后组织了三次大规模调研，投入数亿元。当业主在链家门店进行委托卖房时，经纪人是靠点选"楼盘 - 楼栋 - 门牌"来录入的，至于户型、朝向、面积等信息则通过检索楼盘字典自动生成，不能随意填写。如果遇到没有收录的房源，才可以手动录入信息。当然，后续很快会有专职人员实地勘验，最终将其收入楼盘字典。目前，贝壳的楼盘字典覆盖了全国 135 个城市的 1 亿套房屋。

除了真房源储备，贝壳还提供 VR 看房服务，极大地提升了平台运转的效率。首先，人均浏览房源数提升了 80%，人均停留时长增长了 2.8 倍，线上商机转化效果比打电话高了 1 倍。其次，VR 系统缩减了现场看房次数，提升了购房者和房源的匹配效率。"一个业主看房，他住在南城，没有时间，只有周末有一点时间可以看房。然后约过来他就会在房子里面等，来一个人介绍一下 5 分钟，然后走掉。这个过程是比较痛苦的。"贝壳找房副总裁、如视事业部总经理惠新宸表示，"我们也在想我们能做什么让这个事情变得更好一些，我觉得 VR 看房一定会有助于提升看房效率。线上看房比线下看房快多了，一套房子，往久了说 10 分钟看一套 VR 全景，你一个小时就可以看 6 套。"

另外，贝壳还打破行业单打独斗的传统，重塑产业价值链。为化解房产中介之间的利益冲突，贝壳推出了经纪人协作机制，同品牌或跨品牌经纪人以不同角色共同参与同一笔交易，比如担任房源录入人、房源维护人、客源成交人等角色，客单成交后按照角色贡献度进行佣金分成。这种合作模式改变了经纪人单兵作战中互相切客等囚徒困境，以此重构行业生态。

其实，早在贝壳上线之前，链家就已经于2014年开始在内部试行经纪人协作模式，房源联通联卖，可跨店成交，并且还建立了经纪人的信用分管理制度。这一模式在链家内部跑通之后又拓展到收购品牌德佑等，如今又进一步移植到了贝壳平台。

除了经纪人协作机制，贝壳还有很多平台治理方面的制度创新，例如店东委员会、服务者信用体系、陪审团制度，贝壳正在一步一步摸索更加高效的平台治理机制。其中，店东委员会由入驻品牌店民主选举产生，有点类似农村的村民委员会、城镇的居民委员会。例如，成都的首届店东委员会成员包括链家、德佑、富房、远投等经纪品牌，委员会委员均参与平台共建，监督平台运营管理，保障品牌、经纪人、消费者等各方权益。此外，贝壳还搭建了一套经纪人信用体系，设定了一整套激励机制，用贝壳分的形式综合评定经纪人的能力。贝壳找房CEO彭永东承诺："那些为用户好的服务者，将在制度设计上享受正向激励和正向回报。"贝壳陪审团是依据经纪人协作规则，由经纪人中的代表组成的自治组织。这一组织对经纪人协作内的经纪人之间因作业而引发的争议进行集体决策，以自主管理、自主监督的方式推动经纪人协作建设，作为各利益体之间的最终判定部门，拥有最高裁定权。

除了上述举措，贝壳的收费模式也颠覆了58同城、搜房网等线上交易平台按照流量收费的传统，而是按照效果计费，即按照中介品牌通过贝壳获得的营收来收取费用，使各中介品牌不会为虚假点击量花冤枉钱。

在技术和制度的双重助力下，贝壳找房正在慢慢地肃清房产中介行业的乱象，并推动房产成交效率跨越式提升。

持续提升平台赋能能力

彭永东表示："贝壳找房作为平台型企业，期待在三年内连接中国100万服务者，并成为房产领域第一个月活过亿的线上平台。"这句话足够霸气，但还是谦虚了。贝壳是互联网思维与产业思维相结合的产物，链家对于贝壳的想象绝不仅仅止步于打造一个无所不包的线上平台，而是要建造一个以"住"为核心的闭环生态圈。

未来，贝壳不仅仅服务房产经纪人，还将围绕在"住"这一核心诉求点周围的租赁管家、装修施工的工长和工人、房屋设计师、社区服务者等囊括在内，从营销、系统、经营、人才、供应链、资本、交易、品牌等各个环节全方位地对上述人员赋能。

为实现上述目标，贝壳宣布投入10亿元在上海郊区昆山建立花桥学校，帮助店东职业化，并设立10亿元灯塔基金，帮助品牌主扩大店面规模。

在贝壳找房看来，流量本身不重要，流量的背后是一个个人，这些人的需求才是交易的起始点，也是服务的出发点。平台需要做的是调动所有资源，协调、组织这些资源，提供更好的服务给这些人。

历经近十载积淀而推出的贝壳找房平台刚一发力，就对整个房产中介行业带来了极大的震动，真房源字典、合理的利益分享机制和收费模式、持续升级优化的平台治理体系、颇具吸引力的赋能模块等无不吸引各中介品牌源源不断地加入。2018年年底，贝壳上线8个月，连接了121个新经纪品牌、覆盖了近1.7万家门店、近17万经纪人，平台跨品牌成交率超过60%。另外，2019年4月，在128个城市拥有近6 000家加盟门店的21世纪不动产也入驻贝壳平台，至此，贝壳只吸引中小房产中介的流言不攻自破，平台化的特征越来越明显。

"做难而正确的事"是链家创始人左晖的信仰，也是链家不断超越同行一路向前并领先于时代的内在驱动基因。稳扎稳打开门店、建经纪人队伍、打造品牌的时代已经逐渐成为过去，做成行业老大的链家没有选择躺在功劳簿上吃老本，而是在感受到时代风向转变的征兆时，默默布局并最终完成了自我颠覆，由管道型的传统企业转型为更能适应当下以及未来经济环境的产业平台模式，从行业中的运动员升级为产业生态的构筑者和守护人。链家不再是以前那个链家，但未来还是属于链家。

本章小结

随着传统工业时代的品类大王逐渐步入黄昏，在信息技术来临的前夜，工业时代的最强物种——管道型解决方案闪亮登场。

从二十世纪七八十年代开始，出现了一批在供给端纵向整合产业链、横向扩展多品类，并在需求端输出整套解决方案的新商业物种，它们架构复杂、规模庞大、行动敏捷，迅速成为行业的领导者，如服装界的 GAP、ZARA，家居界的宜家和宜得利。

它们诞生的背景有三个：第一是顾客需求细分化呼唤一站式的细分解决方案；第二是供过于求的红海竞争推动品类大王向解决方案升级；第三是信息化技术推动了以零售为核心的反向整合型解决方案的形成。

管道型解决方案具体可以分为两种模式。第一种是面向基础需求的 SPA 模式，该模式定位于大众化市场，提供极致化的基础价值，以质量、设计和极致性价比取胜。第二种是以面向多类细分需求的多业务集团模式，囊括多个风格化细分的深度分众品牌，形成多品牌矩阵。

管道型解决方案是二维物种，其竞争优势来源于两个维度，即"规模×范围"。两者的潜力释放需要有规模足够大的市场，生产协调顺畅极具柔性，而企业也需要在生产、销售和管理三方面进行交叉投资，规模与范围就能够相互强化。但与互联网平台相比，管道型解决方案的两个维度毕竟有其天花板。

为了支撑商业模式的高效运行，管道型解决方案企业打造出多维矩阵型组织。在组织结构上是适度分权的任务改良组织，形成了以产品线、职能线或任务线为主干的事业部架构。在治理上，对品类、门店或项目的负责人适度授权，使其扮演部分企业家角色，并以此为标准培养人才。在激励上，则是短期低能激励（绩效）和中长期高能激励（股权）相结合。企业文化为适度顾客导向、责任驱动和团队协作。

　　管道型解决方案的领导者则是集战略规划、人才培养和资源整合于一身的深度布局型领导者。富有预见性的战略规划使其能从容布局，规模庞大、结构复杂的企业需要培养大量的经营人才，对产业链深度和宽度的涉足使整合资源的能力成为必需。

　　随着信息时代的全面来临，管道型解决方案的生存环境已变，也逐渐陷入黯淡、迷茫、挣扎。主要挑战包括，消费需求升级下基础价值产品难以迭代，有巨大的沉没成本和整体颠覆的风险，而以细分化为核心的多业务集团则有决策失误的风险，品牌越多，风险越大。

　　面对重重挑战，管道型解决方案应该朝更开放的平台化方向进行转型升级，包括：以主业的极致化为基础来强化专业能力，再将强大的产业基础设施平台化，然后引入外部力量形成个性解决方案的创客化，有计划地进行互补产品的平台化开发，最后进行组织的平台化再造。最终，企业从高度掌控的管道型物种进化为开放赋能的平台型物种。

第五章

产业互联时代的三维物种

——产业平台型解决方案提供商和它们的类平台指数级成长

产业类平台——极致竞争时代的初步开放化物种

类平台物种的定义与特征

1. 类平台的发生式定义

早期商业物种的格局基于生产与销售的分工。在传统的分工中，厂商掌握供给端的研发和制造，分销给合作的渠道商，渠道商通过自己掌握的终端再销售给顾客，厂商与渠道商两者之间形成较为稳定的分工协作关系。这种分工补充了对方的短板，但制造商和零售商的超长产业链和两者之间的博弈，导致顾客利益无法最大化。

而SPA模式的出现消融了上述分工，通过缩短产业环节实现纵向一体化，将厂商与零售商的职能合二为一，弥补了两者割裂时的缺陷，能够在特定边界内向顾客提供优质的、风格一体化的解决方案。可惜SPA模式对企业的重资产投入和敏捷化运营有极高要求，且价值完全由内部创造，很难在每个价值单元上保持领先。

如何能整合每个细分品类的顶尖专业力量，以更轻的模式创造出极致价值的解决方案，向消费者提供更极致的选择呢？在新的顾客需求和行业诉求之下，借助信息化和互联网带来的企业深度合作便利，一种受"平台整合思维"启发的类平台商业模式应运而生，其定义如下：

基于主干产品价值链的能力专业化，通过构建和开放一系列产业基础设施和跨企业的信息化系统，供产业内的创新者使用，为其开发和生产平台所需的互补品提供共享的产业平台，以向客户交付更广边界解决方案的商业模式（见图5.1）。

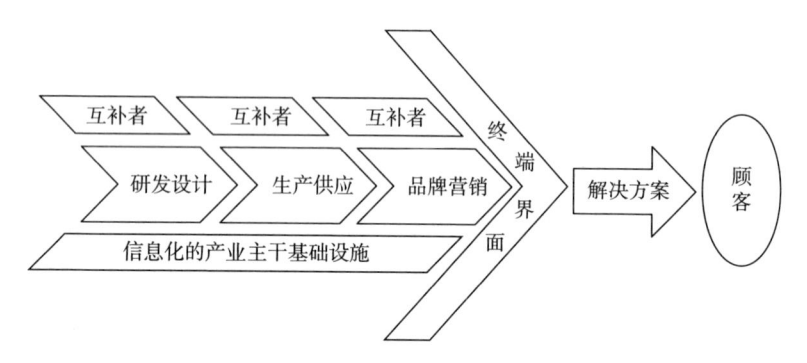

图5.1 类平台的商业模式示意

这种产业平台也被称为"类平台"，因为骨干企业牢牢掌控终端界面，以整体解决方案提供者的身份与顾客交易互动，而作为解决方案组成部分的供应者则无法与顾客直接互动，所以该平台是不具备供需交互属性的产业平台，与经典的平台定义尚有差距，只能叫类平台（或产业平台），该模式的正式名称为"类平台的解决方案模式"。

相较于品类大王、管道型解决方案等已有物种，类平台解决方案最特别之处是吸收了平台模式的开放基因，在价值链诸环节进行了开放，引入了外部专业创造力量，增强了创造物的边界广度和专业极致化深度。但与完全开放的平台相比，类平台又保留了管道的痕迹，以明显的价值约束来掌控价值创造方向，并集中控制终端，阻隔了平台供需两端的直接互动。因此，类平台解决方案是"管道为纲，平台为用"的混合体。

2. 类平台商业模式的特征

供给端的开放赋能。类平台本质上也是零售商模式，要求掌控销售终端，即使是加盟商开设的终端店，其运营和管理也都被类平台高度掌控，这与传统管道零售商相似。区别在于其商品来源既不是向外部供应商采购（传统零售商），也不是完全由自己提供（SPA模式），而是与合作伙伴共同创造的。具体做法是类平台自己创造核心产品，将互补品创造交给合作的专业力量，在这个过程中提供产业基础设施，赋能外部专业力量，互补品能否进入终端则由市场考核机制决定。这种供给端开放、销售终端完全掌控的方式，是类平台的首要特征。

跨品类的方案边界。因为供给端更加开放，所以类平台扩张新品类变得更加容易，其解决方案的边界比完全自创产品的SPA模式更广。类平台可以围绕核心品类，形成"核心互补品－周边产品－流量产品"的多层解决方案群。其跨品类的解决方案组合比SPA模式更多，这一点更接近传统零售商，但与零售商按品项分类的排列不同，类平台解决方案群中的各个要素是根据需求场景精心组合的，在现代物联网技术的加持下，各个产品之间能形成更强的连接和依赖关系。因此在终端陈列中,类平台展现给顾客的是范围更开放、组合更有机、创新更多元的解决方案。

价值追求极致化。类平台在供给端的开放赋能和终端的精妙组合,都是为了向顾客提供更极致的价值。类平台的解决方案范围虽广,但其保留了品牌的极致价值约束,并以此筛选和要求每个参与者。为了更便于保持一致的高标准,类平台在价值定位上通常选择极致性价比的基础价值,在设计风格上会保持大众化的简约风,让各个产品能够无缝连接和搭配。例如小米的简约风、海澜之家从大众风格逐渐走向了极简风格。基础价值与简约风格定位,除了对极致价值的要求外,也便于方案统一与组合,从而更能扩大基础受众面,因此被类平台广泛采用。

组织:深度授权的参股事业部组织

类平台的组织结构与它的商业模式一样,在原有的事业部矩阵制的基础上有了大幅改良,更接近平台组织,具有明显的混合特征。一方面,平台骨干企业内部采取集团事业部制,按产品大品类建立矩阵式结构;另一方面,为了加强与参与者的协作,通过股权连接的方式,建立了以平台骨干企业为中心、大量参与者环绕四周的企业生态圈。其组织结构、治理方式和企业文化如下所述。

1. 组织结构——参股型事业部制

扁平与敏捷。类平台的组织结构是深度授权的参股型事业部制,比传统科层型组织和多元化集团的事业部组织更加扁平开放。由于强调面向市场需求的快速反应能力,企业的层级大为减少，以减少信息扭曲失真，从前端一线部门到决策高层往往只有三四个层级，从纵向上看结构变得极为扁平，组织变得轻量化，由于深度授权，前端的快速反应能力大幅提升。

动态与开放。为了快速抓住市场机遇，扩展品类边界，类平台在新增事业部方面处于动态之中，能够快速设立新的业务部门，并迅速关闭效益较差的部门，调整的过程非常灵活，取代了以往组织结构的固化状态。动态带来的结果就是开放，对外部的独立合作者开放，使其能够按照准市场规则，自由进驻类平台，类平台采取参股而不控股的方式，增强了双方的信任度与紧密程度，节约了多次博弈的成本，也激发了参与者的积极性。

平台锁定性。除了参股，类平台与传统的企业间联盟的最大区别在于提供了赋能基础设施，共享的基础设施平台对参与者有无可替代的吸引力。虽然参与者也是独立的企业法人，拥有去留的自由，却更愿意留在能使其更强大的平台上。于是众多参与者和类平台形成了众星捧月之势，其合作紧密程度远胜于均势但松散的企业联盟，类平台已展现出平台组织的优势。

类平台的组织结构介于传统集团的事业部和平台型组织之间，部分地具备了平台型组织的特征，组织结构在扁平化、动态化、开放化、透明化程度上向平台靠拢。但每个具体的业务单元内部，类平台组织依然保留了科层式组织的特点，并未完全平台化，可以说处于过渡阶段。

2. 管理和激励——深度授权的股权激励

由于结构的扁平化与开放化，加上信息系统更加透明，类平台的管理方式较传统组织发生了较大的改变。

从纵向控制转向横向协调。由于类平台高度扁平化，纵向的命令与汇报变得更加通畅。同时由于众多的外部参与者组成的新业务单元需要大量协调，组织的沟通重心从纵向指令变成了横向协调。尤其是类平台对每个业务单元的价值和品质有更高要求，对协调的深度和专业度也提出了更高要求，所以不得不借助于高效透明的信息化系统，唯有高度信息化才能支撑起大量的横向沟通。

高度分权与深度授权。与二维物种的事业部组织追求双重控制不同，类平台组织的集权程度大为下降，在保持企业整体战略方向的基础上，大量的市场洞察工作和决策权下放给一线业务部门，平台上每个产品的参与者都有足够的权责利去做经营，形成以市场需求为导向的经营体系。对部门的深度授权在类平台机制上达到了新的高度，与之相伴随的是对个体的管理也逐渐从命令管控转向自我管理为主，激发员工的自驱动意识。

共创共享的激励机制。类平台采用"共创－共享－共担"的激励机制，平台与参与者共同创造价值，组成面向顾客的完整解决方案，再根据各自贡献，按约定比例分享利润，如果有不及销售预期等风险则共同承担。往往参与者占据更多的股权份额，因而大大提升了其创造的积极性。这套激励法则使类平台组织维持了强大的生命力，并具备了向更开放、更有创造力的平台进化的可能性，成为通往未来平台型组织的先驱。

3. 企业文化——创业型和专业化

基于开放扁平的组织架构和深度授权的高能激励，类平台组织的企业文化比以往的组织更加开放多元，充满了生机活力，使创业精神成为类平台的主流文化。

创业文化。每个业务单元都是创业体。在高度竞争背景下诞生的类平台组织，展现了向更广边界拓展的强烈意愿，发现顾客新需求、开拓新的场景解决方案成为类平台的重要任务。类平台也因此成为创业文化的聚集之地，将创新触角伸向多个战场。类平台擅长从内部孵化或直接从外部招募具有创业精神的小组，创造型人才和能摧城拔寨的业务领导者成为类平台的中坚力量，类平台也成为创业家的新乐园。

专业主义。与消费普及期的草根创业不同，类平台所代表的是激烈竞争、分工精细的信息时代，平台上的每个业务单元必须做到极致，所以对创业者在细分应用领域的专业能力有极高要求。而作为平台基础设施的提供者，主干企业在基础设施的投入方面也需要高度专业化。只有基础设施的专业化和产品应用层面的专业化双剑合璧，类平台才能在市场中杀出一条血路，保持竞争力。所以，类平台对具有某项专业技能的技术人才有着迫切需求。

合作精神。由于类平台提供的是跨品类的解决方案，每个业务单元都要考虑横向协同，以便无缝衔接地组成顾客的解决方案，所以这要求类平台上的每个业务单元和个体都具有合作精神，与兄弟部门保持紧密无间的合作，从技术标准、接口标准、系统兼容、外观匹配，以及产品的研发、制造和营销上都要保持同一节奏，才能达到最大的效果。所以，类平台内部盛行合作主义文化，闭门造车、画地为牢的官僚主义作风在类平台被横扫一空。

领导者：深度布局型领导者

鉴于类平台组织的混合性质，对类平台企业的领导者提出了更综合的高要求。既要有产品极致思维，又要有中长期的战略洞察，还要有对多业务协同的系统思考，以及开放共创、乐于分享的宽广胸怀，只有这样的领导者才能成功布局类平台。类平台领导者的能力包括以下三类。

1. 卓越的跨产业洞察能力——专业能力

类平台领导者首先需要有市场洞察力，其起点是对消费趋势的洞察，善于发现顾客的整体需求及痛点。例如海澜之家周建平对"都市男装欠缺一站式购齐方案"的判断，雷军对"高性价比智能手机的供给空白"的机遇捕捉，都是基于对消费者整体性需求的洞察，敏锐发现该产业存在着巨大的、长期的市场机遇。

发现市场机遇之后，还需要有敏锐的产业洞察力，知道该产业的关键痛点在哪里，又需要掌握哪些关键环节加以克服。海澜之家找到了门店和营销作为提供一站式便利的支点和杠杆，小米找到了手机的软件系统和硬件设计。抓住牛耳之后果断进行饱和式攻击，率先占据制高点，然后需要整合大量的外部优秀合作者，与之建立长期而紧密的合作关系，提供更极致的解决方案。

洞察力还体现在对跨产业的技术趋势判断，这是类平台跨越原有边界向更大范围扩张的先机。预见未来技术发展趋势与节点，在数字化时代显得至关重要，比如1997年乔布斯就预测到，3G网络时代的智能终端能够将通话、音乐、上网等多功能融为一体，实现用户体验的大幅升级，因此提前做了大量技术布局。

深刻的产业洞察力是类平台诞生的前提，领导者是否具备该能力决定了该平台能否迈出第一步。

2. 开放的使命构建能力——战略能力

基于产业洞察力，类平台领导者更重要的是为开放平台设计战略。其起点是建构开放的使命，能激励人心、团结伙伴，并将其坚持到底。领导者是使命的构建者和坚守者，其作用不可替代。

类平台的使命必须有明确的极致价值主张，才能独树一帜，打动潜在顾客，激励员工和伙伴，使其意识到自己在参与一项伟大的事业。同时，类平台的使命还需有很强的开放包容性，能够兼顾各参与者的诉求，激发其意愿和创造潜能。例如小米的使命"以低廉的价格，提供优秀的产品，让科技的力量服务于地球上的每一个人"，就展现出了足够的极致度、包容度与可能性。小米围绕使命提出"变革中国制造"的口号，吸引了大批制造领域的创业先锋，为顾客提供边界不断扩充的解决方案。

然后，围绕长期而坚定的使命，类平台的战略举措可以相对灵活，而领导者在保持战略的灵活性和自我迭代方面无人可替。雷军治下的小米在战略的调整能力方面堪称典范，从最初的"软件+硬件+互联网"的"铁人三项"升级为"硬件+互联网+新零售"，再到"手机+AIoT（人工智能物联网）"的双引擎战略，小米的战略业务组合在不断随需调整，但从未偏离其使命，雷军在其中展现出强大的使命捍卫和高度灵活的战略设计能力。

3. 超强的内外部组织能力——组织能力

平台型领导者的第三项能力是在组织方面的能力，在识别和招募核心精英、吸引和团结外部伙伴、裂变式培养领导者方面，类平台领导者都要有不同寻常的组织能力。

招揽精英的魅力。在全球化竞争、数字化运营时代，企业领导者想要组建顶级的核心团队，打造世界级企业，就必须能识别和招募多个领域的顶级人才。聪明如乔布斯，拥有先知般的产业洞察和产品创意，也不得不借助工业设计大咖（乔纳森）、品牌创意（西格尔）和运营人才（库克）等人，才能推出惊世骇俗的大作。号称"乔布斯第二"的"雷布斯"也是笼络了一群业界精英之后才敢喝下"小米粥"开始创业。在笼络精英的过程中，领导者的使命感和个人魅力起了很大的作用。

开放共创的胸怀。在核心团队就位，企业运营有序之后，类平台领导者需要花很多精力在对外沟通与合作方面。领导者需向各个量级的优秀企业展示合作诚意，让合作者能够更紧密和谐地团结在"盟主"周围，更好地发挥创造力。这需要领导者有极强的分享意识，对内开放股权，培养千万富翁；对外通过透明互信、长期共赢的机制，使合作者满意。同时，类平台领导者应该有足够的容纳胸怀，欢迎合作者的发展壮大，而非为了追求长期主导地位，刻意控制合作方的成长。领导者有足够开放的胸怀，类平台才能发展壮大。

培养未来领导者的先见。随着产业平台的壮大，类平台领导者不可能事必躬亲，也无法通过刚性的治理方式来维护个人权威。领导者需要在共享价值观和文化治理的前提下，在内部进行有计划的赋权赋能，形成有梯度的未来领导者培养规划。这群未来领导者，拥有高度共享的价值观，能够独当一面，把类平台的开放布局做深做大，保持长期健康发展。与此同时，赋权和赋能也可以让领导者从日常经营的琐事中解放出来，专心思考更为复杂、更为宏观的战略层面的问题。所以，类平台领导者既要谋划全局，更要谋划未来。

总之，由于类平台的过渡型特征，对其领导者的综合能力要求最为全面，既要非常懂技术，具有卓越的产业洞察力；又要有强大的使命感，善于构建和调整战略；还要有强大的领导力，能吸引精英、与外部合作、培养接班人。因此，类平台的领导者非常稀缺，一个成功的类平台领导者往往是全能冠军。

类平台的指数级成功之道

类平台诞生的沃土

类平台和其他商业物种一样，其诞生也是客户需求、市场竞争和技术条件持续变化和相互作用的产物，在类平台的诞生土壤中，需求、竞争和技术三股力量的表现如下所述。

1. 需求极致：集成式解决方案兴起

随着人们生活水平的提高和多轮消费普及，消费者的观念与时俱进，尤其是供过于求让制造商和渠道商相继从王座上跌落，消费者权力不断扩大，登上被承诺许久的"上帝宝座"，市场主导权从企业向顾客转移，顾客的需求发生了若干变化。

需求理性化。顾客主权首先表现为需求理性化，度过消费普及期后，顾客变得成熟了，面对企业单方面的广告宣传，顾客已有很强的抗干扰能力和理性辨识能力，牢牢把握决定权。而面对产品不同级别的性能指数，消费者会结合自身的真实需求和消费能力进行精明计算，不再容易冲动。理性顾客不再满足于产品本身的获得，而是直接追求产品能带来的效果和价值，导致的结果就是成果经济的崛起。

需求集成化。需求理性化带来需求集成化。顾客发现，许多品类需求是彼此关联的，为了节约时间和经济成本，理性顾客已不愿意分别到每个细分品类中去寻找冠军，再费心地自己组合，而是希望获得一站式的满足。许多领域的单点、散点式需求已经走向了集成式解决方案。新的集成式需求不是零售商拼凑出的一站式空间，而是由价值主张明晰的企业提供的、跨越品类界限的一站式解决方案。例如郭士纳正是重新明确了 IBM 作为集成服务商的角色，才取得变革的成功。

价值极致化。在获得一站式满足之后，顾客会进一步要求解决方案的整体价值是极致的，包括其中每个组成要素的价值都需要做到极致。但由于单个企业核心能力有限，很难在所有产品上都很擅长，导致集成式的解决方案中出现短板，精明的顾客能轻易发现这一点，转而在整体解决方案中挖出口子，转向对手的优秀单品，自己搭配组合。对极致价值的追求是理性消费者的共性，因此他们的忠诚度极低，这给传统在位领导者敲响了警钟，也给了推动产业升级的新兴颠覆者机会。

在理性、极致、集成化的顾客需求推动下，解决方案已经成为市场需求的更高维形态。只有具备极致价值组合、边界足够宽广的解决方案，才能适应新时代，传统巨头的品类割裂、各自占山为王的局面即将结束。

2. 竞争残酷：产业领导者和专业创造力量重组

当市场对解决方案的呼声越来越高时，传统巨头还在激烈搏杀，竞争全球化、全息化，且越来越快，边界也越来越模糊，新的竞争超出传统领导者的能力边界，产生了一系列连锁反应。

巨头寻找盟友。市场竞争日趋残酷，为谋生存，传统品类大王普遍进行模式升级，或通过横向多元化进入不同品类，或通过建立细分品牌矩阵深耕某一品类，也有的走向解决方案化。与此同时，缩短产业环节，进行纵向一体化的 SPA 模式也大行其道。在同类相争和异类相夺的竞争中，巨头的战线越拉越长，甚至已经超出其核心能力能够笼罩的半径，因而不得不将目光投向外部，寻求具有专业能力的盟友，以弥补自身能力的不足。

专业力量崛起。与此同时，竞争使专业力量洗牌重组。那些在某个领域固守的品类大王拥有无可置疑的专业力量，它们是领导企业寻找盟友时的首选，也会引来众多巨头的争夺。此外，另一群专业机构也涌现出来，它们原本是拥有健全产业链的企业，在激烈竞争之下被迫选择降维生存，仅保留研发或制造环节，虽无市场能力，但在保留的环节上拥有一流能力，因而成为领导者企业的外包研发机构（CRO）或代工厂（OEM、ODM）。再者，在产业更迭、知识经济崛起的浪潮中，不断涌现出新兴的创业者，它们拥有一技之长，也是领导企业招募的对象。

巨头搭建平台。领导者企业的力不从心，以及专业力量的不断涌现，使企业界出现了由竞争走向联合的趋势。发生在同级别对手之间叫作"竞合"，它们采用战略联盟的方式，一致对抗更强大的威胁或者共同瓜分市场。发生在不同级别的对手之间的可以称为协议外包，让外部专业力量成为特级供应商，形成较为牢固的利益共同体。或者采用更加灵活、更有激励性的"入驻"，让外部专业力量入驻平台，将其收益与贡献挂钩。这三种合作方式依次递进，让领导企业的创造力逐渐增强，竞争力也不断扩展。

残酷的市场竞争让企业之间的力量和分布发生了更迭和重组，也深刻地改变了企业对竞争的陈旧观念，与一切潜在的伙伴，包括同级别对手进行合作，让企业走向了"竞合"的新时代，为全新的商业物种诞生扫清了思想障碍。

3. 信息技术：使透明高效的产业平台成为现实

新商业物种的诞生离不开新一代技术的支持，其中重要的就是企业用于生产、管理和协作的信息化技术，能推动生产自动化、管理高效化以及外部合作的信息透明化。

信息技术经过二战后数十年的发展，逐渐普及到大多数优秀企业中。从20世纪60年代IBM主导的大型商用机，到70年代小型化终端，再到80年代个人计算机（PC）的崛起，优秀企业用于内部管理的信息化硬件已经基本普及，此间诞生了像SAP（思爱普）、甲骨文、思科、埃森哲等提供企业管理软件和硬件系统的ICT服务提供商，大力推动了企业内部管理信息化进程。90年代万维网的建立，使已经信息化的企业之间的信息互通合作大为便利。而ICT服务提供商以统一代码和标准接口建立的跨企业系统，也为企业间的信息化互联提供了基础。

跨企业的信息管理系统建立后，企业间合作的深度被大幅推进。许多高度信息化的大型零售商（如沃尔玛）可以和大型品牌商（如宝洁）之间实现产品销售和库存信息的在线共享，大大提升了彼此的供应链配合效率，甚至可以根据即时反馈的销量信息来指导企业的研发方向和营销策略。不仅上下游如此，不同的品牌商之间在产品研发和生产制造上也可以在信息化互动的基础上进行合作，跨企业信息系统的快捷和透明，使外部合作与内部沟通成本降到相同水平，大幅增进了不同企业间的合作效率和信任度。

随着企业之间的合作深化与长期化，大大减少了传统外部交易模式或临时合作带来的投机行为，信息不对称的风险大幅降低，相互信息透明化的企业之间不再是博弈关系，而是在多次合作中形成深度信任的关系，并签订长期合作协议。这带来的好处是，为合作伙伴进行专有资产投资变得有保障，随着专有资产的积累和不断升级，对合作双方的创造力和产出水平有极大的提升作用，为边界更宽、效能更高、力量更强的产业平台诞生激发了动力。

在市场需求集成化、企业走向竞合、信息化技术升级这三股动力的叠加之下，产业平台得以诞生，当然只有深刻洞察并熟练驾驭这三大力量的杰出企业才能建立起产业平台，它们立足核心产业，创造极致而鲜明的价值，并开放地引入外部优秀创造者，共同打造出边界更宽、单体和整体都更强大的产业平台。

产业平台成功的关键要素：定位、底盘、协同

好的开始是成功的一半，但光有开局远远不够。在极致竞争的今天，产业平台要想摆脱速朽的命运，取得持续成功，就必须找准和获得产业平台的成功关键要素，并匹配企业能力，在不断迭代中保持能力领先，才能使产业平台基业长青。

1. 精准的价值定位——与时俱进

在不确定的年代，拥有品牌商属性的类平台需要在动荡而复杂的环境中精准地找到自身定位，并能够动态调整。类平台的定位包括目标群体定位、主业定位和价值区域定位。

基数最大的顾客定位。 产业平台需要有足够广阔的胸怀，为尽可能广泛的顾客提供服务，而不是偏于一隅，集中在某个利基市场，满足于当一名隐形冠军。产业平台需要有为全球用户服务

的雄心壮志，致力于解决长期而重大的社会问题，至少也要改变整个产业的发展面貌。只有基数足够大的顾客群体，才能给产业平台提供足够的发展空间；只有服务于所有顾客群体，才有足够的养分维持产业平台的运转。产业平台切忌在个性化的自我标榜中将主流顾客拒之门外，那样无异于自掘坟墓。

流量枢纽的主业定位。 明确客户之后，类平台需要在分工高度复杂的众多行业中找到核心主业作为切入口，引爆需求，服务目标客户。通常核心主业都是顾客需求场景中的重要流量枢纽，具备需求刚性、使用高频、易于组合互补品的特征。在需求消费普及时代，服装、家居是其良好的切入口；而在移动互联网时代，融合软硬件为一体的智能手机则成为流量的中心；在未来智能物联网时代，昂贵但复杂的智能汽车和智能家电都会成为流量中心。切入时机最好选择在新一轮技术的普及期。

极致创新的价值定位。 顾客定位和主业定位最终都要落实到企业的价值定位，类平台要想在市场竞争中胜出，必须要有鲜明的价值主张和极致的价值创造。产业平台适合在消费升级时期以价值颠覆性创新者的身份出现，主张极致的、创新的、大众化的、高性价比的价值定位组合，这样不但有利于切入基数最广的顾客群体，而且解决方案在从核心品类向周边品类扩散的过程中，价值也比较容易保持聚焦。围绕极致与创新的价值定位，产业平台需要打造与之相匹配的方案组合和能力组合，赢得长期的市场竞争。

上述三种定位不能僵化不变，需要随着市场发展、消费升级而进行动态调整，在动态中把握主流顾客价值关注中心的变化，并快速响应，迅速进行主业的调整和价值组合的迭代，始终保持价值的极致水准，牢牢吸引顾客。

2. 核心产品竞争力——因时而变

有了精准的价值定位，产业平台接下来需要有分量的产品作为开山巨斧，并建立强大的方案组合，树立在顾客心中的优先级地位，为跨边界扩张打下基础。核心产品的竞争力，随产品的生命周期依次显露不同的锋芒。

进入期的颠覆性。核心产品的横空出世，首先要有产品性能上的颠覆性，给顾客带去颠覆式体验。通常产业领导者无法抵制高利润率的诱惑，其产品通常都为高配高价，适合所谓高端顾客。但大众顾客不愿为不需要的过高性能支付过高价钱，他们会寻求以最合适的价格获得最优配置。这就给利用技术红利进行价值重组的颠覆者带去了机会，颠覆者可以不是新技术的原创者，却以颠覆性价格将颠覆式产品带给了顾客，并一战成名，迅速扩张。

发展期的迭代力。颠覆性产品必定会引来大量模仿者，遭到各路对手的围剿，因此核心产品的迭代创新力备受考验。产品迭代的途径通常包括产品设计颜值、顾客界面体验、核心配置升级以及新材质、新功能等黑科技，其中科技创新是产品力中最核心的部分，企业需要投入大量资源进行长期打造，不排除与顶级伙伴合作开发。核心产品的迭代能力可谓是产业平台的底盘，必须足够结实，如果被对手超越，整个产业平台的生态都有塌陷的危险。

衰退期的新曲线。成熟期不但要守住基本盘，还要准备拓展第二曲线。无论产品如何迭代创新，都会迎来成熟期，当市场饱和时，销量必然会出现停滞和下降，产品进入衰退期。类平台需要通过持续的技术创新来改变产品形态，延长产品生命周期。如苹果对手机的重新定义，使之从功能机变成智能机。或者寻找新的核心产品，开发出强劲增长的第二曲线。能否在高速行进的过程中更换发动机，决定了类平台能否持续繁荣。

核心产品的意义在于为周边产品提供解决方案的枢纽，承担流量中心的职能。只有核心产品带动周边，而不能是周边产品带动核心产品。当押宝单一核心产品风险太大时，可建立战略级产品矩阵，分摊核心产品的负荷，小米、华为与苹果皆是如此。

3. 产业链协同能力——体验协同、供给协同、创新协同

有了强大的核心产品，类平台才能有足够的号召力，吸引顶级互补品资源。与同级别伙伴之间的松散联盟不同，参与方力量悬殊、主次分明的类平台能获得更深度的协同，而这是类平台运营效率的来源之一。类平台的协同能力包含以下几个层次，由近及远。

体验协同。类平台上的主干产品和互补品之间，以及诸多互补品之间有紧密关联，能够组合成面对一个个具体需求场景的解决方案，该方案中各要素产品的外观风格、技术参数、API（应用程序编程接口）高度标准化，有利于顾客进行自由的搭配组合，获得高度一致化的整体体验，实现类平台价值约束所追求的目标。类平台为了扩大体验协同，可以选择向对手开放硬件接口，更有甚者将软件操作系统也开放给平台外的第三方，例如小米的MIUI（米柚）系统可以安装在竞争对手的硬件上，小米家居App、小爱同学App也都选择向其他企业的硬件开放，便是体验协同的外部溢出。

资源协同。在供给端，类平台的主干企业与参与者也需要展现出高效协同，共享研发资源、原材料、供应链和终端资源。在覆盖范围甚广的横向协调中，类平台的协同创造能力必须不低于管道式物种的内部协调能力，才能在效率上胜出。类平台要做到这点，必须借助高效的运营工具，如大力推进数字化的企业管理系统，将各类商业要素进行数字化转换，通过高度敏捷的中台配置共享资源。只有做到资源协同性不弱于 SPA 模式，类平台的规模与范围经济才能得到落实。

创新协同。比资源共享更重要的是面向未来的创新协同，产业平台需要参与者的大量单点创新，在不同产品前后相继的闪耀中，不断创造新的消费热点来保持热度。平台可随着热点的转移而调整生态链的重心，实现类平台的更新换代。比自由分散创新更难的是整体协同创新，让整个解决方案群的所有节点都齐头并进，同时闪耀，实现大幅整体跃迁。为保证创新协同，类平台需要设置创新交流机制与协同赋能机制，同时设置淘汰机制，把价值严重滞后的产品及时清空，让整个生态在新陈代谢中健康发展。

企业成功的因素很多，也有许多外部偶然条件和机缘巧合，但专属于类平台的关键因素如上所述。成功的类平台必定在"价值定位－核心产品－协同能力"方面出类拔萃，一旦具备上述三大关键因素，在与管道型物种的竞争或同类竞争中，类平台将优势明显。

三维化生存——类平台的竞争力本源剖析

相较于以往的管道式物种，产业平台（类平台）拥有更高维度的竞争优势，其源头分布在该模式运行过程中与管道式物种的差异中，包括更大更立体的规模经济、更开放更聚焦的范围经济，以及管道式物种不具备的互补型间接网络效应。

终端拉动的规模经济

类平台与此前的物种一样依赖规模优势，但其创造规模优势的逻辑不同，类平台的规模优势来自品类叠加产生的整体优势，其生成顺序是先从终端顾客的规模优势起步，回溯至生产与采购环节的规模优势。

为有效服务顾客，类平台先建立覆盖范围广的自营终端销售界面，通过密集广告轰炸或社交网络话题引爆，获得消费者的极大关注，激发出大量潜在需求。自营的营销界面是类平台颇有价值的资产，结合分布广泛的渠道终端，能有效满足顾客需求。通过规模化协同的营销推广和渠道覆盖，类平台快速有效地服务其顾客，并大幅降低单人营销与渠道成本，初步展现出营销的规模优势，一举超越多年默默经营的老字号，成为炙手可热的新锐品牌。

由于类平台选择的都是大众化市场，通常提供设计简约、易于组合的标准化产品，或者同质化的爆品，所以终端需求的规模效应很容易移植到生产环节，创造出生产的规模经济效应。通过大批量生产以降低成本，生产规模越大，其平均生产成本就越低。生产端的规模效应并非由类平台单独创造，而是由各路专业化的参与者共同创造，他们在产品为王的时代就已熟谙该优势的应用，加入类平台后，在营销终端的加持下，能将生产规模优势发挥得更加充分。

生产端的规模优势也很容易向上延伸到原料采购端，聚集了众多大规模生产者的类平台，可以联合体的身份向上游统一采购原材料，多家企业组成的类平台采购规模远胜于单体品类企业，因而拥有更大的议价权，可大幅降低采购成本。在采购环节上，类平台的规模效应非常突出。

从营销到制造，再到采购，类平台获得了三个节点的规模优势，因而能够降低产品创造和交付的总成本，获得终端价格方面的竞争优势。但类平台的规模效应也有限度，而采购和生产规模优势也不能无限榨取，因而类平台需要发挥跨品类叠加带来的第二重优势——范围经济。

品类更广的范围经济

类平台相较于以往的物种，更突出的竞争优势便是范围经济，其范围比品类大王和 SPA 模式要宽广许多。让顾客拥有更广的选择面，拥有更多跨边界的组合，能为目标顾客提供尽可能丰富的、精准匹配的自选式解决方案组合。通过范围经济，类平台创造出品类开放、质量精良、风格极致的顾客价值，从而网罗更多的顾客。

类平台的范围经济优势主要源自对外部创造者的开放机制，比起管道封闭模式，类平台可以更轻松地吸纳周边品类的参与者，扩大解决方案的范围。其解决方案范围不仅远胜于只提供少数单品的品类大王，也超过凡事亲力亲为、能力边界约束明显的 SPA 模式。类平台可以轻松跨越品类的限制，创造出品类覆盖更广的范围经济优势。

在开放的基础上，类平台不能因为范围扩大而放松对任何一项产品的品质要求。参与创造者在加入前资质已经经过层层考验，确认属于业界顶级水平。在双方的联合创造和质量管控下，其创造物必须具备单点竞争力，并且无缝融入整个方案，产生互补价值。后期还要经过考核，长期销售不达标，且无力改进的产品要被淘汰。因此，类平台的范围虽广，但组成其解决方案的每个元素，都需力求卓越，相互强化，相互背书。

当然，类平台提供的范围并不是无限的，它的SKU（库存量单位）数量就少于超级大卖场（管道式解决方案的亚物种），因为后者只需向上游采购成品，追求极大的丰富性，仅受限于物理边界，不受价值约束。而类平台从研发到设计，都保留了品牌商的格调主张，有明显的价值约束，类平台必须在该价值约束的前提下施展范围经济的优势，否则类平台就有退化或解体的危险。所以，类平台的范围经济是一种价值聚焦的范围经济。

类平台通过提供边界开放、价值聚焦的范围经济，给顾客带来更丰富的选择、更极致的价值、更精准锁定的解决方案。但如何确保该方案能够做到极致呢？仅仅通过规模经济和范围经济是不够的，这两者最多能够解释顾客规模、总销量、客单价等简单量化指标，无法解决提高用户满意度和长期忠诚度等复杂问题，而这有赖于类平台的第三重优势——网络效应。

供给端的互补性间接网络效应

通常意义上的网络效应是指在互联网平台之上，参与节点的连接增加会使整个网络的价值放大,被称为梅特卡夫定理——网络的价值与节点数量的平方成正比。例如安装电话的人越多,电话网络的价值就越大,对用户的吸引力就越强,用户之间的相互吸引被称为单边网络效应;而在电商平台,更多的卖家会吸引更多的买家,更多的买家会吸引更多的卖家,买卖双方的相互吸引被称为双边网络效应。

类平台的上述网络效应较弱,其顾客之间不会相互吸引,而买卖双方之间有一定的网络效应,但由于缺乏直接互动机制,相互吸引力也比较弱。类平台的网络效应来自另一个单边,顾客购买了类平台上的产品之后,出于风格与功能的匹配,会在该平台购买更多产品,并且会越买越多。这种由产品互补形成的吸引力,也被称为产品端的间接网络效应,属于单边网络效应。该网络效应是类平台的最重要的竞争力来源,而且几乎是独自拥有的。

随着物联网技术的不断进步,在同一个产业平台上的产品间的智能连接程度越来越紧密,形成更强大的产品网络,并能够形成关联性迭代。而且,随着智能场景的增加,类平台解决方案的扩展空间也越来越宽,产生出更多的交叉连接。在这两股力量的推动下,该产业平台的网络效应强度和广度都会不断增强,对顾客的吸引力自然就更强。而随着购买产品的增加,顾客的转移成本就越高,对该平台的依赖程度会更深,成为铁杆忠诚顾客。

可以说,产品端的网络效应使类平台变成了不断加速的陀螺,其体量像滚雪球一般迅速壮大,这也是类平台能获得指数级增长的最大动力。

凭借规模经济、范围经济和产品端网络效应这三重竞争优势，类平台物种在与以往的管道式物种的竞争中能占得先机。但在真实的商业世界中，理论优势往往并不能全部转换成真实的优势，类平台若想赢得物种之间的竞争，还需要在实际运营中获得运用优势的关键能力，掌控关键成功因素，以击败其他物种。

类平台的危机与转型

发展面临的威胁挑战

"祸兮，福之所倚；福兮，祸之所伏。"类平台拥有无数优点，也意味着有同样多的破绽，被各路对手紧盯。来自内部和外部、过去和未来的种种挑战须臾不曾远离，需要类平台时刻以警醒的目光四处扫描，防患于未然。类平台可能遭遇的挑战如下所述。

1. 定位挑战——价值迭代：挑战来自过去的自己

消费升级。类平台可能遇到的最大挑战来自消费者需求的变化，原本固守的大众类基础价值有可能随着消费者观念变化、潮流变化、技术升级，或其他外部力量的冲击出现松动乃至瓦解。类平台的价值原本也是因缘际会组合而来，如果消费者所看重的价值发生整体迭代，导致原有价值群体消失也不令人意外。所有坚固的东西都将烟消云散，信奉某种消费观的群体突然消失，是类平台需要防范的首要风险。

行业更替。与顾客快速聚散同时发生的还有细分行业的快速更迭，随着需求的迭代和技术的演进，许多细分行业正在快速出现和消失。比较典型的是胶卷行业、CD机行业、显像管电视机行业，都快速让位给后来的数码电子产品，曾经风光的数据库行业让位给开放的云计算服务。细分行业的消失从未停止，未来行业裂变和更替的速度只会更快，而类平台所锚定的核心主业和周边互补品的根基有可能因此而动摇，需要随时准备预案。

2. 产品挑战——导致底盘不稳：挑战来自低维对手

核心产品黯淡。类平台的第二类挑战发生在核心产品上，由于是半个品牌商，类平台的影响力很大程度上取决于核心产品的影响力。但由于需要与平台内其他互补品的价值兼容，导致核心产品的创新迭代受到很大约束，不能像对手般灵活调整产品理念，因而会在竞争中处于被动。比如小米手机一味强调性价比，创新力度下降，在行业成熟期就不再能够占据制高点。如何让核心产品持续闪耀，战胜更加灵活的单品类高手，关系到类平台的生存。

品类冠军蚕食。类平台需要兼顾众多互补品，虽有整体范围优势，但由于能力分散，且身在明处，很容易受到暗中潜藏的极致单品的挑战。类平台在组建的过程中，品类覆盖甚广，也意味着树敌较多，因为类平台可以找到各领域的优秀创业者，却不可能完全聚齐各领域最强的公司，残存的品类冠军对类平台上的创业者拥有单体优势，因而有可能在局部市场上取胜，类平台上的许多互补品可能会受到蚕食和围攻，导致品类扩张之路受阻，战线收缩。

3. 降维打击——缺乏顾客端的直接网络效应：挑战来自高维对手

类平台身兼管道式零售商和平台式生产商的混合特征，胜过旧物种，但与真正的平台物种相比，其平台化不彻底，开放性、灵活性不足的短板逐渐暴露，面对高维平台物种的降维打击，显得处处被动。

在供给端，类平台只能凭借"相马"的方式去优选互补品供应商（创造者），符合要求者入围，出于诚意和对优选结果的自信，类平台对其许诺一定的独家保护期，在保护期内该互补品只有一家供应者，但创造成果有较大的不确定性，一旦不理想，更换选手的成本较高，也很可能错过该产品的风口。在这一点上，类平台远不如平台的竞赛机制灵活，平台可以提供一视同仁的支持，让多个独立的创造者在跑道上自由竞争，能够更快地优胜劣汰，更容易诞生优秀的成果。类平台的优选机制，在平台的竞赛机制面前，终究不够灵活。

在终端界面上，由于欠缺数据积累，类平台缺乏线上平台那样的顾客端直接网络效应，借助数字化技术，使用的顾客人数越多系统越优化。例如类平台的终端呈现的依然是千人一面，而线上平台已能千人千面，根据顾客历史数据为其提供个性化指引和大数据推荐；顾客也能主动搜索，在多风格的海量商家中快速获得精准信息。这种依靠大数据驱动的强大个性化匹配能力是风格化的类平台无法做到的，只能入驻综合平台，成为其一部分。

而在供需互动方面，类平台掌控界面并全权与顾客有限互动，虽然对合作伙伴有经验共享和数据分享，但毕竟阻隔了创造者和消费者的直接沟通，延缓了学习效应。相较于线上平台的即时互动已相形见绌，而面对更高维的产业赋能平台，类平台更是难以抵挡。产业赋能平台基于数字化，可以迅速地建立买卖双方的供需匹配模型，提供敏捷的个人定制化方案。面对高维物种的强大能力和"大者恒大"的双边网络效应，类平台只有颠覆自我，不断升级迭代，才能避免被淘汰。

4. 解体隐患——缺乏生态锁定效应：挑战来自合作伙伴

类平台通过整合外部创意和过剩产能，成为基础价值的解决方案提供者，在产业发展初期或需求快速升级期，可以将产业的技术红利普惠给大众消费者，对创业者有极强的号召力。在早期，类平台吸纳的那些"优点和缺点都很明显"的创造者会团结在共同的旗帜下协同作战，共同推动类平台快速发展。

创业者在起步时对类平台千依百顺，但强大的价值约束使优秀创业者失去了自由，只要羽翼渐丰，创业者便会有自立门户的倾向，成为一个真正独立的品牌，充分扩展品牌发展的可能性。面对优秀互补品创造者的独立倾向，缺乏生态锁定能力的类平台无法设置障碍，只能放行，自己退一步变成投资者，承受优秀创业者独立所带来的损失，陷入"为他人作嫁衣"的循环。

优秀创业者的独立倾向是类平台的平台化不彻底造成的，强调品牌属性的价值聚焦反而导致类平台的涣散，这是一个悖论。这个悖论源自类平台的品牌属性与平台属性互斥，类平台的价值约束始终与平台要求的自由开放相矛盾。类平台陷入两难：要么放弃价值约束彻底倒向平台，要么坚持价值属性，将有异心的创业者清理出去。倒向任何一方，虽然能消灭矛盾，却从根本上否定了类平台的存在意义，这是可能导致类平台解体的定时炸弹。

时代滚滚向前，商业物种进化的力量不可阻挡，过渡特征明显的类平台在迭代能力、底盘竞争、网络效应和生态锁定4个方面都遇到了挑战，表面风光的类平台危机四伏，如果不进行有效应对，随时都有可能撞上冰山，像泰坦尼克号一样倾覆。

类平台应对挑战的方式

面对重重挑战，产业类平台该如何转型突围？我们认为大致可以分为组织能力、战略竞争和模式迭代三层路径，助力产业类平台逐层深入地解决问题。

1. 平台能力迭代：组织能力和产品能力迭代

面对快速变化、充满不确定性的外部环境挑战，产业平台需要展现更强的灵活性和自我迭代能力，避免因为内部熵增而变得平庸。这就要求产业平台内部的机制更加市场化，在不断强化使命价值观纽带作用的同时，用更加市场化的方式来激发组织活力，保持组织的战斗力，随时保持创业精神，紧盯市场需求的变化。

随着消费升级，基础价值一直在不断迭代，产业平台需要在基础价值领域深入研究，持续为大众创造最为极致的价值，并普惠世人。这要求产业平台在核心产品技术上不断进步，持续颠覆式创新，在每个主干产品步入衰退期之前，以革命性技术创造新的周期，或者迅速拓展新的主赛道，推出新的战略级产品，创造新的增长热点作为类平台的新基石。

除了稳定核心产品的底盘，类平台也可以在基础设施方面继续加大投入。例如，增强供应链的数字化水平，实现全流程的赋能支持，以此吸引更多创业者。此外在物联网的基础技术研发方面实现重点突破，使更多的产品具备物联网络属性，以增强产品端的网络效应，吸引更多的顾客。

上述举措是在现有的模式基础上加强能力，坚守阵地，是一项需要长期坚持不懈的常规工作，要取得更大的成就，就要在竞争战略和商业模式上有所改变。

2. 竞合战略突围：与重量级伙伴结成联盟

在竞争方面，由于产业平台进入多个品类，难免四处树敌，甚至引来各路品类大王的联合"绞杀"。为避免力量分散，产业平台需要谨慎选择战场和对手，可先易后难，从分散的蚂蚁市场或严重老化、亟待升级的产业依次入手。这两类缺乏巨头的市场是产业平台大有可为的根据地，类平台应在此"高筑墙、广积粮"，当积累到一定程度，在规模、范围和网络三方面的竞争优势超越传统品类巨头时，即可发动正面进攻。在正面进攻阶段要采取灵活的战术，坚决打好有把握之战，战则必胜。

在品类巨头先发优势明显，产品研发壁垒较高的产业，类平台可以与业界成名巨头联合研发产品，例如华为就与徕卡联合研究相机，和帝瓦雷联合出品智能音箱。双方共同开发市场，共同扩大顾客影响力，并分享发展成果。尤其是在难以突破的互补品上，更应该选择重量级合作伙伴。例如，从20世纪80年代开始，微软就与IBM合作，共同创造了个人计算机的行业标准，一跃成为个人计算机制造商的最大联盟；随后又和芯片制造商英特尔结成Wintel联盟，双方的软硬件交替升级，都成为个人计算机领域的大赢家。

产业平台在竞争与合作之间需要充分发挥类平台的方案优势，以系统的布局占据主导地位。此外，选择盟友时不要局限于互补品，也不要局限于知名的专业品类大王，可以与SPA模式（小米与宜家）或真正的平台企业合作。产业平台还可以采取与基础设施类巨头联盟的方式，尤其是与自己互补性较强的科技巨头，如基础原料研发巨头，云计算设施提供者，电商物流平台，金融、教育、健康类平台企业等，建立跨界战略联盟关系，获得交易平台的数字化支持。

3. 物种进化：成为产业赋能平台

产业平台（类平台）要想获得更强的竞争力，抵御来自高维对手的攻击，需要变得更高维，进一步向平台迈进。一方面继续增强作为产业基础设施的平台职能，加大对入驻者的赋能力度，从传统意义上的各参与方优势互补的联盟式产业平台，向底层赋能力度更全面的赋能型产业平台迈进。这要求产业平台加大、加重对平台底层技术、操作系统的投入，还可引进外部模块供应商，搭建供合作者随需调用的产业赋能平台。

另一方面，产业平台可以进一步加大开放力度。产业平台若能打破原有的中心式思维，走出风格和价值约束的限制，将产品互联系统代码开放给更多外部企业，鼓励其加入开放式的产品组合方案，而不对产品形态或经营进行任何干涉，以此创建一个平等参与的分布式生态圈，如此一来会大大增强生态圈的力量。比如谷歌通过免费开放的操作系统安卓建立了一个泛生态，而各大高科技产业平台企业也纷纷在争夺操作系统的份额。

增强核心赋能能力，就是增强对参与者的生态锁定能力，使产业平台上的创业者不想离开。开放产品互联网络，广交外部盟友，使产业平台变得更厚、更宽、更强。若能由内而外打造出内部团结、外部盟友众多的生态体系，产业平台将有能力迎接更大的风浪冲击，从原来的单体航母变成航母战斗编队，甚至进一步变成移动的大陆，在已经到来的数字化技术时代占据一席之地。

总之，类平台站在管道型解决方案企业的肩上，在供给端学习平台模式，整合外部创造者，而在销售端坚持独家掌控的管道模式，并阻隔了供需双方的直接互动，因而只是管道向平台的过渡阶段，还不是完整意义上的平台，只能是半平台状态，故称为类平台。这样的原生身份设定，使类平台的极致价值无法彻底，在平台化的大浪潮中，类平台之船虽然方正平稳，在顺流而下中卓尔不群，但终究要变成更开放、更多元、更智能的产业赋能平台，才能行得更远。升维是类平台无法逃避的宿命。

[变革案例]

万物互联，少年小米再出发

众所周知的故事——巨星升起（2010—2014）

2010年4月6日，北京银谷大厦807室，从金山出来后蓄力3年的雷军和一群人分享了一锅小米粥，宣告了小米的诞生。在外人看来，北京的创业公司多如过江之鲫，这家叫作"小米科技"的公司也不出众，没人察觉其"佛观一粒米，大如须弥山"的意蕴，更没人能料到这家企业9年后就以最年轻公司的身份进入《财富》世界500强。

小米的创建者是一群有着完美主义梦想的工程师，偏执地要用完美的产品改变世界。他们因为处于行业前沿，早已嗅到移动互联网浪潮来临前的风雨，于是首先从擅长的软件开始，率先推出基于移动终端的"米聊"，但被用户基数巨大的腾讯微信压制而被迫放弃。小米在操作系统上的努力结出果实，基于开放的安卓2.3.5，小米打造出更符合用户使用习惯的MIUI系统，小米创始人泡在论坛和用户交流，集合了大量专业发烧友的意见，按照优先级次序，每周进行系统迭代，赢得了一大群安卓系统发烧友的狂热支持，每周刷机成为这些极客们的乐趣。

在吸引了50万MIUI粉丝之后，小米开始推出为发烧友打造的手机。以软件切入硬件，是中国商业史上从未有过的打法，但在当时确实是最有效的。虽然2010年苹果已经发布了第三代iPhone手机，国内也有HTC、魅族等安卓系跟随者，但当时的中国手机市场依然是功能机称王、山寨机尾随的混乱局面。在价格高冷的智能机和粗制滥造的山寨机之间，有一个转瞬即逝的机遇出现了，小米以颠覆式产品创新和高性价比抓住了它。

2011年8月16日的北京798艺术中心，雷军带着小米手机闪亮登场，开创了让"米粉"发烧的时代。旗舰的配置，1/3的价格，仅在线上抢购，小米让粉丝为之疯狂，接连创下抢购一空的最快纪录。随后升级的小米2和小米3也都是刚一发布就被抢空，如此火热的状态持续了3年，直到2014年9月，以"钢板的旅行"而闻名的小米4上市时，小米手机依然是一机难求，横扫千军，2014年Q3上市后，小米手机销量成为全国第一。

快速成功的小米瞬间成为"国民级话题"。因为只在线上发售，小米手机甚至被冠以"互联网手机"的称号，一时间互联网颠覆实业的论调兴起，雷军总结的"专注、口碑、极致、快"七字诀成为众多跨界学习者的"圣经"，更是受到对手的争相模仿。

小米在中国智能手机技术红利的普及期，成功占据中心位置。

2014年，持续高光表现的小米营收达到743亿元，比上年增长135%，稳居中国智能手机榜首之位。照这个速度发展下去，2015年，小米的营收就要达到1 460亿元，超过当年《财富》世界500强的最末一位。

不为人知的战事——低谷回升（2015—2018）

然而命运却和小米开了个玩笑。2015年，小米的销售额为870亿元，增速仅为17%，比起前几年的火箭速度，几乎算是原地踏步。小米降速的原因主要有以下几个。

首先是供应链短板。专注于软件迭代和产品工艺设计的小米发展速度太快，以至于它的供应链跟不上产品的迭代速度，其中最关键的是小米引以为豪的高配置芯片。向粉丝允诺的高通骁龙835迟迟难以供货，导致小米5推迟到第二年发布，而此时"饥饿营销"已经过时，小米供应断档又让粉丝不满，同时市场出现了同级别的竞争者，迅速补充上来。

其次是对手变强了。华为凭借丰厚的技术储备和强大的供应链能力，很快站稳全球高端手机市场，同时期推出的互联网品牌"荣耀"，和小米很像，因而撬走大量线上"蛋糕"。而功能机时代就已经将终端渠道铺满全国县乡镇的OPPO、vivo，凭借后发策略稳定产品质量，加上明星广告、外形设计和经销商支持，在线下市场称雄。小米有的对手都有了，对手有的小米却没有，因而2015—2016年小米的手机销量相继被华为、OPPO和vivo超过。

一时间，围绕小米的质疑声四起，小米的性价比被对手攻击为"创新不足的便宜货"。为突出创新，小米推出"黑科技"，但市场反响平平，反受供应链拖累导致配置缩水而引发用户不满。2016年魅族发起价格攻势，以1 799元"包抄"小米的1 999元，将低端机市场染成红海。小米遭遇前后夹击，却无法有效回击，步入了"开心就好"的彷徨期，在硬件上跟随苹果的"刘海屏"和"红绿灯"，在营销上则效仿OPPO和vivo，开启流量明星代言，在随波逐流中失去了昔日锋芒。

2016年的小米跌入低谷，营收下滑23%。年初虽定调"开心就好"，实际"一点都不开心"。雷军不得不亲自接管供应链，与高通、三星等重点供应商改善关系，以保证高端核心配件的供给。2017年年初，自研芯片"澎湃S1"初步挽回小米的创新者形象，4月，7周年的小米发布了蓄力已久的经典之作"小米6"，重新回到性能配置的领跑位置，有了性能和体验做支撑，小米的性价比焕发新生，逐渐扭转颓势，销量从谷底回升。

在核心产品回暖的同时，小米大幅拓展了渠道，首先是向线下零售进发。2016年2月首个"小米之家"开业，2017年5月开到100家，到2018年年底增至586家，加上1 378家授权店，接近2 000家门店。线下门店补足了小米的渠道短板，成为国内新零售标杆。而在国际市场，小米也进展迅猛，尤其是在印度、东南亚和欧洲市场，小米实现倍速增长，2018年海外营收达到700亿元，占比40%，国际市场成为小米的重要增长源头。

小米走出低谷离不开小米生态链的支持，这是小米在2013年狂飙时期埋下的伏笔。通过投资占股、供应链共享、基础赋能与联合开发的方式，小米扶持了100多家生态链初创企业，其中有几家公司成功上市。生态链伙伴提供的移动电源、手环、平衡车、空气净化器、扫地机器人等多款产品，都成为所在品类的世界冠军。众多极致单品组成解决方案后，小米的生态链异军突起。仅仅成立5年后，2018年小米生态链的收入就达到438亿元，营收占比25%，展示了巨大潜力。

而在生态链企业之外，小米对外大力推广生态圈计划，通过开放的物联网（IoT）平台和AI语音助理"小爱"接入外部合作伙伴的智能设备。2017年年底，小米首届物联网大会时，已接入外部400多家企业的800多种智能设备（不包括手机和电脑）。2018年年底小米物联网接入的智能终端达到1.51亿个，居全球之首。

面向未来的叙事——万物互联（2019年以后）

在手机业务回升、新零售发威和生态链扩张的良好势头下，小米于2018年7月9日在香港上市。由于港股极度看重财报，小米"互联网×制造业"的新物种身份并未得到普遍承认，其市盈率接近硬件企业，每项业务被单独拿出来挤"泡沫"，导致市值大幅缩水。面临严峻的资本市场压力，雷军表示"小米没有一丝一毫盲目乐观的余地"，二次创业的小米，需要新的发展逻辑。

2019年1月年会上，雷军宣布以"手机+AIoT"双引擎战略作为未来5年的核心战略，5年投资100亿元发展智能物联网（AIoT = AI + IoT，即智能+物联网）。在巩固手机业务的同时，小米以人工智能产品"小爱同学"作为整个物联网的智能枢纽，并加强底层大数据、云平台的建设，加速物联网的落地和互联。

2019年Q1发布，小米手机业务增长16%，物联网业务增长56.5%，且后者比重正在逐步增加。2019年7月22日，小米以最年轻公司的纪录入选《财富》世界500强企业。

纵观小米创业9年，展示了出色的风口捕捉和战略调整能力，创业初期以软件带动硬件，以极致体验的MIUI软件孵化出小米手机硬件，成就单品类爆品；在手机大获成功的2013年，小米以"硬件+软件+互联网"的盈利模式打造初级生态圈；在手机业务下滑的2016年，小米又借助生态链，以"硬件+互联网+新零售"的模式扭转颓势；当"硬件导流、软件盈利"的故事在资本市场遇阻时，小米又迅速调整为双引擎，每一次战略调整，都能踩在节点上。

多次战略调整让小米的商业模式也发生了变化，2013年提出"复制100个小米"，小米在主业手机和四个战略级产品的主链条之上，通过投资与赋能吸纳创业体，共同创造生态链产品。借助外部创造力量告别大包大揽，小米就从最初的"品类模式"进化为"类平台模式"，迅速实现品类扩张获得范围优势，为用户创造了"高性价比"的智能生活解决方案。当然，四处扩展的边界也遭到每个领域内对手的反击，小米需要足够宽的竞争优势护城河。

小米生态链最初进入的是没有领导品牌的蚂蚁市场，大多是亟待升级的传统品类，或处于边缘的创新品类。小米生态链通过技术创新可以迅速获得性能和设计优势，并发挥供应链和渠道的规模效应降低价格，形成短暂的"颠覆式创新"和"性价比"优势。但随着生态链的扩张，与传统家电巨头的冲突无法避免，小米生态链需要充分利用其范围优势，以数千种智能硬件组成极致的解决方案,"让顾客闭着眼睛购买"。在产品的快速迭代中,增强产品的智能水平,这是小米再次升级的契机。

在未来,一旦小米的智能硬件网络形成,任意两件产品在智能物联网的连接下,都能组成面向场景需求的智慧解决方案。物联网倒逼小米的模式升级为产业赋能平台,通过 AI 赋能,激活所有参与者的物联网属性,赋予生态圈内企业的产品以极大价值。不仅是生态链企业,也可以是第三方企业,甚至连竞争对手都能兼容,以顾客需求为中心,小米有望通过物联网的突破完成物种升级,构建起竞争力极强的万物智慧互联生态。

属于小米的万物互联时代还没有来到,但传统巨头的兵锋已至。首先是国内通信霸主华为,已启动鸿蒙系统,进军家居、办公、娱乐、出行、运动五大场景的物联网计划。另一个家电巨头海尔深度布局智慧家庭领域多年,而且在智能制造领域处于小米无法触及的高地。还有苹果、亚马逊、谷歌也启动了物联网计划,小米物联网与这些巨头的竞争必将全面展开。截至 2019 年上半年,小米凭借消费门槛极低的产品获得了先发数量优势,手机和个人计算机之外的物联网设备超过 1.71 亿个,居全球第一。小米正在全力投入以"小爱"为代表的人工智能技术,以巩固家居物联网终端的领先地位,强化产品网络效应和技术网络效应。

先进的智能技术只是竞争的一个维度,小米未来的商业模式迭代将是更具决定性的维度。小米的未来取决于能否走出类平台模式的局限,升级为完全意义上的"产业赋能平台"商业物种。若能实现技术和模式的同时迭代,小米将可以做到新技术赋能到其生态圈的无数个产品之中,打破一切品类边界,真正实现"AI 赋能,万物互联"。

毫无疑问，这是一个充满想象力的未来，也是充满惊涛骇浪和暗流旋涡的未知之地，是年轻无畏的小米需要全力以赴的下一个主战场。

本章小结

随着竞争越来越激烈，在业务外包和企业联盟模式的熏陶下，产业端的平台化整合思维逐渐成形，借助企业信息化浪潮的推动，一种更加开放的巨型商业物种——产业平台诞生。它成为产业互联网时代的先锋，也是全新的超级物种。

相较于上一代霸主管道型解决方案，产业平台有几大核心特征。首先是供给端的开放赋能，将自身的专业化能力开放给外部参与者。其次是跨品类的方案边界，完全突破了管道式解决方案的大品类范围限制。最后是借助产业互联网技术，在顾客价值方面更加聚焦，更加追求极致化。

产业平台采用深度授权的参股事业部型组织，也叫类平台组织。在组织结构方面，类平台主干部分更加扁平与敏捷，与外部合作则更开放与动态，并且对外部伙伴有强大的向心力。在治理和激励方面，则基于平台侧重横向协调，对各事业部高度分权和深度授权，并采取共创共享的高能激励机制。类平台的企业文化是创业型和极致的专业主义精神。

产业平台对领导者的要求非常全面，首先要以极致思维作为基础，具备卓越的跨产业机遇的洞察能力，这项能力要求有极高的专业素养。其次要有构建使命型战略的能力，提出激动人心且关切长远价值的开放主张，凝聚内外部的参与者。最后还要有超强的内外部组织能力，包括招揽精英的魅力、开放共创的胸怀和培养未来领导者的先见。

产业平台能够实现指数级增长离不开适宜的土壤。外部环境包括技术迭代下需求越来越理性化、集成化和极致化，市场在呼唤更极致的解决方案；竞争残酷，产业洗牌，分化出强大的产业基础设施平台和极致的专业创业力量；而企业间信息系统和产业互联网技术的升级，使平台式的合作成为现实。

在这波浪潮之下，只有极少数企业能够成功搭建产业平台，第一在于精准且兼容性极强的价值定位，获取顾客和数量枢纽地位；第二在于核心产品的竞争力，包括切入期的颠覆性、发展期的迭代力和成熟期创造新曲线的能力；第三是产业链的协同能力，包括供给端协同、创新协同和体验协同。

产业平台是三维物种，其竞争优势来源为"规模×范围×部分网络"。与以往物种的不同之处在于，产业平台的规模经济是从终端拉动，上溯至制造研发和采购的分摊；其范围经济更是突破以往物种的业务范围边界，达到极广；而其基于产品互补形成的供给端网络效应则会让顾客更加依赖。

产业平台虽然优势众多，但鉴于其还不是真正的平台，所以生存与发展也面临多重威胁。首先是价值定位的挑战，随着消费升级和行业更迭，原有价值定位可能变得狭窄，需要调整；其次是核心产品不强，导致平台底盘不稳，大量流失顾客；再次，可能遭遇更强物种的降维打击，例如互联网平台企业；最后还会有解体隐患，例如羽翼渐丰的合作伙伴随时可能单飞。

面对重重挑战，产业平台的突围路径有三条。第一条是通过迭代，强化平台的核心产业能力和组织能力；第二条是对外寻求巨头企业或平台作为战略级联盟，相互扶持加强竞争力；第三条是向更高维度的商业物种进化，成为产销合一的智能定制平台。

第六章

渠道为王时代的三维立体物种

——线下交易平台和它们受限的网络效应

缘起：中国的平台化商业模式如何主导零售业

改革开放之后，按指标生产、凭票购买的计划配给制逐渐终结，社会主义市场经济体制建立并发展起来，遏制经济自由活力的制度枷锁不断被打碎，中国市场的供需两端都发生了巨变。一方面，供给端由物资匮乏转变为生产过剩；另一方面，需求端在拥有绝对自主选择权的同时因信息不对称而易被诱导消费。在这样的宏观大背景下，作为连接供需两端的线下交易平台，因其肩负着为供给端提供直接触及消费者的宝贵渠道，并能够在消费者最终做出购买选择时发挥重要作用而不断发展壮大，且在20世纪90年代以及21世纪初期成为中国零售业的主导者。

具体分析，传统线下交易平台能够主导零售业的原因有以下三个。

第一，稀缺的资源（地段）永远是昂贵的。 跑马圈地是传统线下交易平台之间相互竞争的主要手段之一。除稀缺的商业核心地段需要争夺以外，规模较小的区域性市场因只能养活一两家平台化商业，也非常考验企业的"手速"。抢占的稀缺地段数量越多，线下交易平台的话语权就越强，对零售业的掌控力也就越强。

第二，制造商品牌越弱势越依赖渠道平台。中国制造业的大繁荣并没有孕育出一批强势的国民品牌，消费者在选购商品时存在明显的偏爱"洋品牌"的倾向。在这种情况下，国内企业，尤其是数量众多的广大民营企业，往往会借助强势的渠道平台品牌来增强自身对终端消费者的吸引力，以达到对抗知名国外品牌的目的。

第三，前互联网时代的消费者因深受地理时空的局限而易被渠道平台诱导消费。在平台化商业模式主导零售业的同时，中国经济也在经历一种高度营销驱动的魔幻现实主义的历程，凭借砸钱成为央视的"标王"就可以带来巨额的营收，另外诸如脑白金、背背佳、鸿茅药酒等一类通过洗脑式营销来抢占消费者心智的商品也大行其道，消费者易被诱导消费的倾向可见一斑。正是处于这种社会氛围之中，渠道平台凭借其地理优势，可以轻易地通过门店区域规划、货品摆放、精准营销等方式引导消费者购买其有意推荐的制造商品牌，由此可知渠道平台对制造商品牌的影响力不只限于占有稀缺地段，其对零售业的掌控力也远超普通的"地主"。

线下交易平台的模式内涵和组织形态

线下交易平台的模式内涵

传统线下交易平台是由原始集市进化而来的，是专注于经营实体交易场所的专业化平台，其商业形态的具体模式内涵如下：以房地产投资和物业管理为基础，为供需双方提供线下面对面交易的场所，并同时输出一揽子辅助性服务（见图6.1）。典型案例有垂直型连锁卖场（红星美凯龙）、综合型购物中心（太古里）等。

- 以房地产投资和物业管理为基础
- 为供需双方提供线下面对面交易的场所
- 输出一揽子辅助性服务

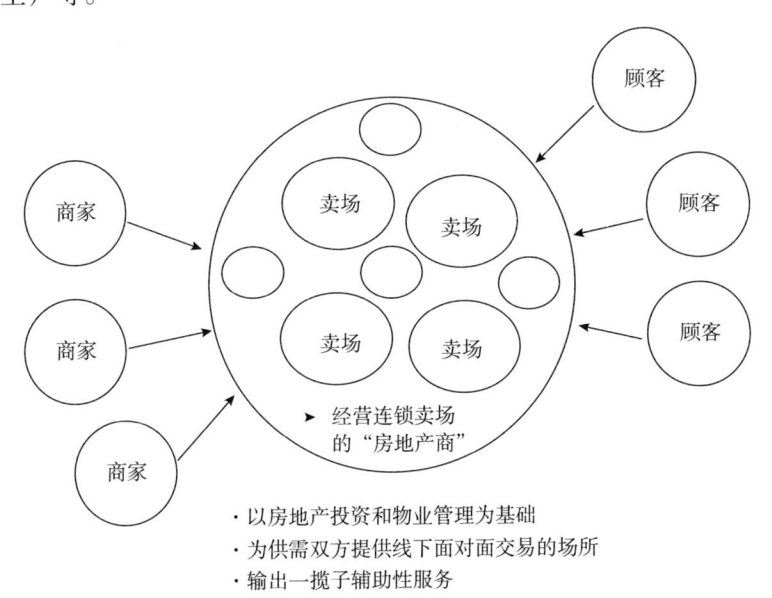

图6.1 传统线下交易平台模式的框架

正如线上存在综合电商平台和垂直电商平台两类一样，传统线下交易平台也可以是否深耕某一特定细分行业为标准划分为两种类型：综合型线下交易平台（如购物中心）、垂直型线下交易平台（如家居连锁卖场）。

两类传统线下交易平台在品类数量、流量利用、竞争焦点方面存在差异。

1. 品类数量方面

综合型线下交易平台无所不包，品类开放多元，提供吃喝玩乐一站式购物体验；垂直型线下交易平台高度聚焦，品类集中单一，提供某类特定商品的一站式购物体验。

以综合型线下交易平台的典型代表购物中心为例，往往集休闲、娱乐、购物、运动、文化甚至医疗于一体，为消费者提供全方位立体化的购物体验。

与之相对应的垂直型线下交易平台就略显"单调"、"乏味"和"功能不健全"，例如家居连锁卖场往往只提供家居产品的买卖服务。

2. 流量利用方面

综合型线下交易平台所囊括的不同品类之间可以交叉共享、高效利用流量；垂直型线下交易平台所吸引的流量以目的性消费为主，难以高效利用。

出于看电影、吃饭或仅仅消磨时间等目的，人们前往购物中心消费，在整段身处购物中心的时间里，难免不会因商家诱导、自身冲动等原因消费远超预期的商品及服务。例如，在聚餐完毕、随处逛逛的过程中会"巧遇"喜欢的衣服，如果这件衣服恰好还在大甩卖，那么将其收入囊中便是顺理成章的事情。能够低价买到喜欢的衣服，心情大好，此时又恰巧走到电玩城门口，

"春风得意马蹄疾"、"一不小心"就会走进去又消费一回……所以，只要人类尚未进化到绝对理性的状态，综合型线下交易平台总会有办法提升流量的利用效率。

反观垂直型线下交易平台，经营的往往是低频高价的商品，吸引的也都是"无事不登三宝殿"型的消费者，既不注重多元化品类的设置，也无法激发大规模高频次的关联性消费，流量的利用效率完全无法与购物中心同日而语。

3. 竞争焦点方面

综合型线下交易平台成败的关键在于区位是否优越及运营是否高效；垂直型线下交易平台成败的关键在于区位是否优越、运营是否高效及品牌是否具有足够强的影响力。

对于综合型线下交易平台来说，优势区位的重要性再强调也不为过。爱迪生曾经说过："天才就是1%的灵感加上99%的汗水，但那1%的灵感是最重要的，甚至比那99%的汗水都要重要。"优势区位就是决定综合型线下交易平台成败与否的"灵感"，没有优势区位，再高超的招商技巧和运营手段都难以发挥作用。想象一下，如果一家购物中心开在了人烟稀少的城郊，有多少人愿意驱车一两个小时前往呢？从实际数据来看，优势区位的重要性也不言自明。根据百度地图所发布的《中国城市研究报告》可知，在购物中心扎堆分布的北上广深一线城市，即便是辐射半径最大的购物中心也不过十几千米，其中，北京客流辐射半径最大商圈为王府井商圈，客流辐射半径为13.5千米；上海客流辐射半径最大商圈为南京东路商圈，客流辐射半径为11.5千米；广州客流辐射半径最大商圈为天河路商圈，客流辐射半径为7.8千米；深圳客流辐射半径最大商圈为南油商圈，客流辐射半径为7.5

千米。另外，数据玩家曾经利用手机信令数据分析过上海主要商圈的客流来源，最终发现：各大商圈的客流基本符合就近原则，即附近居民来此消费的最多；离开商圈的距离越远，人数越少。

但是，仅抢占优势区位是不够的，没有后续的高效运营，综合型线下交易平台无法实现可持续发展，尤其是在流量稀缺日渐常态化的今天。高效运营就是帮助综合型线下交易平台将优势区位的价值发挥到极致所应该付出的那"99%的汗水"。随着城镇化减速，市场步入存量博弈，购物中心依靠市场自然增长轻松快速发展的黄金岁月已经成为过去。一般来说，购物中心的流量来自两个方面：一是主力商户（如超市、影院、快时尚、细分品类头部商户等）自带流量，二是购物中心自策划流量。在流量井喷的年代，依靠主力商户自带的流量就已经足够了。如果主力商户引流能力下降，购物中心还可以通过调整商户结构来提增流量。但是，从2019年开始，连喜茶一类的网红品牌都已经开始不再排队，依靠商户带动流量已经不太现实。至于自策划流量，由于购物中心往往只负责引流而不管转化，所以存在转化率低的问题。除此之外，消费者在购物中心停留的时间呈持续下滑趋势，2018年已经少于70分钟。所以，综合型线下交易平台现在以及未来竞争的焦点之一就是运营能否精细化、高效化。

对于垂直型线下交易平台来说，优势区位和高效运营也同样非常重要，但是与综合型线下交易平台略有不同。区位是否优越事关综合型线下交易平台的生死，但是对于垂直型线下交易平台的影响要有限得多。这是因为垂直型线下交易平台经营的是低频高价的商品，即便抢占到商业核心地段，吸引的也始终是目的性消费人群，即无相关需求者会对其"视而不见"，这样一来其为抢占优越区位而付出高地价的行为就显得很不合理。另外，垂直型线下交易平台也可以通过高效运营和强大的品牌影响力来增强自己所在区位的优势。因为需要为自己所购买的商品付出较为高昂的价格，目的性消费人群显然不会介意驱车前往区位并不优越但口碑爆棚的垂直型线下交易平台。当然，完全无视区位的重要性也是不合理的。在两家不分伯仲的垂直型线下交易平台之间，交通便利与否以及距离远近将成为消费者进行选择的重要考量因素。例如，如果想要购买家具，选择红星美凯龙还是居然之家，往往取决于哪个家居卖场距离更近和交通更便利。但是，如果红星美凯龙口碑更好并且能够提供更好的服务，那么即便居然之家的区位更为优越，消费者也会更倾向于选择红星美凯龙而非居然之家。

线下平台商业的组织形态

传统线下交易平台的组织形态具有明显的平台化、矩阵式的特点（见图6.2）。

1. 领导者角色：重整合轻自有、乐于规划并传播愿景、热衷于投资地产和政府公关的资源整合型领袖

重整合轻自有。"海纳百川，有容乃大"，以更包容、更开放、更高远的战略视角审视整个行业，寻找自己能够操盘的且具有行业重要性的环节进行投资经营，乐于整合现有优质资源而非打造封闭的商业帝国。比如车建新就乐于通过与第三方物业主合作的委管模式来快速扩张红星美凯龙的地盘。

乐于规划并传播愿景。以规模取胜的线下交易平台背后是一

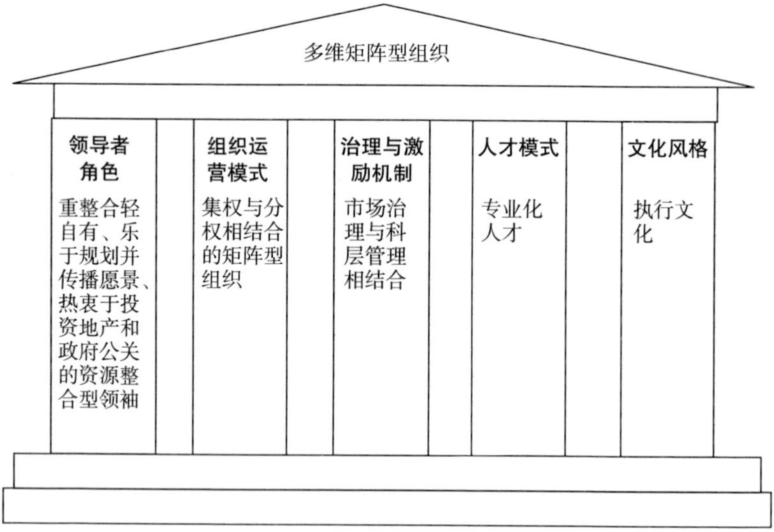

```
                 多维矩阵型组织

┌────────┬────────┬────────┬────────┬────────┐
│领导者  │组织运  │治理与激│人才模式│文化风格│
│角色    │营模式  │励机制  │        │        │
│        │        │        │专业化  │执行文  │
│重整合轻│集权与分│市场治  │人才    │化      │
│自有、乐│权相结合│理与科  │        │        │
│于规划并│的矩阵型│层管理  │        │        │
│传播愿景│组织    │相结合  │        │        │
│、热衷于│        │        │        │        │
│投资地产│        │        │        │        │
│和政府公│        │        │        │        │
│关的资源│        │        │        │        │
│整合型领│        │        │        │        │
│袖      │        │        │        │        │
└────────┴────────┴────────┴────────┴────────┘
```

图 6.2　平台化矩阵型组织的思维导图

个志存高远且善于用愿景感召团队不断前进的领导者。居然之家创始人汪林朋在 2016 年的战略发布会上描绘了居然之家的 5 年和 10 年愿景：2022 年之前，开店数量超过 600 家，年销售额超过 1 000 亿元，成为中国家居行业第一品牌、新家居新零售的标杆；2028 年之前，开店数量超过 1 200 家，年销售额超过 2 000 亿元，在成为中国消费行业知名品牌的同时，走出国门，成为世界知名商业品牌。

热衷于投资地产和政府公关。能否率先占据好的地理位置，在很多时候能够决定线下交易平台的命运，所以传统线下交易平台的领导者往往具有极强的政府公关能力，以便拿到好的地段。

2. 组织运营模式：集权与分权相结合的矩阵型组织

集权与分权结合。企业层面的战略布局由集团管理层集中把控，各卖场或购物中心的具体管理由卖场或购物中心的总经理负责。红星美凯龙原有的组织架构共有四级，从集团本部到大区，到小区，再到门店，其中集团本部总管企业战略，其他各层逐级分权。

矩阵式架构。日常营运部门和开拓新店的发展部门并行，采取矩阵式管理模式。红星美凯龙过去采取的就是营运和发展平行并存的矩阵式架构，近期为提高营运效率和进行互联网转型，把开新店的发展部门和日常管理的营运部门合二为一。

3. 治理与激励机制：市场治理与科层管理相结合

既利用市场机制，又利用科层管理手段来协调企业内部的运转。在向全国快速扩张的道路上，居然之家强调严苛的军事化管理，通过高度标准化的管理流程治理公司，同时建立长期激励机制。公司于2021年发起股份回购计划，投入2.5亿～5亿元自有资金来回购社会公众股份，用于员工持股计划和股权激励。

4. 人才模式：专业化人才

偏向于培养和储备专业度和忠诚度俱佳的人才。在团队、人才的培养机制上，居然之家有着一套完善的体系。过去的20余年，居然之家以培训大学生为重要战略，其间人才辈出，众多70后、80后早已能够独挑大梁，创造了一次又一次的"居然速度"和商业奇迹。每一个居然之家的管理干部都是其人才培养机制的一个缩影，从基层做起，历经多个领域，再到提升到某一个门店的中层主管，进入集团经营管理部，熟悉全国招商业务和各店经营管理业务之后派往店面担任副经理、总经理职务。这一套"基层－总部－基层"的人才培养模式，让每一位管理者既有了处理具体问题的能力，又有了把握全局的眼光，最终成长为"封疆大吏"。

5. 文化风格：执行文化

通过各种制度机制来保障战略落地执行。万达拥有极强的执行力，除基本的制度文化保障以外，万达还充分发挥了科技的力量。办公系统高度自动化，所有工程进度由探头来控制，并且已经实现了手机移动办公。强调计划，有专门的计划部，哪一个部门该做什么，在总部计划到周，在公司计划到天。购物中心管理智能化、云端化，消防、水电、安全等各管理模块都集成在一个大屏幕上，减少了人为犯错的概率。

三维物种的王权从何而来

传统线下交易平台能够在经济社会发展的某段时期称霸，既是顺应历史发展大势的结果，也有企业充分发挥主观能动性的功劳。

随着改革开放的不断深化，中国经济快速发展，物资匮乏状态迅速终结，产品同质化竞争日趋白热化，只专注于研发生产不仅无法帮助企业在激烈的市场竞争中取胜，而且渐渐威胁到企业的生存发展。"把产品卖出去"成为企业更为关心的问题，渠道的重要性不断提升，经济社会进入"渠道为王"时期。此时，谁能掌控渠道，谁就是王者。传统线下交易平台因具有多品类的规模经济、有边界的范围经济、受约束的网络效应等优势，实现了对渠道的垄断性掌控。

多品类的规模经济

规模经济，是指通过扩大生产规模而引起经济效益增加的现象。传统线下交易平台通过全国性或区域性的连锁商场布点实现广泛的市场覆盖，最终形成多品类大规模基础上的规模经济。

与依附并利用传统线下交易平台相比，制造商自建渠道是不经济的，既难以拥有专业化传统线下交易平台的规模和体量，也难以通过仅销售自己或少数盟友的产品来提升自有渠道的利用率，所以无法激发与专业化传统线下交易平台相媲美的规模经济效应，并难以实现"成本下降，效率提升"的最终目的。1999年，双汇尝试以自建直营店和特许加盟等方式自建渠道，宣称要在5~10年建立2 000家门店，但是直到今天也才完成了目标数量的1/10，可见其自建渠道的尝试并不成功。另外，海尔前后矛盾的举动也很值得玩味。国美创业初期，海尔坚决不肯进国美的卖场，并且执着地自建专营店。但是，现在海尔不仅进入了国美的卖场，还与其他家电连锁卖场展开了全面的合作。总之，制造商确实有实力去自建线下渠道，但是仅售卖自己产品的线下渠道的利用效率必然不及囊括丰富产品的连锁交易平台，另外在成本方面也未必存在优势，所以，与其自建渠道，制造商往往选择与传统线下交易平台结盟。

有边界的范围经济

范围经济，是指经济组织通过扩大经营范围，增加产品种类，提供两种或两种以上产品而引起的单位成本降低和效益提升。传统线下交易平台通过集中众多品类的商品，使品牌商的营销、管理、物流等单位成本降低，并同时减少消费者的搜寻成本、谈判成本以及降低信息不对称给消费者带来的高价低质的风险，从而使买卖双方的效益都得到了提升。但是，由于传统线下交易平台能够聚集的产品品类是有限的，所以它能够实现的范围经济也是有边界的。

对于消费者来说，一站式购齐的消费模式相对于单品类逐一购买更加节省时间和精力，所以消费者倾向于前往能够提供多元化、一站式购物服务的传统线下交易平台。品类有限的制造商自建渠道往往就容易遭遇人流量不足的严重问题。"洗护霸主"蓝月亮曾经因与大卖场谈判破裂，走上了疯狂自建渠道的道路，推出了线上线下相结合的月亮小屋。在线上部分，蓝月亮创立了一个微信公众号，顾客可以通过微信公众号下单，清洁顾问会立刻送货上门，并顺带提供一系列的服务；在线下部分，蓝月亮在社区建立集销售、配送和服务于一体的专业门店，负责销售和商品展示。然而，对于消费者来说，商超卖场依然是购买日化类产品的主流渠道，最终，蓝月亮因社区门店业绩惨淡，承认自建渠道失败，随后重回商超系统。

受约束的网络效应

网络效应，是指产品价值随购买这种产品及其兼容产品的消费者的数量增加而增加。传统线下交易平台所具有的网络效应，是指入驻的商户越多则传统线下交易平台的价值越大。这是因为更多的商户能够提供更多的选择，从而吸引更多的消费者，更多的消费者又会进一步吸引更多的商户入驻，从而形成彼此强化的正向循环。但是，传统线下交易平台会受到时空的限制，既无法无限制地吸纳店铺，也无法无条件地吸引人流，所以它所具有的网络效应是受约束的。

即便不存在传统线下交易平台，店铺也往往喜欢扎堆在人流量较大的商业中心地段（例如肯德基和麦当劳），或者经营同类及相关商品的店铺通过扎堆分布来人为造就流量高地。例如，服装店往往会扎堆分布以便为消费者提供更多的选择。这是因为如果只有一家服装店，消费者一般是不会为了试穿一家店的服装而特意驱车前往的，但是如果有一整条街的服装店，那么消费者就会乐意光顾，因为他们知道在那里一定可以买到喜欢的衣服。在第一种情况中，购物中心一类的综合型线下交易平台往往会买断这一商业中心地段，而店铺的最佳选择就是入驻而非更换到另一处人流量较少的地段，越多的店铺选择入驻则会进一步推高该地段的人气。在第二种情况中，与同类店铺自发集聚形成商业街的模式相比，连锁卖场一类的垂直型线下交易平台创造人流量高地的能力更强，它们可以通过招商、品牌宣传、一条龙式的销售服务等种种举措来吸引消费者，此时更多的店铺就会选择搬迁至连锁卖场而非自发集聚，这会进一步促使旧商业街走向萧条并同时增强连锁卖场对买卖双方的吸引力。

困局：陆地"恐龙"的生存困境

传统线下交易平台所面临的困境可以概括为时代更迭背景下

的转型无力症。

时代更迭，霸业难继

唯一不变的是变化。随着经济的发展、技术的进步以及内外部环境中各因素的变化，商品交换的形式不断更新迭代，从只有线下交易到线上交易蓬勃发展，再到线上线下相融合的立体化交易模式崛起，经济社会所需要的交易平台也在不断升级，最终形成了连锁卖场、购物中心、商超、电商平台、微信电商平台等众多交易平台并存的格局。在这个从产品过剩到交易渠道过剩的进化过程中，传统线下交易平台的霸主地位被彻底动摇，在时代更迭的裂缝中艰难求生。

中国的经济发展是一部加速的历史。在改革开放初期短短十几年的时间里，从物资匮乏的产品为王阶段迅速进入线下渠道为王时期，随后20世纪90年代末互联网电商平台强势崛起。互联网电商作为虚拟空间中的专业化交易平台，因其突破时空、囊括无限的强大市场覆盖能力，对传统线下交易平台产生了巨大的冲击。人们都说淘宝是"万能的淘宝"，即几乎任何需求都可以从淘宝平台上得到满足，比如有人为了给家养植物除蚜虫，从淘宝上花40元购买了20只七星瓢虫。与之相比，即便是囊括商品品类最为齐全的购物中心也无法做到如淘宝一般无所不包。

然而，传统线下交易渠道并没有在互联网电商的冲击下彻底走向消亡，反而与其竞争对手相互配合形成了一种线上线下相结合的零售业态。这是因为只要VR、AR、MR（混合现实）等技术没有发展到可以构建一个以假乱真的"现实"空间，线下渠道就永远有其存在的价值。那么，何谓以假乱真的"现实"空间呢？2018年年初大火的科幻电影《头号玩家》就描绘了一个以假乱真的"现实"空间。2045年，现实世界处于混乱和崩溃的边缘，人们沉迷于虚拟游戏空间"绿洲"，只要戴上VR设备（从VR眼镜到全身体感套装），就可以进入与现实形成强烈反差的虚拟世界。在这个世界中，有繁华的都市，形象各异、光彩照人的玩家。就算你在现实中是一个挣扎在社会边缘的失败者，在"绿洲"里也依然可以成为超级英雄，再遥远的梦想都变得触手可及。因此，很多人除了吃饭、睡觉、上厕所等必须在现实世界中完成的事情，几乎全天候地生活在"绿洲"之中。科幻故事毕竟有其夸张的成分，但是不禁引人深思：如果互联网平台能够借助虚拟现实技术的力量带给人们沉浸式的购物体验，那么是否还有去实体店观摩、触摸商品的必要呢？

另外，线下渠道并不等同于传统线下交易平台。当前，线下消费场景多元化的趋势越发明显，比如各种社区店、写字楼店、独立大店等，甚至还出现了以社区团购为特色的设在居民家中的"门店"。所以，人们即便需要消费体验，也未必会选择前往传统线下交易平台。换个角度来看，即便人们有意前往传统线下交易平台，它也未必能够及时地在当地布点。有家居行业内人士曾列出一个数字：全国2 800多个县级市中，有1 500个具备开办现代家居商场的条件。那么，剩下的1 300个县级市的市民即便想去家居连锁卖场，想必也是无处可去。所以，虽然线下渠道的价值仍然值得重视，但是传统线下交易平台的处境却日渐尴尬。

随着用户取代渠道成为新的王者，传统线下交易平台的霸主岁月便宣告终结。另外，在崛起的线上平台和分散多元的线下渠道的双重夹击下，传统线下交易平台正在渐渐丧失对线下空间的掌控权。

有心求变，无力转型

黄金时代已经成为记忆，穷则思变是本能。但是，对于传统线下交易平台来说，改变却并非易事，一是因为强敌环伺，二是因为转型艰难。

在传统线下交易平台周围的强敌，既有试图走入线下的互联网巨头，也有频频以破坏性创新改造传统行业的创业型企业。

线上红利见顶，互联网巨头纷纷试水新零售，势必会挤压传统线下交易平台的生存空间，对传统线下交易平台进行降维打击。各种由互联网巨头开设、改造或赋能的实体店蓬勃发展，如天猫小店、京东便利店、网易严选、盒马鲜生、小米之家、携程旅游等。这些小店就像是线上平台的触手，极大地增强了线上平台吸收流量的能力。另外，通过线上平台交易的商品及服务的种类正在不断扩充，从传统的图书、日化用品类，到生鲜、农产品类，再到服务、体验类产品，线上可交易的品类正由高标准化商品向非标准化商品及服务延伸。如此一来，传统线下交易平台无论是在囊括的品类数量还是线上线下全渠道触及力上，都无法与互联网巨头正面竞争。

创业型企业没有历史包袱、灵活多变，易于通过快速试错进行破坏性创新，进而改造传统行业，并影响身处传统行业中的所有老玩家。例如，家居互联网平台艾佳生活通过提供从房子到家的服务截留了家居连锁卖场的流量。艾佳生活聚焦新楼盘,从源头留存客户,为其提供从硬装到软装的整体家居解决方案。在如此灵活多变、路数狂野的后辈面前,传统线下交易平台不仅理念落后,而且行动迟缓,越来越像砧板上的鱼肉。

前有劲敌后有追兵,传统线下交易平台腹背受敌。与竞争对手相比,传统线下交易平台并没有太多优势可言,在资源能力积累和整合方面不如现有的互联网巨头,在灵活应变方面又不及创业型企业。

另外,即便不考虑与竞争对手之间的博弈,传统线下交易平台要实现自身的转型重生也并非易事。

无论对于何种类型的企业而言,转型的过程都很艰难,其间需要跨过种种难关,诸如没方向,企业不会转;没动力,企业不想转;缺人才、缺技术、缺资金,企业不敢转。所以,转型对于任何企业来说,都是一项难度大、风险高、收益不确定的大工程。

除了普遍性的转型困难,传统线下交易平台还需要跨越一些特有的难关:首先,模糊不清的战略方向,专注线下还是线上线下同时发展,线下跑马圈地还是全面升级,线上自主拓展还是与互联网巨头结盟;其次,进退失据的组织模式,科层制微调还是扁平化重塑;再次,举棋难定的战略落地方式,资源能力外购还是自主培养,利益格局微调还是大刀阔斧式变动,战略规划变通执行追逐风口还是不改初心。

所以,从内外部两个角度来看,传统线下交易平台的转型之路都将会异常艰辛。

涅槃：线下交易平台的"救赎"

"月子弯弯照九州，几家欢乐几家愁"，当下这个大变之世，市场碎片化，竞争进入存量时代，买方强势崛起，多数企业都在不确定性的浪潮中愁云惨淡而非欢天喜地。相比之下，传统线下交易平台反而不是最惨的一批，毕竟购物中心仍然是线下的人气高地，而家居连锁卖场的商铺出租率也保持在九成以上。但是，有句话是这样说的——"要在阳光灿烂的日子里修屋顶"，更何况笼罩在传统线下交易平台头顶的云层已经越积越厚了。

传统线下交易平台要实现涅槃重生，仅仅依靠调整组织结构和领导者本身发愤图强是远远不够的，企业更需要从战略层面进行根本性的变革，真正实现自身商业模式的升级迭代。作为以提供商品及服务交换场所为主业的传统线下交易平台，它们与电商平台之间存在着直接的竞争关系，这就致使其无论怎样转型都不得不正视线上线下关系的处理及取舍。或者也可以这样表述，传统线下交易平台商业模式的重塑需要以线上线下关系的处理为轴心。

守擂线下，全员购物中心化？

线下是传统线下交易平台的大本营，也是其核心竞争优势所在。所以，传统线下交易平台往往选择不断强化这一优势，继续在线下空间开疆拓土。购物中心作为线下聚拢人气的利器，成为传统线下交易平台争相模仿的对象。

即便是现在，传统线下交易平台虽然受到渠道多元化趋势的冲击，但仍然是线下无可争议的王者。所以，对于线下渠道，传统线下交易平台往往倾向于选择以守为攻，不断强化其已有的优势。例如，红星美凯龙和居然之家仍然执着于跑马圈地。2018年全年，居然之家新增门店80家，红星美凯龙新增门店52家。

虽然传统线下交易平台仍然是线下空间的王者，但正在逐渐丧失对线下空间的控制。垂直型线下交易平台和综合型线下交易平台都面临着卖场流量持续下降的危机，但两者的处境存在本质的区别。综合型线下交易平台所面临的流量下降的困境，是非人力可以抵御的宏观大环境的变化所导致的。横向比较来看，综合型线下交易平台仍然是线下的人气高地，并且因其所提供的多维体验型零售业态而具有较强的与电商平台对抗的底气。反观垂直型线下交易平台，就没有这么幸运了，流量断崖式下降已经超出经济大环境所能够造成的影响。这是因为垂直型线下交易平台所经营的业态过于单一低频，无法自发形成体验型消费集群，聚拢人气的能力本身就极为有限。另外，电商平台开放相关品类之后直接对垂直型线下交易平台造成冲击，品牌商出于更高效地触达潜在目标消费人群的需要，主动搬迁至购物中心、写字楼、居民区，进一步削弱垂直型线下交易平台吸引人流的能力。考虑到危险的处境以及同为传统线下交易平台的购物中心强大的聚拢人气的能力和抗电商属性，垂直型线下交易平台也纷纷试水购物中心化转型。例如，居然之家正在从"大家居"转型为"大消费"，推出集餐饮、电影、儿童乐园、家居为一体的体验MALL（购物广场）。红星美凯龙虽然仍执着于"大家居"，但是也在积极尝试建设购物中心，希望能够复制"万达模式"，在2020年建设100个城市综合体。

然而，虽然购物中心确实是线下吸引人流的利器，但是垂直型线下交易平台的地理位置条件往往不及传统的购物中心，所以盲目地进行购物中心化改造未必能够从根本上改变其处境。另外，在购物中心都难逃流量稀缺危机的当下，建立以家居为主题的购物中心也不见得是一个好的选择。当然，如果周围没有大型购物中心，垂直型线下交易平台变身为购物中心也是可以聚拢人气的，只是未必能够吸引需要购买其主营产品的目标消费者。

守擂线下，需要因地制宜地考虑购物中心化的问题。

攻略线上，反抗还是结盟？

20 世纪 90 年代万维网创建后，人类快速进入互联网时代，21 世纪后个人计算机、智能终端先后普及，互联网已经从消费端向产业端加速渗透，逐渐成为商业基础设施，在未来，互联网将彻底融入经济社会，并成为其不可分割一部分。传统线下交易平台也需要认清这一点，并积极地寻求与线上空间的正确融合之道。

攻略线上空间存在两条途径，一是自行构建一个线上线下无所不包的立体化渠道网络，二是专注线下并同时与线上巨头结盟。

其中，第一条途径难度大且耗时长，可一旦成功就可以获得与互联网巨头同台竞赛的门票。红星美凯龙自 2012 年就开始尝试互联网转型，时至今日仍未见成功迹象。而美国传统线下零售巨头诺德斯特龙则在通过个性化深度服务巩固线下零售平台的同时，又通过自建线上平台加强顾客便利性，在亚马逊横扫美国传统零售业的巨浪之下，连续多年保持稳健增长。

第二条途径难度小且短期收益好，但是存在沦为互联网巨头附庸的风险。曾经一度号称"零售巨子"的老牌商超人人乐正在进行数字化转型，开展与互联网巨头的广泛合作，通过"拿来主义"博采众家之长。2017年下半年，人人乐与腾讯的微信支付、腾讯广告、微众银行和企业微信四大部门建立全面合作关系，与其他各个业务部门如腾讯云、优图 AI 和腾讯开发平台也开始全面对接。2018年年初，又开启与京东的合作，人人乐门店正式入驻京东到家。对于人人乐来说，与京东到家的合作，能借助京东线上流量、效率、大数据等先进运营手段，提升人人乐自身零售体系的效率和效益。2018年年中，人人乐在全国各门店和多点 DMALL 全面合作，仅用 25 天的时间就在全国 106 家门店上线了由多点自助购和多点自由购组成的智能购系统，又用不到一周的时间，在 76 家门店陆续上线了多点 O2O 业务。与多点 DMALL 的系统对接，使人人乐快速实现商品管理和会员数字化精准营销、支付快捷便利、门店运营流程标准化等环节的优化。人人乐 2018 年度的亏损额度已较同期大幅减少，由 5.38 亿元缩减为 3.55 亿元，而且其中超过 60% 的亏损是由公司自己投资青岛金王的股票所造成的。同样与互联网巨头结盟的大润发则已经完全投入阿里巴巴的怀抱，成为阿里巴巴大消费战略的一部分。

其实，对于熟悉陆地生活的传统线下交易平台来说，进攻线上的难度系数可想而知，无论选择哪一条途径都是九死一生，所以量力而行且随机应变才是上策。

在理顺线上线下关系的同时，传统线下交易平台也可以考虑增加自有品牌的比重、以整合的方式构建品牌生态联盟（类似于小米）、探索线下卖场形态多元化（如社区店、写字楼店、中央商务区迷你展示店等）、发展互联网化平台服务（如大数据营销、物流、金融等）。除此之外，传统线下交易平台也应该尝试实现内部组织形态的信息化、平台化、生态化升级，提升自身的运转效率，以应对不断变化的环境。

[变革案例]

诺德斯特龙构筑未来服装零售的全域能量场

宽敞的走廊、黑色的展示墙、有品位的搁物架、为顾客设立的高椅，还有标志性的钢琴现场演奏……120岁的诺德斯特龙（Nordstrom）竟还保持着如此年轻活力和时尚雅致的姿态。在如此艰难的2020年，整个时尚零售市场陷入低迷，但诺德斯特龙的销售额竟然达到了创纪录的151亿美元，其客户数量也增长了4%，在全美范围内达到了3 300万。诺德斯特龙超越了时间、空间和各种外力的干扰，登上了零售的王座。而它威力无边的能量来源于其百年铸造的几颗"无限宝石"，每一颗散发出来的能量都如此专注而强大。

力量宝石：征服人心的传奇服务

客户体验一：丽萨说："我从来不在除了诺德斯特龙以外的任何地方购买服饰。"因为在几年前，丽萨在诺德斯特龙试衣服时丢失了结婚戒指上的钻石,而诺德斯特龙的工作人员为了她把公司所有的吸尘器袋子划开检查。当钻石失而复得时,她的眼眶湿润了,从此她成为诺德斯特龙的终身客户。

这只是一个偶然个例?不!这样真实的传奇案例每天都在诺德斯特龙的任意门店随机上演。诺德斯特龙的服务员会热情地把客户在梅西百货买的商品包装起来,甚至连自己从不出售的商品也会给客户退款。联合创始人布鲁斯·诺德斯特龙说:"名声是很脆弱的事情,你必须日日夜夜、时时刻刻这样做,永无止境。"这句话蕴含了极强的自我约束,而这正是诺德斯特龙的力量源泉——为客户提供极致的服务。

回溯到 1901 年,其创始人约翰·诺德斯特龙用淘金所得的辛苦钱开起第一家鞋店,从那时起,诺德斯特龙便定下了"极致服务"的基因。当最初的诺德斯特龙以其广泛的鞋款选择和无可挑剔的服务而闻名后,慢慢扩展其商业版图到服装、饰品、箱包、珠宝、化妆品、家居用品等。如今,顾客还可以在诺德斯特龙的咖啡厅享用美容、擦鞋、咖啡和美食。不仅如此,诺德斯特龙在 2009 年开始接受海外订单,现今全世界已有 96 个国家可以从 Nordstrom.com 买到心仪的商品。就这样,诺德斯特龙的 379 家店面遍布美国 40 多个州,并远至波多黎各和加拿大。而做到这些,在诺德斯特龙不过只是服务的开始。

现实宝石:攀升云端的极致体验

客户体验二:繁华的富人区梅尔罗斯大道开了一家新店——Nordstrom Local。杰西新奇地走进了这家店,可店里没有一件商品。专业的个人造型师热情地接待了她，在愉悦的交谈中造型师给她推荐了一些非常适合她的服装搭配，并进行了网上预订。衣服马上就会送来，杰西可以在等待期间享用店里的红酒、饮料或者美甲服务。衣服送到后，店里有 1 间造型套间和 8 间更衣室，杰西可以随意试穿，如果不合身，现场也有驻店裁缝随时帮客人改衣服，如此服务让杰西无比惊叹。

为了把基础服务更近一步，诺德斯特龙推出社区体验"概念店"。店内没有库存，采用全程顾问销售模式，根据顾客的需求，为其介绍、推荐量身定做的配套产品，目前已经拓展了 7 个这样的本地服务中心。诺德斯特龙顾客体验高级副总裁表示："我们的目标是，将一些最受欢迎或最需要的服务带给我们的客户居住和工作的社区。"诺德斯特龙甚至把每家店的装饰和服务都根据附近社区顾客的需要和喜好进行了个性化的定制。至此，诺德斯特龙的服务场景已经不仅仅是商场购物，而是拓展到了休闲娱乐和生活，它们将作为社交和家庭活动的社区聚会场所。诺德斯特龙把引人注目的产品和卓越的服务结合起来，通过把实体店和数字业务无缝连接，用正确的产品在正确的地方和时间服务消费者。由此创造出无可挑剔的服务体验，赢得了客户的深度信任。

时间宝石：触摸未来的科技创新

客户体验三：凯蒂一大早就赶到了诺德斯特龙，为了试一试它新设的"魔镜"。原来，诺德斯特龙携手 eBay 推出了智能触摸屏试衣镜。她只需点击试衣间镜子上的触摸屏，选择尺码和颜色就可以下达指令，外面的店员便会把衣服送来。这块"魔镜"也会依照她的喜好推荐她可能感兴趣的其他衣服配饰。她把衣服上的条码对着"魔镜"扫一扫，还能看到其他顾客留下的相关评论。回家后，凯蒂迫不及待地在Instagram（照片墙）上向自己的朋友炫耀这个新奇的体验。

如何在互联网时代把实体店的优势发挥到极致？答案是，给服务插上"科技"的翅膀。诺德斯特龙完美地结合了消费者在家中浏览商品信息和客户在更衣间试衣服这两种环境，兼顾线上与线下消费的卓越购买历程，使自己从一个服饰百货公司转变成一个科技服务公司。2014—2018年，其在技术实施上投入12亿美元，以强化电子商务、物流中心和店内服务体验。所以，像智能试衣镜这样的新设备，只是诺德斯特龙智能服务的冰山一角。

诺德斯特龙还设立了特殊的设计工作室，让顾客可以在店内亲自设计自己的鞋子。他们可以在iPad上选择定制自己的鞋子式样和材料，设计制作完成的鞋子在四周内就可以直接送抵顾客家中。公司特意成立了独立的诺德斯特龙创新实验室，每周都会走进实体门店，在顾客和销售人群中测试各种应用和创意点子。长期以来，诺德斯特龙一直是实体零售商中公认的技术领导者，也是具有前瞻性的零售客户服务的先驱。

心灵宝石：击穿零售的个人优选

客户体验四：工作忙碌的詹姆斯没有时间购物，但是他加入了诺德斯特龙的"Trunk Club"。这里收纳了众多设计师品牌，他只花了十分钟和造型师沟通了一些关于生活方式、个性、时尚知识方面的问题，一年的衣服他就不用再操心了。造型师会按照他想要的季度频率持续向他寄送新的衣服，不喜欢的可以免费退回，直到他心满意足为止。

个人优选是终极零售能力的雏形。"Trunk Club"的诞生是为了服务"天性不喜欢购物，却想要穿得更得体一些"的男性，它通过 350 名造型顾问和旗下代理的上百个服饰品牌为这些顾客提供个性化的服饰搭配建议和定时送货上门试穿服务，在 2014 年被诺德斯特龙以 3.5 亿元的价格收购。这次收购将诺德斯特龙的客户服务和参与度提升到更高水平。诺德斯特龙把 Trunk Club 的服务集成到造型计划中，以升级自己的造型功能，更好地满足所有客户的需求。个人造型师在科技的力量下，能够更加高效地让每一位顾客轻松获得专业化的建议，同时个人化优选也很好地解决了传统零售业的痛点，比如巨大的库存压力、高昂的渠道成本、低频的顾客连接。

空间宝石：跨越虚实的全线布局

除了服务深度上的无所不能，在广度上诺德斯特龙也实现了无处不在。诺德斯特龙对于不同层级、不同购买习惯的客户提供了全覆盖式渠道体验。为了照顾那些在意价格的消费者，诺德斯特龙的 252 家商店中有 132 家为折扣店铺，叫诺德斯特龙 Rack 折扣店。折扣店是诺德斯特龙重要的现金来源，而其折扣店跟公司主营高端百货店只有 10%~20% 的客户重叠，不仅未影响主业，还拓展了更多消费群体。

在线上折扣渠道上，诺德斯特龙推出了会员制闪购网站 HauteLook，它就像盒子里的巧克力，你永远不知道下一颗是什么味道。在HauteLook上，折扣可低至两折，抢购时限通常为36~48个小时，疯狂地吸引着消费者抢购全世界顶级品牌的服装、珠宝、配饰以及美容产品。

线上的玩法不仅如此，在Instagram、脸书、拼趣（Pinterest）、优兔（YouTube）上，诺德斯特龙都有几百万的粉丝。它和这些平台上颇有影响力的网红合作，范围从刚崭露头角的时尚用户到业内一些最知名的时尚影响者。超级网红在Instagram上展示诺德斯特龙的服装，且下方设置了链接可以直接购买；顶流的优兔达人给诺德斯特龙制作专门用于销售的视频，大批的优质网红来了无数粉丝流量。这套新的炼金术，让诺德斯特龙通过各种折扣、网红、社交媒体等方式，打通了线上线下，并吸引来各个年龄阶段、价位层次的客户，其实力遍布整个营销网络，真正实现了"无处不在"。

五钻就位：能量中台已万事俱备

Foever21破产，梅西大量关店，单单诺德斯特龙屹立不倒。回过头来看，诺德斯特龙在这120年里从未呈现老态，一直与时俱进。从传统零售到现在的数字时尚零售商，诺德斯特龙持续探索最年轻态的全渠道服务，并用顶级的服务态度创造了自己专属的核心市场，成为向中产阶级及富裕阶层客户提供优质产品的首选。在这传奇的120年里，诺德斯特龙练就了它蕴藏奇特能量的五颗宝石。

力量宝石：生生不息的人力资产。它是诺德斯特龙强劲的脉搏，公司的员工手册由一张只有75个字的卡片组成，上面写着"使用您的最佳判断"。而这中间包含了很多不成文的规定，比如不要告诉顾客他需要的商品在哪儿，而是带着他去商品那里。或者商品打包后，走出柜台将商品交给顾客，而不是隔着柜台将商品递给顾客，等等。"把顾客当成上帝"已经深深地融入了诺德斯特龙的血液。诺德斯特龙在聘用员工时非常挑剔，为的就是找到那些"态度友善又有能力"的员工，确保他们可以给顾客提供最舒适的购物体验。

现实宝石：**积淀百年的品牌声誉和知识产权**。除了公司拥有的147个商标，还有长期忠诚服务客户所累积的极佳口碑。这是诺德斯特龙在商界立足的基石，在消费者心目中塑造出值得信赖的品牌形象。

时间宝石：**与时俱进的数字化运营架构**。诺德斯特龙凭借多维度密切接触消费者，收集到大量精准的客户数据。诺德斯特龙的多线电商业务从大数据上掌控了潮流风向和流行趋势，能从品牌、价位、风格、分类上对各个品牌做出更细致的筛选。更加深化的是，诺德斯特龙的社区服务和个人化定制服务直观地收集了一手数据，这更能精确了解客户本身的细节偏好，提供一对一的专业服务，实现个人优选。这些都让诺德斯特龙可以实时掌控消费者需求，牢牢把控住了商业变量。

心灵宝石：**同心协力的高质量的合作伙伴**。诺德斯特龙拥有与优质合作伙伴产生连接的能力。比如与它合作的各个品牌服装伙伴；供应商和供应商合作伙伴，包括工具资源技术服务等外包服务；战略和联盟合作伙伴，包括一系列在联合项目上进行的合作商。客户将有更广的商品和服务的选择范围，也能更加精准地满足客户所想，直击心灵所需。

空间宝石：跨越国界的虚实网点网络。诺德斯特龙遍地开花，现有118家诺德斯特龙品牌全线商店、197家低价诺德斯特龙Rack商店、5家Trunk Club会所、2家Jeffrey精品店和1家LastChance清仓店，还有HauteLook在线折扣零售商、Trunk Club在线个人造型师服务和服装俱乐部，以及多个移动应用程序。因此也让诺德斯特龙获得了在互联网、杂志、商店活动和其他媒体投放广告让营销无处不在的能力。至此，诺德斯特龙的中台能力已经显现，它有足够的能力去建立一个孵化品牌的平台，将各个品牌服饰，不论是高端品牌还是小众品牌，反向匹配推荐给合适的个人消费者，客户可以通过其"个人优选"享受到非常便捷优质的服务。诺德斯特龙的掌舵人曾这样描述过未来："未来模式与我们长期以来为客户服务的方式并无不同，即始终专注于我们的客户并根据他们的需要进行调整和响应。"确实，诺德斯特龙已经做到了与时俱进地调整策略，响应每一个阶段的消费者，但再向上思考，这几颗宝石的威力仅此而已吗？如果这个未来模式不仅可以超越时间、空间的限制，甚至可以自动调节，实时响应千人千面消费者的一对一需求，同时自主应对未来外界任何的变化，这将爆发出无可限量的核能。只有集齐六颗宝石才能激活"无限手套"，此时，诺德斯特龙已经炼成了五颗。只要获得最后一颗"灵魂宝石"，零售巨头的终极之战便能一触即发。

六钻归一：无尽能量场开启零售新纪元

或许我们能从中国零售巨头阿里巴巴这里得到些关于未来零

售模式的启发。2020年9月阿里巴巴突然宣布，秘密打造了3年的利器——"犀牛工厂"横空出世。"犀牛工厂"以服装业作为切入点，通过阿里巴巴平台上沉淀的消费行为，为淘宝、天猫商家提供时尚趋势预判；同时，借助阿里巴巴的数字化能力，对传统服装供应链进行柔性化改造，将行业平均1 000件起订、15天交付的流程，缩短为100件起订、7天交货，为中小企业提供小单量、多批次、高效、高品质的生产选择。传统的模式是，生产者先生产，消费者根据自身需求决定是否购买。而"犀牛工厂"则是消费者需要什么，生产者才生产什么。如果能把供给和需求逆向打通，中间的经销、营销环节都会被跨过，传统狭长的供应链变成逆向的扁平供应链，社会的供应关系也因此被摧毁重建。那时，不仅仅是服装业，整个零售的经济格局将迎来史诗级的巨变。透过阿里巴巴，我们或许可以洞察到诺德斯特龙未来的可能性，探寻最后那颗空缺的"灵魂宝石"——类似阿里巴巴犀牛工厂的"智慧工厂"。这背后不是一个工厂，而是一个工厂群，它们可以随时被整合来进行一场协同化的大生产。诺德斯特龙可以聚拢更多白牌工厂，把它们汇聚起来，当有订单时把同类产品聚合在一起，分配下单，既解决了产能过剩，又能把库存降到最低，各个厂商之间也避免了各自为营的同质化竞争。生产的有序性，将把未来推向"智能经济"，未来的每一件商品在被生产之前都会知道它的消费者是谁。同时，利用自身品牌资本的能力收揽大量小众品牌设计师，客户不需要担心会和别人撞衫，也不需要在一大堆同质化的产品中委曲求全，每个人都可以完全根据自己的喜好反向定制。把"个人优选"的能力极致升级，诺德斯特龙便可以做到精准的"个人定制"。

这六颗宝石被集齐后，将它们一颗一颗地镶嵌在反向定制智能平台的"无限手套"上，整个能量场域将被全部激活。诺德斯特龙依靠强大的资本能力整合各种白牌工厂，塑造工厂群；邀请大批小众品牌入驻，收揽一批设计师，形成小批量、反应速度极快的柔性供应链；利用自身数据优势，精准收集分析每个客户的喜好和购物习惯，优先模拟顾客需求，筛选出基于客户喜好下各种服饰风格搭配，再通过全渠道的营销方式无处不在地呈现在消费者面前；不同需求的客户实时享用到专业个人造型师经手过的各种搭配，采用各种科技的手段随时试衣购买，季度性地根据自身的需求预定想要的个人定制搭配；最后再加上诺德斯特龙的品牌效应和其优质员工们的顶级服务，培养出诺德斯特龙可持续的终身忠诚客户。未来，在这个基于无数深度体验数据的平台上，顾客可以通过科技虚拟或者真实触感的方式随意穿梭在各个商品、品牌之间，实现多样且高效的交叉购物体验。而商家比顾客还要清楚他需要什么，定制化地为他们提供顶级的客户服务。比起阿里巴巴，诺德斯特龙对服装业的积淀更加沉厚，客户数据也更加细腻，或许建造这个平台会更有优势。整合并开放出诺德斯特龙自身的电商平台，搭配推荐平台、物流平台、供应商平台，将这些资源互通共享，再利用"智慧工厂"把整个平台彻底激活。至此，诺德斯特龙、消费者、品牌商、工厂、达人网红、设计师，实现了极度高效的对接匹配。模式从"生产者－经销商－消费者"逆转成"消费者－设计者－生产者"。所有的零售生产变成了一场有计划的生产，带领未来进入了"智能经济"，在这里生产商之间比拼的再也不是价格，而是谁先能对接到消费者的需求并且完成消费者需求的精准匹配。

前 100 年，诺德斯特龙已经集齐了五颗威力无穷的无限宝石。下一个 100 年，诺德斯特龙若能打造出最后这颗"智慧工厂"的灵魂宝石，铸炼出一个智慧平台去激活这六种能力，便可源源不断地供养出强大的能量波。无尽的小众品牌、无限的定制设计，将如蚂蚁雄兵一般蚕食现有的大型市场格局，从而完成整个服装业的改革，颠覆零售业走向终局。让我们畅想一下终局之战的那一天：六颗宝石在电光间被同时激活，指尖聚涌出威力无穷的能量，在打出响指的那一瞬，零售的新纪元由此展开……

本章小结

在互联网平台普及以前，线下平台主宰着零售业，决定了品牌商和消费者的选择。

线下交易平台从传统集市进化而来，它以商业地产和物业管理为内核，为供需双方提供线下面对面交易的场所和辅助服务。

线下交易平台包括两类，综合型线下交易平台，其品类开放，提供吃喝玩乐学等一站式购物；而垂直型交易平台则较为聚焦，仅提供某类特定品类商品的购物服务。

综合型线下交易平台的流量可以交叉使用，而垂直型线下交易平台所吸引的流量以目的性消费为主，两种平台的成功关键都在于区位选择是否优越、运营是否高效，以及入驻品牌的影响力。

线下交易平台的组织通常采用集权和分权相结合的矩阵型架构，集团管理层掌管战略层面的投资布局，各卖场的具体运营管理则授权给当地总经理。在治理与激励机制方面，则用市场激励机制来辅助科层制管理，以增加企业的活力，对专业化的执行人才较为偏好。

线下交易平台的领导者需要擅长整合优质资源，开放给伙伴使用，而非自己独占。还需善于规划和传播愿景，带领团队不断前进。最重要的则是善于投资地产和政府公关，这决定了线下交易平台的拿地能力。

线下交易平台也是三维物种，其竞争优势也有"规模×范围×网络"三重来源。特殊之处在于，它的规模优势来自参与者叠加，众多品牌商的入驻撑起了更大的规模，摊薄了交易成本。它的范围经济是有边界的，决胜于品类丰富但受限于有限空间。它的网络效应也是受限的，受到场地空间和营业时间的限制，不能无限制地吸纳商家和客流。

互联网诞生并普及后，线下交易平台"独霸"的时代就已经结束，其生存发展受到极大威胁。其固有的三大竞争优势来源在互联网平台面前不堪一击，因为后者的这三重优势几乎是无限的。线下交易平台还受到其他零售业态的冲击，新业态小店借助数字化技术，对线下平台形成合围之势。

线下交易平台如何应对挑战，道路有两条：其一是坚守线下，扩充品类，优化体验，增加客流，例如从垂直平台向综合型的购物中心扩展；其二则是向线上扩张，或自建线上平台，或与线上平台结盟，在激烈竞争的数字化时代火中取栗。

第七章

数字互联时代的立体物种进化
——数字化交易平台的指数级增长神话

解析线上交易平台模式

基于数字化技术,线上交易平台能够为供求两端提供实时交互的虚拟交易场所,帮助供求两端实现更为高效的匹配。

线上交易平台模式的定义

线上交易平台的定义为,在数字化技术的支撑下,为多样化供方和多样化需方提供一个不受时空限制的即时互动的虚拟交易场所。典型案例有综合型电商平台(淘宝、拼多多、京东等)、垂直型电商平台〔酒仙网(酒)、本来生活(生鲜)、wayfair(家居用品)〕等(见图7.1)。

```
        ┌─────────────────────┐
        │      交易平台        │
        └─────────────────────┘
   ┌───────┐          ┌───────┐
   │ 供方  │ ◄──────► │ 需方  │
   └───────┘          └───────┘
   ┌───────┐          ┌───────┐
   │ 供方  │ ◄──────► │ 需方  │
   └───────┘          └───────┘
   ┌───────┐          ┌───────┐
   │ 供方  │ ◄──────► │ 需方  │
   └───────┘          └───────┘
```

· 以平台商为核心，为多样化供方和多样化需方提供即时互动的场所

平台商模式
交易平台模式

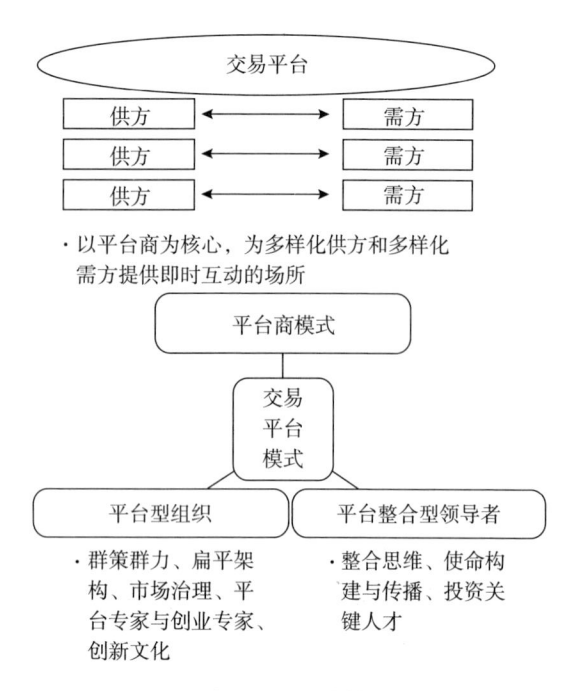

平台型组织	平台整合型领导者
· 群策群力、扁平架构、市场治理、平台专家与创业专家、创新文化	· 整合思维、使命构建与传播、投资关键人才

图 7.1　线上交易平台模式的框架

线上交易平台的组织模式特点

1. 决策模式：集体决策

体察用户需求并及时更新迭代的线上交易平台才不会丧失竞争力，所以线上交易平台模式的决策风格是鼓励群策群力。腾讯鼓励集体决策，除非是马化腾特别想要干预的事情，否则他都愿意让团队自行尝试。

2. 组织架构模式：扁平化组织

线上交易平台属于互联网企业，组织架构扁平化是其主要特点。阿里巴巴采用的就是"大中台、小前台"的组织架构。"中

台"的设置是为了提炼各个业务条线的共性需求，并将这些打造成组件化的资源包，然后以接口的形式提供给前台各业务部门使用，可以使产品在更新迭代、创新拓展的过程中研发更灵活、业务更敏捷，最大限度地减少"重复造轮子"的KPI项目。"前台"要做什么业务，需要什么资源，可以直接同公共服务部要。搜索、共享组件、数据技术等模块不需要每次去改动底层进行研发，而是在底层不变动的情况下，在更丰富灵活的"大中台"基础上获取支持，让"小前台"更加灵活敏捷。

3. **治理机制：推崇市场化竞赛治理**

市场化而非权威管控型的治理模式更能激发线上交易平台模式的活力及创新能力。腾讯为提高内部创新能力而建立了灰度机制——鼓励内部竞争试错。例如腾讯不同事业群推出的两个AI语音开放平台——云小微和叮当，都宣称是"智能服务开放平台"，都提供硬件接入服务，都可以为第三方提供语音技术能力与接入腾讯内容资源。

4. **人才模式：技术型人才和创业型人才并存**

线上交易平台的运转需要互联网技术的支撑，因此需要储备大量的相关专家人才。另外，平台市场端需要足够的灵活度以迅速捕捉市场环境的变化，所以充满创新活力及干劲的创业型人才也是线上交易平台模式所必需的。因此，线上交易平台的人才模式是平台专家型人才和创业专家型人才并存。

5. **文化风格：使命驱动**

共同的使命感是推动线上交易平台颠覆线下并重塑商业世界的重要动力。阿里巴巴的使命是"让天下没有难做的生意"，它借助数字化技术不断降低中小商家做生意的难度，并进而重塑了整个零售业态。

线上交易平台的领导者特征

线上交易平台的领导者往往具有如下特点。

1. 擅长整合资源

除坚持控制核心资源以外，线上交易平台的领导者擅长以整合的战略视角审视行业及企业自身的发展。阿里巴巴对于菜鸟物流的规划就充分说明了这一点，通过投资和技术积累"撬动这个行业，而不是占有"，赋能中小物流品牌而非直接参与市场竞争。

2. 热衷于构建和传播使命

链家和贝壳的创始人左晖是个有坚定信仰的人，秉持向善的价值观，喜欢做"难而正确的事"，面对房地产中介行业信息不透明、损害消费者利益的种种乱象，链家率先推出"真房源"行动，2018年推出贝壳找房平台，更是以"有尊严的服务者，更美好的居住"为使命，成为国内最大的住房交易平台，可谓以使命的力量改变了一个行业的面貌。

3. 致力于投资关键人才

线上交易平台需要紧跟经济环境的变化而持续更新迭代才能保持活力，所以迫切需要能够独当一面的关键性人才。因此，线上交易平台的领导者往往非常注重挑选并培养关键性人才。

线上交易平台诞生的产业背景

1. 数字化技术是线上交易平台得以出现并发展的基础

"科学技术是第一生产力",每一次工业革命都会给经济社会带来翻天覆地的改变。第三次工业革命中诞生的互联网技术,则直接在人们生存的实体空间之外创造了一个突破时空限制的虚拟空间。在该虚拟空间中,人们以一种更为高效的方式进行购物、社交、获取信息、休闲娱乐等。20世纪末,英国微软实验室曾经进行过一次"网络生存"试验,4位参与者被关在各自独立的屋子里,只穿着一件浴袍,手上只有一张500英镑的信用卡,在漫长的100小时里只有互联网陪伴着他们。100小时后,4个人毫发未损地活了下来,而且,利用网络购物,他们获得了基本的生活资料和各自喜好的消费品,电子邮件、网上聊天、游戏与学习使他们的生活与平时一样精彩。正如以点对点的物物交换为特征的原始集市终将被规模化、规范化的专业线下交易平台所替代一样,虚拟空间也逐渐由最初的单点连接进化为大型互联网平台,汇聚买卖双方,并为其实现越来越精准的高效匹配。

2. 供过于求是线上交易平台发展壮大的催化条件

物质丰裕,供过于求,供给端产品品类数量暴增,远远超出线下交易平台所能容纳的范围,同时需求端的细分化程度不断提升,渴望更为个性化、定制化的选择。在数字化技术的助推下,能够近乎无限制地同时展示海量产品信息且高效实现供求双方匹配的线上交易平台,恰好契合了供求两端的诉求,并且在供过于求的宏观背景下得到了快速发展。

3. 需求个性化、多样化是线上交易平台持续进化升级的动力

需求个性化、多样化程度的加深，促使线上交易平台主动升级平台工具，并打造更为健全的平台生态系统，以囊括更多的细分品类，以提供更为个性化的服务。流媒体巨头奈飞原有的推荐系统 Cinematch，会根据影片属性（例如类型、演员、导演等）进行分类并推荐。为提高用户体验，奈飞提供网站上各种订阅者以及评分等 10 亿笔以上的数据资料，以及 100 万美元的奖金，寻找能让 Cinematch 提升预测能力 10% 以上的技术团队。最终，奈飞在数千个报名团队中遴选出优胜者，成功升级其推荐系统，并达到了比用户更了解用户的效果。

线上交易平台成功的关键因素

线上交易平台是传统线下交易平台的镜像，两者得以成功最关键的原因都在于很好地扮演了流量入口的角色。"要么你拥有某种先天禀赋，占有那些具有唯一性和稀缺性位置资源，或者生产某种产品必需的自然资源，或者开展某项业务特别的政策资源。要么你拥有某种专有技术、独特配方或者业务模式，在资本的支撑下，借由补贴甚至免费快速聚集用户、形成超级流量。"迪信通科技集团有限公司总裁金鑫如是说，描绘了商业社会中"得入口则得天下"的竞争真相。线上交易平台在虚拟空间中构建一个高效运转的商品交换的场所，以免费或低收费的形式吸引买方，进而吸引卖方加入平台，更多的卖方又会进一步吸引更多的买方，激发双边网络效应，持续强化数字化平台的引流能力。

1. 迅速形成压倒性规模的先发优势

线上交易平台本质上是互联网企业，而互联网企业之间的竞争不同于传统企业，地域及市场的天然阻隔在互联网领域几乎不存在，想要划地而治是不可能的，要么成为"一统天下"的霸主，要么被彻底边缘化。另外，虽然最早入场的企业未必是最后的赢家，但是赢家几乎一定诞生在最早一批入场的企业之中，这是因为先入场的线上交易平台会迅速形成压倒性规模的先发优势，这是后来者难以与之抗衡的。猿题库创始人李勇曾表示过不会过于关注竞争，因为"互联网公司的先发优势比大家想象的大得多。就猿题库的业务而言，除了内容，产品技术门槛、用户的数据、习惯都是先发优势。如果互联网公司成功起跑，先达到那个临界点，满足了用户的需求，只要再有半年时间，别人就很难追上了。"淘宝、京东、腾讯、美团等的强大正是因为其占据了先发优势，并成功达到临界点，触发马太效应，不仅潜在竞争对手难以与之竞争，而且其他互联网领域的创业公司都深感被其吞并的危险。在同一条赛道，如果输在起跑线上，日后想要弥补差距基本不可能。例如马桶 MT、多闪、聊天宝等后入场的社交工具，都很难动摇微信的霸主地位。但是，缓解巨头先发优势带来的碾轧性危险并非完全不可能，比如可以选择开辟一条新的赛道。拼多多通过"社交＋电商"的模式创新迅速崛起，抖音则利用短视频挖腾讯社交帝国的"墙角"。

2. 逐步强化供需双方的匹配机制

线上交易平台的匹配机制是指其能够高效地把买卖双方连接在一起，并通过大数据、人工智能算法等为用户提供高效的市场分析工具和精准推荐体系。线上交易平台会不断积累用户数据并在此基础上持续优化供需双方的匹配机制，从而形成难以被潜在竞争对手轻松复制的关键竞争力。例如，工业品可以根据市场的变动及时调整产销量，但是农产品因其生产周期更长和中途变动生产计划难度较大，往往很难跟随市场的变化进行及时的调整，因此市场的自发性、盲目性等缺陷在农业中表现得更为突出。所以，农业急需"计划"的力量来帮助供需两端更好地触达对方。以微信社交电商起家的拼多多，通过"拼购"这一模式，可以快速聚集消费者需求，有助于减轻市场的不确定性并实现农产品的定制化生产，同时基于已经成熟的成本低廉的物流网络，减少中间环节，让农产品直接从土地到消费者餐桌，实现了农产品供需两端的高效匹配。

3. 稳步提升对参与方的平台黏性

相对于传统线下交易平台，线上交易平台不需要重资本投入，搭建相对容易。另外，因不受时空限制，线上交易平台可以通过大幅度的优惠补贴在短时间内凝聚大量流量。然而，随着优惠力度的减弱，流量易聚也易散，所以，能够成功存活并不断发展的线上交易平台还需要具有足够的黏性。要想具有足够的黏性，线上交易平台需要一个核心引流点，并围绕该核心引流点不断拓展互补性服务，从而不断提升用户体验，得到极致满足的用户就会被牢牢地吸附在线上交易平台之上。阿里巴巴有囊括支付、理财、政务服务、旅游、小游戏等多样服务在内的支付宝；腾讯有把社交与小程序、微商、理财等有效结合在一起的微信；百度则因受头条等互联网新秀的冲击，在搜索领域的核心竞争力正在丧失，渐渐成为BAT（百度、阿里巴巴、腾讯的简称）阵营吊车尾的角色。

线上交易平台的竞争力来源

线上交易平台是从传统线下交易平台"进化"而来的,其所具有的竞争力要素也在后者的基础上实现了升级。

1. 无地域限制的品类规模经济

无地域时空限制的全球化、规模化,实现了每个品类的最大规模经济。基于平台的匹配机制,散落在世界各地的碎片化需求得以汇聚,使商家能够捕获线下难以获得的海量客源,闲置产能得到利用,规模经济效应发挥作用。可心柔是20多年的老牌代工厂,常年为欧尚、大润发等零售企业代工纸巾产品,名不见经传。但是,可心柔入驻拼多多之后,几乎以"零广告"投入,每包纸巾最低只赚3分钱,狂卖近千万订单,天天挤爆当地的快递公司,一举跻身行业二线品牌行列。

2. 无品类边界的范围经济

品类和服务的无边界扩展形成了范围经济效应。随着品类的增加,线上交易平台的各种基础设施(如平台基础功能、物流辅助系统、金融等相关增值服务)的利用率不断提升,单位成本、边际成本持续下降,与此同时边际效益则在稳步增长,所以范围经济效应持续发挥作用,线上交易平台因而可以近乎无限制地增长而不必遭受范围不经济的反噬。

3. 不受约束的双向网络效应

突破时空限制,供给端、需求端以及供求两端交互的网络效应持续强化。双向网络效应的存在,使得线上交易平台的命运走向两极化,要么成为参天大树,要么泯然成为路边杂草。

4. 交易匹配环节的数字化学习效应

随着用户数据积累得越来越多以及数字化技术的不断更新迭代，交易匹配算法及个性化推荐系统的学习效应不断提升。亚马逊不断升级推荐系统，用户购买率、转化率能达到60%。

线上交易平台面临的困境

在外界看来，线上交易平台做的是一本万利的生意，既不需要购置厂房、生产设备、地皮，也不需要招募大量员工，万丈高楼一夜间拔地而起，而且一旦成势就垄断一切。光鲜是真的光鲜，但这只是一面。除个别互联网巨头外，更多的线上交易平台就如流星一般快速地坠落了，正如《桃花扇》中所言："俺曾见，金陵玉树莺声晓，秦淮水榭花开早，谁知道容易冰消！眼看他起朱楼，眼看他宴宾客，眼看他楼塌了。"为什么线上交易平台容易速生速死呢？原因在于：随着网络效应的不断强化，平台噪声也在同步增长；线上交易平台之间往往深陷同质化竞争的泥淖；大树之下，寸草不生，互联网巨头鲸吞一切，中小型线上交易平台很难与之抗争。

"平台噪声"与"网络效应"叠加造成的平台加速崩溃的风险

线上交易平台的生存发展高度依赖于网络效应，而要想激发足够强大的网络效应则需要维持一个较低的准入门槛，低准入门槛带来用户数激增的同时也使平台之上的商品及服务的质量参差不齐,甚至假货、劣质品横行,而这些会成为平台运行中的"噪声"。当"平台噪声"大到一定程度,用户就会撤离,负向的网络效应发挥作用,曾经快速聚集的流量也会以同样惊人的速度散去。

知乎于2010年创立,定位为高质量的小众问答社区,是被无意义灌水、疯狂盖楼所占据的中国互联网论坛中的一股清流。然而,本着建立认真的高质量问答社区初心的知乎,却不得不吞下用户增长缓慢的苦果。为改变这一困境,知乎于2013年对外开放,从此打开了用户数量翻番增长的"任督二脉"。然而,曾经斩龙的少年终于长出了逆鳞,"清流"出身的知乎也越发和光同尘,无厘头的问题越来越多,无意义的回答也越来越多,甚至有人调侃"看八卦上知乎"。一块原本是"独乐乐"的"自留地"变成了一个"众乐乐"的大生态,网络效应虹吸人流的同时也带来了巨大的噪声,知乎越来越不像最初的知乎。

平台同质化导致用户转移成本较低,平台缺乏护城河

平台同质化有两大成因:一是最开始针对的就是用户的同一种需求,二是主业做大之后出于争抢流量制高点或创造新增长点的需要就会试图跨界竞争。最终,存活下来的线上交易平台彼此之间越来越像,吃喝玩乐无所不包。在虚拟空间中,用户本就来去自由,从一个平台更换到另一个平台所需要付出的成本极低,而平台的同质化竞争则进一步消解了用户的忠诚度。因此,新兴的线上交易平台之间比拼的是财力的雄厚度,看谁的钱率先烧光；巨头之间则纷纷涉足对方的领地，尽可能地抢夺对方的市场份额。

人人网创立于 2005 年，红极一时，曾经是中国领先的实名制社交网络平台，至今仍备受"80 后"怀念。过去，人们遇到有意思的事情首先想到的是"我发条人人"，然而社交领域的战争永不停息，社交平台层出不穷，强大的网络效应驱使用户向头部平台迁移。危机意识薄弱的人人网疏于升级平台功能，等到其核心用户 80 后全部走出校园之后才姗姗来迟地推出桌面登录，此时用户的忠诚度已经消解殆尽，"我发条人人"被"我发条朋友圈"彻底取代。

一家独大效应导致的平台挤压与融合，中小平台面临生存威胁

网络效应决定线上交易平台要么人气爆棚要么冷冷清清，另外线上交易平台扩张的边际成本几乎为零，所以线上交易平台领域往往容易出现一家独大的现象。有人说，互联网创业是一场资本游戏，烧钱把公司做大，然后卖给巨头。事实上，有很多时候卖与不卖并不由创业者决定，在互联网巨头碾轧性的优势面前，创业者要么选择"卖身"，要么等着被巨头"模仿"。

"阅后即焚"照片分享应用 Snapchat（色拉布）在 2013 年拒绝了脸书 30 亿美元的收购案，又在 2016 年拒绝了谷歌 300 亿美元的"橄榄枝"，最后在 2017 年上市。脸书收购 Snapchat 的尝试失败后，并没有完全放弃，而是走上了模仿复制后者的路子。从 2014 年开始，脸书旗下的一系列应用就开始"搬运"Snapchat 上

的热门功能，其中 Instagram Stories（照片墙故事）和 WhatsApp Status（瓦次普动态）就是对 Snapchat Stories（色拉布故事）的像素级复制。凭借着脸书巨大的流量加持，Instagram 的日活用户数量在半年内实现了对 Snapchat 的反超。

线上交易平台的升级之路

线上交易平台天然具有互联网基因，这使其免于遭受传统线下交易平台所面临的如何与互联网接轨才能不被时代淘汰的困境。但是，这并不意味着线上交易平台的未来就是一路坦途，从上一节的分析可以看出，线上交易平台也已经身陷困境，其转型升级的节点已经到来。不同于传统线下交易平台需要进行脱胎换骨式重塑，得天独厚的线上交易平台仅需要升级其平台架构，但要实现这一转型目标却并非易事。

平台稳固：强化匹配机制

线上交易平台能够优于传统线下交易平台，关键在于其能够高效地掌控流量，进而左右平台用户的行为。所以，线上交易平台应该不断强化匹配机制，为用户提供更好的服务，稳固其流量入口的角色。

1. 构建策展工具与个性化工具

线上交易平台可以容纳海量信息，而要想充分发挥这些信息的价值，则需要有科学高效的策展工具和个性化工具来帮助买卖双方更好地匹配到一起，否则海量信息所带来的近乎无限的选择会成为累赘而非福音。

心理学领域有一个经典的"果酱实验"，由当时在斯坦福大学的研究员希娜·艾扬格牵头主持。她以当地杂货店作为实验地点，试图了解人们如何做出选择。实验中，艾扬格的研究助理假扮成果酱供应商，在美食店里摆放了两个试吃的摊位。第一个试吃摊位有6种口味可以选择：桃子、黑樱桃、红加仑、橘子、猕猴桃和柠檬。而另一个摊位有24种口味可供选择。实验过程中，有24种口味的那个摊位吸引了更多的顾客，但最终购买果酱的人较少。顾客一窝蜂地挤在摊位前试吃，大多数人却因为口味太多而无从选择，最后干脆一瓶都不买。调研结果显示，到24种口味摊位试吃的顾客中，只有3%买了果酱；而到6种口味摊位试吃的人，相较之下更能决定自己适合哪种口味，约有30%的人最后买了果酱。所以，过多的选择未必是好事，会对流量转化率造成负面影响。

策展工具与个性化工具的打造主要依赖于不断更新迭代的推荐系统，让大数据算法完成初步个性化过滤，然后再交由用户在相对有限的条目中勾取最适合的选项。

亚马逊创立之初就在思考解决留存用户并让用户反复消费的问题。为此，亚马逊用多年时间革新了传统的基于数据库关联规则的推荐方法，打造出了自己的核心技术——基于协同过滤的推荐系统，其综合用户分类（将具有类似特征的用户归为一类）和产品分类（将具有相似属性的商品归为一类）的优点进行商品推荐，推荐策略多达九种：第一种，推荐同类别的商品；第二种，推荐经常一起购买的商品；第三种，按照最近的浏览记录进行推荐；第四种，按照最近浏览的商品进行推荐；第五种，推荐与浏览物品相关的商品；第六种，推荐购买相同商品的其他用户购买的物品；第七种，推荐已购商品的新版本；第八种，根据购买历史推荐周边商品；第九种，推荐畅销商品。另外，如果用户对推荐商品没有回应，亚马逊的推荐系统还会主动调整，更换推荐清单，例如：用户浏览过相机，推荐系统会主动推送畅销品牌，比如先推荐佳能，如果用户无回应，就会推荐其他品牌；如果用户还是不为所动，那么它就有可能会直接推荐卖得最好的相机。《财富》杂志曾经调研发现，经过亚马逊的推荐系统的推荐，用户购买率、转化率会达到60%。

2. 减少平台噪声

虽然相对于传统线下交易平台来说，线上交易平台的入驻门槛要低很多，但也不应该是一个没有围栏的大草原。宏观经济系统的稳定发展尚且需要有形的手和无形的手有机结合在一起，线上交易平台所构建的微观经济环境也需要通过人为干预减少平台噪声，以保持生态系统的健康和可持续发展。

充满噪声的平台终将崩溃。交友软件探探曾经因"克制"的产品设计在陌生人社交领域赢得了良好的口碑。首先，在准入门槛上，用户注册账号时，只有通过探探团队的人工审核，才会被其他用户看到。其次，对于很多机器人账号和从事微商营销的用户，探探都会监测封禁。为营造良好的社区氛围，探探在面对直播、短视频、狼人杀等一个又一个风口时不为所动。正因为如此克制和有原则，探探成为陌生人社交领域中的佼佼者。然而，好景不长，2018年探探被陌陌收购，走上了无原则、无底线、只为赚钱的道路。为此，探探也付出了相应的代价，女性用户大量流失，酒托、彩托、游戏托、零食托等各种托横行，色情信息泛滥，从"交友神器"变成了"诈骗神器"，频频因违规被下架。

减少平台噪声，一靠技术，二靠机制，必须双管齐下。线上交易平台是由互联网技术驱动的，大数据、云计算、人工智能等技术的发展可以快速有效地识别平台上的噪声。但是，技术始终是为人服务的，至少目前看来人工智能不具备颠覆人类的能力，所以在技术之外还必须设计合理有效的机制，才能真正把减少平台噪声的举措落到实处。

平台增强：构建基础设施

人们不可能完全由实体空间"搬迁"至虚拟空间，只存在于虚拟空间中的线上交易平台的覆盖能力相对于线上线下全渠道发展的平台而言始终存在缺陷。在流量红利见顶之际，习惯了轻运作的线上交易平台也应该尝试去做一些"脏活累活"，深入产业，改造产业，才能突破发展的天花板，减轻平台噪声，实现差异化竞争，打牢根基，并不断积攒与巨头抗衡的实力。

1. 投资产业基建

缺乏对产业核心基建的控制力，也就对产业的整体运转缺乏掌控力。线上交易平台就是飘浮在空中的随时都可以被抛弃的流量接口，所以，线上交易平台需要有计划有节奏地去投资产业核心基建，为自己进化升级准备必要的物质基础，同时为用户提供全方位立体化的服务体验。其中，首要的就是要完善流量入口系统，以自建、投资、加盟等方式打造线下流量端口。另外，物流网络、云计算基础设施、产业特色化核心基建等都需要加紧谋划。

"大象"百视达败给了"蚂蚁"奈飞，线上平台战胜了线下平台，这是流传较广的故事版本。然而，百视达与奈飞之间的争斗并非如此简单，事实上百视达在决战阶段差点就要赢了。在与线上租片平台奈飞的竞争过程中，线下租片连锁商百视达创建了自己的线上平台——百视达线上，并于2006年年底成功推出了"门市与网络的混合租片服务"，即顾客可以自由选择要在门市租片还是线上租片，打通了线上线下。这套"全方位租片方案"大获成功，在实施方案之前，百视达线上订阅用户人数为100万，推出仅6周后，就新增了75万，2006年年底成功突破200万，一下翻转了与奈飞的用户数量比。这是因为消费者一致认为百视达的O2O租片方案比奈飞提出的任何方案都更好。奈飞的订阅用户增长率大幅下滑，2006年每季度增长率为74%、76%、60%、51%，在百视达全方位租片方案的冲击下，奈飞的订阅用户增长率于2007年第一季度下滑到了惊人的17%，同时奈飞内部估计第二季度其订阅用户增长率会趋近于零。眼看百视达就要赢得这场"战争"了，然而故事出现了戏剧性的翻转，百视达方面在形势一片大好的情况下选择了主动投降。百视达董事会没有兑现其承诺，拒绝支付其CEO安提奥科760万美元的绩效奖金，后者怒而辞职。随着安提奥科的离开，其一手打造的"全方位租片方案"被废止，百视达亲手放飞了"煮熟的鸭子"，最终于2010年破产清算。从这个案例可以看出，线上线下全渠道发展的平台比纯线上交易平台更有竞争力，线上交易平台要想实现升级应该考虑如何逐鹿线下，而有选择地投资基建非常必要。

2. 赋能产业中的创造者

物质丰裕，大众市场萎缩，推崇创意的小众群体崛起，曾经被地理空间割裂的市场又在虚拟空间中被各种标签分化，谁掌握了创造力谁就能够主导市场。然而虚拟空间中的创造力高度分散在形形色色的个体手中，所以，与其费尽心思"垄断"创造力，不如为亿万创造者赋能。

无论是产品、服务的提供者，还是内容的创造者，都会不断更新迭代或在某个特定规模上遭遇难以突破的天花板，但是为这些创造者赋能的平台有更大的可能性来保持基业长青。例如，网红速生速死，但供网红生存的平台（抖音、快手等）则要长寿和强大得多。

3. 推动产业再造

线上交易平台容易出现一家独大的现象，综合型平台赢者通吃，垂直型平台缺乏竞争力。但是，如果专注于某一特定产业的数字化交易平台能够积极地去优化改造产业供应链，推动产业再造，并在这个过程中牢牢地嵌入产业之中，从而成为产业的关键一环，那么无所不包的综合型平台就无法轻易撼动垂直型平台的地位。

wayfair 是美国最大的垂直家居电商平台，在亚马逊的重压之下不仅成功存活而且发展态势良好，在客户基数的增加、平均订单单价的提升，以及良好的回购率方面都有很好的表现，这与其对家居行业的改良有密切的关系。首先它使线上家居购物体验更优，其次它还提高了线下家居购物的效率。在线上，wayfair 全方位展示产品，提供同一件商品的多种材质和色板、详尽的产品信息，并提供整个房间的搭配方案；另外，wayfair 还提供极致的用户体验，在美国和欧洲有超过 2 300 人的全职客服团队，负责客户从购买到物流配送全程的服务，在美国约 63% 的大型包裹配送都使用 wayfair 最后一公里仓储配送服务体系。在线下，wayfair 为实体商铺赋能，推出 "get it near me"（靠近我）计划，向消费者指明附近有哪些家居产品商店，按照他们想要购买的商品，将他们推荐给附近的商店，然后再以此向那些本地实体家居商店收取一定的推荐费用。

低效的传统产业链终会在技术和商业模式的创新中被改造，线上交易平台要想在未来的竞争中赢得一席之地，与其成为被优化者，不如主动承担起优化产业的角色。

平台包络：增长互补效应

线上交易平台的成长就是不断突破一个个隐形天花板的过程，不断扩充自己的"矿区"，开发互补性产品和服务，引进和强化内容社区，形成极致需求解决方案，而非固守核心产品直至其到达生命周期的终点。

1. 开发互补性产品与服务

在一站式服务备受青睐的当下，开放更多的品类，开发更多便利工具和机制，构建生态圈，既可以帮助线上交易平台更好地满足用户，又可以使线上交易平台吸引更多的新用户，并不断激发新老用户的消费欲望。

亚马逊推出 Prime 方案（会员期内免运费），有效地缓解了运费对网上购物的毁灭性影响，在提高用户购物体验的同时又构筑了自己的护城河。经过深入的调研，亚马逊发现，阻碍消费者尝试或更高频次地从亚马逊购物的原因在于运费，人们对运费的厌恶甚至达到了非理性的地步，比如即便在网页中告知消费者所售商品加上运费仍然比实体店便宜，也无法消除其对运费的厌恶。因此亚马逊几经尝试，最终决定通过 Prime 方案来解决运费问题。但是，运送实体商品肯定是有成本的，Prime 方案几乎肯定会招致亏损。然而，由于让人们预付运费之后，他们非常乐意进行后续的交易，需求曲线的巨大提升令人惊叹，并且改写了整个游戏规则。Prime 方案从经济和物流角度来说都具有较高的壁垒，很难被其他竞争对手模仿，因此亚马逊可以牢牢地将消费者圈定在自己的平台之上。

互补性产品与服务的开发会不断加厚线上交易平台的壁垒，天然具有吓退竞争对手的作用，甚至能够使线上交易平台立于不败之地。

2. 引进和强化内容社区

打造内容社区，为用户互动提供场所，增强用户的黏性，并借由用户之间的互动探索线上交易平台下一步进化的方向。需要注意的是，内容社区并非千篇一律，需要根据线上交易平台的核心主业来决定。

阿里巴巴虽然做不好社交，但是电商内容社区做得风生水起。通过淘宝头条、淘宝直播、微淘、淘宝二楼等综合富媒体形式，把"逛"的乐趣更好地展现出来，营造出的是热热闹闹、人气十足的商街气氛，而不是冷冰冰的货架。由 150 多万的 UGC（用户原创内容）电商内容生产者打造出来的社区氛围，产品创新和 UGC 内容的进化，给阿里巴巴带来了巨大的内生流量增长。阿里巴巴在社交方面的诸多尝试都未见成效，但这并不代表它做不了社区，它做不了的只是类似腾讯的社交，因为两者的核心功能本就不同，但是它在电商社区的打造方面却做得非常优秀。

3. 形成极致需求解决方案

整合者的最高境界就是直接为用户提供一揽子解决方案，而不是将所有的"零部件"摆在用户面前，由其以非专业化的视角去审视和随意搭配组合。提供极致需求解决方案的服务附加既可以为线上交易平台带来额外的收益，又可以使用户对平台产生依赖性，从而保持较高的用户忠诚度。

家居互联网平台艾佳生活创立仅三年就已实现百亿元营收，靠的就是提供行业内无人能出其右的整体家居解决方案。艾佳生活采用了强介入的 B2B2C 模式，整合房地产商、家居厂商（建材、家具）、设计端、施工方（装修公司）四端的资源，来搭建艾佳生活的家装生态系统，为消费者提供从房子到家的服务，帮助其解决中间的一切麻烦，让消费者可以直接入住。

[变革案例]

58同城，一家"神奇"的网站

58同城是一家"神奇"的网站，初期模仿美国生活分类信息网站Craigslist的商业模式，但很快就成功进行了中国特色化改良，颠覆性地提升了小广告的张贴效率。然而平台上充斥着大量的虚假信息，虽在业内拥有无可撼动的垄断地位，但其实已经身陷四面楚歌的困境。

师从 Craigslist，解决小广告的张贴难题

在中国互联网行业发展早期，很多商业模式并非原创而是模仿美国同行，58 同城也不例外。

58 同城的"师傅"是美国大型免费分类广告平台 Craigslist，这是一家非常神奇的网站，创立于 1995 年，发展至今只有 30 多个员工，界面只有标注各种生活信息的密密麻麻的纯文字链接，供小微公司或个人发布租房、招聘、交友、出售二手物品等小广告，并且只对其中少量的小广告收取大概几十美元的费用，在全球 50 多个国家有分站，年营收超过 3 亿美元，人均产出为美国互联网行业的第一。

员工数量如此之少，Craigslist 是怎么运转的呢？秘诀很简单，Craigslist 推崇"无为而治"，不主动营销且没有审核人员。不主动营销还能如此成功看似有违商业常识，但仔细分析就会发现这种反常做法有其存在的独特历史背景。Craigslist 在发展早期的很长一段时间内没有竞争对手，所以它可以守株待兔，静等顾客上门。后期做大规模，形成强大的网络效应之后，主动营销就更显得没有必要了。没有审核人员，有人发布虚假诈骗信息怎么办？Craigslist 的做法是放任自流，让别人去管。对于恶意信息的监控，网站主要倚赖的是用户的反馈。另外，还依靠政府监管，例如美国哥伦比亚特区、密苏里州、弗吉尼亚海滩、东芝加哥等地区的部分警察局的大厅设有全天候运转的摄像头和执勤警员，为来自 Craigslist 和类似分类网站的买卖双方提供安全交易的场所。

员工数量极少且推崇无为而治的 Craigslist 最终居然成功打造了一个垄断性的大平台，听起来非常魔幻，但是这背后也有其合

理性。Craigslist 服务的是小微企业和个人，这部分群体是谷歌等互联网巨头不屑去覆盖的，所以 Craigslist 可以避开互联网巨头的锋芒自由成长。没有审核体系必然会影响用户体验，但是低价且易用的优点对微小企业和个人有极强的吸引力，并足以使他们忍受 Craigslist 虚假诈骗信息遍地的缺陷。所以，Craigslist 成为美国人最喜欢的网站之一，有人在这里租到合适的房子，有人在这里找到工作，还有人在这里找到交往对象。

创立于 2005 年的 58 同城的商业理念基本来自 Craigslist，就是提供一个综合型的互联网平台来为小微企业和个人提供一个在线上集中高效张贴小广告的场所。

适合的才是最好的，走中国特色化道路

Craigslist 是在近乎没有竞争的环境中成长起来的，但是 58 同城就没有这么幸运了。2005 年是中国分类信息诞生元年，市面上一下就出现了 100~200 家，并在不到一年的时间里迅速飙升到 2 000 家。这种情况下，无论是创业者还是投资人都不敢继续尝试 Craigslist 轻运营、无为而治的模式。

58 同城的创始人姚劲波认为："在中国，有的（美国）路其实不成立，看起来有这条路，其实没有这条路。比如，你相信有另外一个网站会在淘宝之下活着吗？以另外一种方式——低成本、免费——这种方式活着吗？当我们用大规模市场与推广，把海量的用户与信息都吸过来的时候，是没有其他人的生存空间的。"

所以，为了生存，为了给投资人一个交代，也为了绞杀竞争对手，58 同城走上了高举高打、重运营、高收费的中国特色化互

联网发展道路。

分类信息网站的门槛并不高，市场竞争又极为惨烈，投资人的钱并不好拿。自 2006 年 2 月 58 同城获得软银赛富 500 万美元的初始投资之后，在接下来两年多的时间内都没有收到其他注资，只能想办法增加用户数和收入来自救。

然而，因为国内分类服务市场缺乏教育，从创立到 2007 年，58 同城积累的用户数并不多，日用户访问量只有百万，线上基本没有收入。另外，很多商家虽然本身有做广告的需求，但更相信纸媒。于是，58 同城希望能够从线下开源。

为打开线下局面，姚劲波专门去考察了日本最大的分类广告集团 Recruit，了解到 Recruit 的纸媒收入占比仍然超过一半，使姚劲波更坚定了经营线下的决心，并模仿 Recruit 在中国划分若干片区，发行刊登不同区域分类广告信息的 DM 杂志（直接邮递广告）1 万本。

结果线下业务大获成功，收入占比超过一半。但是，由于经营线下业务需要大量的销售人员，成本也高，所以线下业务并没有给 58 同城带来太多的净利润，公司基本处于一种盈亏平衡的状态。

2008 年金融危机期间，线下成本居高不下，线上流量见增，但因尚未建立商业模式所以无法获得收入，58 同城遭遇自创立以来的至暗时刻。当时数百名员工连续几个月发不出工资，好几个副总裁萌生去意。另外，姚劲波觉得线上线下同时推进的模式有悖互联网公司的创业初衷："3/4 的精力都去关心媒体。当一群没有媒体经验的人去讨论媒体，去讨论纸要涨价、要不要囤几十万元的纸的时候，我意识到这不该是我们这些做互联网的人讨论的话题。这太可笑了。"因此，58 同城经历了从线上到线上线下全渠道发展之后又毅然选择回归线上，下定决心在 2008 年年底之前砍掉线下 DM 杂志并全力攻占线上。

2009 年是 58 同城发展历程中的转折点之一。在这一年，58 同城主动结束了线下业务但保留了强大的销售团队，然后在此基础上发奋探索线上的盈利模式，并成功建立起"阿里巴巴 B2B + 淘宝 + 百度"的盈利模式（分别对应 58 同城"会员收费、增值收费、点击付费广告"三种收入模式）。上述线上盈利模式的成功创建，不仅使 58 同城在 2009 年 3 月成功实现了现金流的平衡，吸引了投资人的注意，而且在 2009 年年底融到了 1 000 万美元。摇摇欲坠的 58 同城存活了下来。另外，这一期间探索出的盈利模式奠定了 58 同城日后运营的基调并延续至今。

经过一系列摸着石头过河的尝试，58 同城只保留了生活分类信息的外壳，并改无为而治为积极进取、变免费为主为收费才是王道，探索出了一条中国特色化分类信息平台道路。

吞并竞争对手，垄断者无所畏惧

曾经 58 同城也希望能够先脚踏实地的打磨产品，然后再稳步扩大市场份额，然而，随着市场竞争环境的恶化，烧钱抢市场的生存策略最终占据了上风。

在激烈的分类信息平台大战中，参战者众多，但能够被大家熟知的只有三家：58 同城、赶集网、百姓网。其中，百姓网效仿 Craigslist 的模式最深刻，其创始人王建硕颇具极客范儿，坚持无为而治，保持着较好的营收结构，偏居上海，守着业内第三的位子安然自得。所以，分类信息平台的竞争主要集中在58同城和赶集网之间。

自2009年建立起切实可行的商业模式并拿到几轮投资之后，58同城的发展一路向好。到2010年年底的时候，58同城的日活跃用户数已高达400万，用户数、流量与信息发布量在分类信息领域中遥遥领先。此时的58同城希望用融到的钱来打磨产品并有意在2011年上市。然而，刚刚获得今日资本和红杉7 000万美元的C轮投资的赶集网意识到如果58同城上市成功，那么自己就再也没有翻盘的机会了，于是赶集网创始人杨浩涌在今日资本徐新的建议下决定跟58同城打营销战，花巨额代言费请当红的姚晨做广告，并特意选择在2011年春节期间播放，一时间引爆各大媒体。于是，58同城迅速调整策略，把原来用于做产品的钱改投广告。

姚劲波表示："他们（赶集网）希望拿这个钱去翻盘，但他们低估了58迎战的勇气。"58同城用最快的速度请代言人、拍广告、投放，不计成本。两个月后，从2011年4月24日起，北京的公交车、地铁、热门电视节目上同时出现了58同城的广告，代言人则是炙手可热的新星杨幂。

本着"杀敌一千自损八百"的精神，不到一年的时间花光融到的6 000万美元，58同城牢牢地压制住了赶集网的反扑。接下来的几年时间里，58同城和赶集网的营销战不断升级。

然而，除了与赶集网比赛"烧钱"，58同城还面临着即将弹尽粮绝的局面。2011年花光6 000万美元之后，58同城又从华平投资集团处获得了5 500万美元的D轮投资，并承诺对方"这是上市前的最后一轮融资"。因此，在与赶集网的营销战看不见尽头的情况下，58同城必须得开辟一条新的渠道来获取资金，所以上市融资便成为唯一的选择。然而，要上市则需要盈利水平过关，营销成本必须压缩。但是，压缩营销成本就会影响58同城与赶集网的竞争，所以，58同城必须要在短时间内压缩营销成本并尽快上市。

从58同城的财报中可以看出，2010—2012年三年的营销成本分别为2 220万美元、1 186万美元、1 079万美元，广告支出分别为823万美元、6 851万美元、2 506万美元，占营收比重分别为76.9%、164.9%、28.8%。在上述策略的指导下，58同城成功实现了盈利，并于2013年10月31日成功上市。本来也许只是为了缓解资金危机，但是上市从根本上改变了58同城的命运。

58同城上市之后，在分类信息平台领域的领导地位得到进一步强化。腾讯为强化自己在分类信息领域的影响力并且看好58同城的发展潜力，于2014年战略入股58同城。巨头站队之后，58同城获得腾讯系的流量供给，在全国品牌传播层面获得了强大的优势。此时，赶集网的流量购买还偏向于百度搜索广告和网址导航，明显处于劣势。

虽然强弱已见，但是营销战还是越打越猛。在激烈的竞争中，双方的营销费用都在持续地大幅上涨。2014年，58同城全年广告费用为7 340万美元，相较于2013年的2 270万美元增长超过两倍，增长速度远高于当年营收81.8%的增长率。赶集网也不甘示弱，宣称2014年要投放2亿元人民币用于市场推广，重金邀请谢娜作为代言人并投放巨额电视、户外广告，一年以后又将代言人进一步升级成了范冰冰。在这种情况下，合则两利，分则两伤。投资方对赶集网上市的前景预测不乐观，又急于收回投资，所以极力向杨浩涌施压，最终促成了58同城对赶集网的收购。至此，58同城由行业第一成功晋级为行业垄断者，生活分类信息平台领域的乱战得以终结，迎来了大一统的和平局面。2018年，58同城（包括旗下品牌安居客、转转等移动端App）已经覆盖超5亿用户，对中国网民（2018年年底，我国网民的规模为8.29亿）的渗透率高达62.5%。

取得垄断性地位之后，58同城的扩展步伐不断加快，并购安居客、驾校一点通、魅力91等，投资土巴兔、e代驾等，从本地生活信息分类平台扩张为房产、招聘、汽车、二手物品、互联网金融等多领域布局的综合型互联网公司。与之形成鲜明对比的是，58同城之前形成的重营销轻产品的商业模式一直延续下来。2019年一季度，58同城实现盈利6.98亿元，但广告费用高达8.8亿元。

风云变幻，大厦危倾

天有不测风云，随着各种垂直型互联网企业的崛起以及巨头不断拓展业务边界，58同城以营销为主要驱动力的商业模式已然要逼近天花板，流量入口的垄断权正在从手中流失，平台之上的噪声也早已到了让人无法忍受的地步，曾经恢宏的高楼大厦布满了裂痕。

但是，即便已经感知到山雨欲来，58同城仍然缺乏转型的决心。一位原58同城的内部管理人士透露：管理层深知只做信息平台不能长久，但是没有找到好的方式。而且未启动变革的重要原因还在于没有人敢为业绩下滑负责，所以很多转型都处于计划阶段而无法真正施行。如今 58 同城所涉足的各种生活信息领域都出现了强劲的竞争对手。例如在二手交易领域，阿里巴巴的闲鱼比 58 同城的转转更有烧钱的资本；在二手车领域，瓜子二手车、人人车、优信等已经在加紧布局；在互联网金融领域，58 同城完全无法与阿里巴巴、腾讯竞争。除此之外，58 同城最有竞争力的房产和招聘模块也惨遭围剿。其中，链家的贝壳网主打真房源，这相当于将炸弹埋进了 58 同城的地基，所以面对用户漫骂和官方整改，58 同城拉起一众房产中介进行真房源誓师大会，来试图抵御贝壳的攻势。至于招聘领域，51job、智联招聘牢牢占据前两名，另外 Boss 直聘等新兴网站也正在崛起，58 同城在招聘行业的日子同样不好过。

诞生于个人计算机时代的生活信息分类平台的流量控制力正在不断被削弱，58 同城的黄金岁月也正在渐渐远去，这家神奇的网站究竟该如何继续书写其神奇的故事呢？

本章小结

数字化交易平台是互联网技术的产物，在数字化技术的支持下，为多样化的供方和多元化的需方提供一个不受时空限制的虚拟交易场所，实现更为高效的供需匹配。

线上交易平台的组织架构极为扁平化，普遍采用"大中台、小前台"的平台型组织架构，中台作为基础设施，对各个前台业务部门进行赋能支持。在决策机制上采用集体决策，治理则推崇市场化的竞赛机制，对技术型人才和创业型人才都非常器重。文化上则更强调使命驱动，以前所未有的激情重塑了整个零售产业。

线上交易平台的领导者有几个特质。首先是善于整合资源，除了控制核心资源，大部分的资源都是从外部整合后与外部共享。其次是热衷于构建和传播使命，有改变世界的伟大梦想，并不断传播与践行。最后是能够投资关键人才，网罗全球顶尖科学家，并培养未来商业领导者。

线上交易平台的诞生离不开三大条件。从技术条件上看，互联网和数字化技术的普及，万维网从个人计算机端扩展到移动端，通信速度千百倍地猛增，是线上平台的根基。从竞争上来看，供给端的产品激增超出线下平台的容纳能力是其转向线上的动力。从用户需求上看，日益个性化和多样化的需求只有通过互联网平台才能得到满足。

线上交易平台成功的关键要素有三。首先，迅速形成压倒性规模的先发优势，实现马太效应。其次，不断强化供需双方的匹配机制，屏蔽杂音，使买卖双方的效率不断提升。再次，稳步提升各参与方的平台黏性，一般从优化体验和增加相关服务入手。

作为完全体的三维商业物种，线上交易平台拥有完整的三大竞争优势来源。包括不受地域限制的规模经济优势，它可以面向全球的供应方和用户。在品类边界上也打破了时空限制，范围可以无限扩张。在网络效应上，充分享受五重网络效应，卖家吸引卖家，买家吸引买家，买卖双方互相吸引，并借助数据积累，不断优化平台的技术网络效应。

但线上平台并不能高枕无忧，它也会面临一系列的内外部挑战。首先是噪声干扰，低门槛的平台上会出现质量参差不齐的商品，假冒伪劣产品横行，当这样的噪声大到一定程度会引起用户逃离，引发平台崩溃。其次，平台同质化导致用户转移成本低，用户同时属于多个平台，而平台缺乏足够的护城河。

线上平台克服上述挑战，强化自身的竞争力可以分为三个层次。第一是平台稳固，通过优化策展工具、个性化界面和大数据算法增强匹配能力，通过加强治理机制减少平台噪声。第二是平台增强，通过深入产业的数字化基础设施建设，赋能产业中的创造者，推动产业再造。第三则是平台包络，开发互补性产品和服务，打造用户社区，形成极致的需求解决方案，增强用户忠诚度。

第八章

智能物联时代的四维物种

——产销合一的定制平台的崛起及其引领的未来商业

海尔的卡奥斯平台是业界领先的工业互联网平台,但并非唯一,国际上有通用电气的Predix、西门子的MindSphere和ABB的Ability,国内还有三一重工的树根互联、徐工集团的徐工工业云、航天科工的航天云网、美的集团的美云等类似平台。它们都立足于特定产业,运用数字化技术与物联网技术搭建开放的工业操作系统,通过提供连接模块供应商(ISV)与实体企业的数字化交互平台,向各方参与者赋能,建立起数字化的产业互联网平台,彻底改造传统制造业,打造出全新的智能制造系统。

无独有偶,业界还有一群互联网原生企业也看到了智能制造的趋势,并打算分一杯羹。它们崛起于世纪之交的互联网浪潮中,在信息搜索、社交连接、商品交易、数字娱乐、电子产品等多个产业建立了领导者地位,成为新一代的巨头企业,由于数字技术基因更加领先,对人们的生活方式改变巨大,新生的互联网巨头的风头远远盖过传统产业领导者。它们想借助掌握个人端需求数据的便利,携数字化技术的高位势能,来席卷和改造传统产业。国内较为典型的有阿里巴巴新制造、腾讯的产业互联网、拼多多的 C2B、京东的京智。

此外，还有第三股势力也在一直积极推动，并试图主导数字化智能制造的历史进程，它们就是在业界称雄多年的 ICT 巨头，包括 IBM、思科、甲骨文、思爱普、埃森哲、英孚索斯、华为、英特尔、微软在内，这类企业一直以来为企业端客户提供数字化的软件、硬件服务，是全球经济数字化的中流砥柱。它们也在各种场合不遗余力地宣传数字化和智能制造，并积极改变业务组合，为各类企业的数字化、智能化、智能制造提供解决方案。

这三股力量彼此竞争，奋勇争先，都想成为智能制造时代的引领者。同时又相互交织，彼此之间相互合作，甚至同时为一家客户服务，在这种竞争与合作并存的格局下，它们共同在推动智能制造时代加速到来。其分别创建的平台，各有侧重，也各有千秋，经过一段时间的整合与分工落位，它们共建了一套数字化产业的通用架构。

位于最底层的是 IaaS，提供基础设施即服务，包括云存储、云计算、智能硬件、互联设施等各项数字化基础设施服务。其中云计算举足轻重，全球云服务巨头有亚马逊 AWS、微软 Azure、谷歌云，国内则有阿里云、腾讯云、天翼云、华为云等。位于基础设施之上的是 PaaS，提供平台即服务，这就是由各传统产业巨头开发的工业互联网平台，成为巨头企业、上下游厂商以及外部生态伙伴共用的操作系统。在平台上运行的则是各类 SaaS 服务商，提供软件即服务，主要是由独立软件开发者提供的各类工业 App 软件。

由 IaaS、PaaS、SaaS 三层服务组成的数字化产业新架构，让企业用户可以获得算力更高、成本更低、功能更灵活的数字化服务，正在逐步替代原有的ICT服务商单独为每家企业提供集成式服务的模式。在技术层面，新的数字化架构使智能制造的水准大幅跃进，在商业层面，则孕育出一种全新的物种，即数字智能化的产销合一定制平台，简称智能定制平台。

与纯粹的线上交易平台不同，智能定制平台已经从消费端的交易上溯到产业端的产品研发和制造环节。但又不同于传统的工业生产系统的内部制造，产业赋能平台拥有大量的用户数据，以及开放生态之后的大量外部参与者，并支持用户和生产者进行直接交互和定制，让用户参与制造，即产销合一。可以说，智能定制平台融合了数字化的线上交易平台（消费互联网）和数字智能技术支持的智能制造（产业互联网）的功能。

将产业互联网与消费互联网深度融合的智能定制平台，标志着商业物种进化的最高形态，其出现将终结历史，并开创一个前所未有的数字经济时代。

什么是智能定制平台

智能定制平台的定义与特征

新物种拥有成为整个社会商业生态的中枢平台的潜力，其诞生绝非一时一地或一家企业的偶然创新，而是整个商业发展到一定程度的必然产物。催生智能定制平台新物种的主要有个性需求、智能技术与生态竞合三大动力。

个性化需求是隐藏于社会消费顶层的奢侈性需求，普通人虽向往却难以承受其高昂代价。随着数字化智能制造技术的逐步推广，为满足个性化需求而诞生的个性化定制模式，效率提高成本降低，因而能够逐渐普及。加之数字时代竞争更激烈，品牌与数字化定制平台合作，运用智能化技术向用户提供定制产品（或方案）的模式成为最优选择。

在需求、技术与竞合的综合作用之下，智能化定制平台应运而生，其本质特征也逐渐浮出水面。定制化平台必须具备下述四大特征。

1. 强大的数字化基础设施服务能力

数字化和智能化代表了最先进的生产力，作为最先进物种的定制平台，必须在数字智能化技术方面领先所有物种，才能提供高度契合用户需求、高度敏捷的定制服务。为此，要求定制化平台拥有全面数字化和高度智能化的商业操作系统，而且该系统不应只局限于企业内部，而是能够向全社会开放，成为商业基础设施平台，让参与的中小企业也能获得数字化能力，成为数字化生态体系的价值贡献者。

2. 打通产业和销售端，实现产销合一

要实现高效的深度个性化定制，必须打通全部产业链，从上游原料、产品研发，到设计制造、营销服务，以及后期通过产品与用户互动，建立顾客反馈和数据积累的回路机制，实现产品的快速迭代。如此才能将产业端和销售端打通，让消费者参与产品创造的每个环节，生产者和消费者即时互动、紧密连接。这就要求定制平台必须具备此前的产业平台与交易平台的功能，既有消费端洞察力和服务能力，又有高度发达的产业端创造力，深度满足消费者，实现产销合一。

3. 可以对供需两端双向赋能

企业必须能将数字化产业能力、操作系统转换为成熟的、标准化、可复制移植的模块化能力，再以网络化的方式聚合创意力量和标准化模块能力，对平台上的企业和外部合作伙伴进行赋能，使其价值创造能力和运营效率发生质的飞跃。在需求端，让用户从需求的萌发到要求的明晰，再到参与创造过程的成就感，最后到使用产品带来的体验满足感，大幅提升其生活质量。智能定制平台可以给用户极大赋能，而对供需双方的双向赋能是智能定制平台存在的最大价值。

4. 采用平台模式让供需双方直接交互

数字化、产销合一和双向赋能原本也可以通过管道的方式实现，但其效率和创造力与平台模式有天壤之别。只有采取平台化的商业模式，向一切可能的生产者和用户开放，为供需双方提供直接交易交互、创造与交付的平台，才能高效满足用户的个性化极致需求。定制化平台需要以海纳百川的胸襟包容各类价值创造者，并退居底层提供平台服务。只有让外部创造者强大，定制平台的生态才能更加繁盛。

综合上述特征，不难得出智能定制平台这一商业物种的定义：智能定制平台是在数字智能化技术的基础上，通过多平台界面和基础设施赋能给供需双方，最终创造并交付产销合一定制化解决方案的新型平台物种。该物种可称为"产销合一的数字智能化定制平台"，或进一步简称为"智能定制平台"。

智能定制平台的核心架构与运行机制

同样是面向供需两端，智能定制平台的结构比纯粹的交易撮合平台或产业平台更复杂，它是消费互联网与产业互联网的结合体。不仅在消费端提供 B2C 交易平台，服务于企业与消费者，也在产业端为模块供应商和品牌企业提供 B2B 赋能服务，呈现为后端－中枢－前端的供产销的三层结构，如图 8.1 所示。

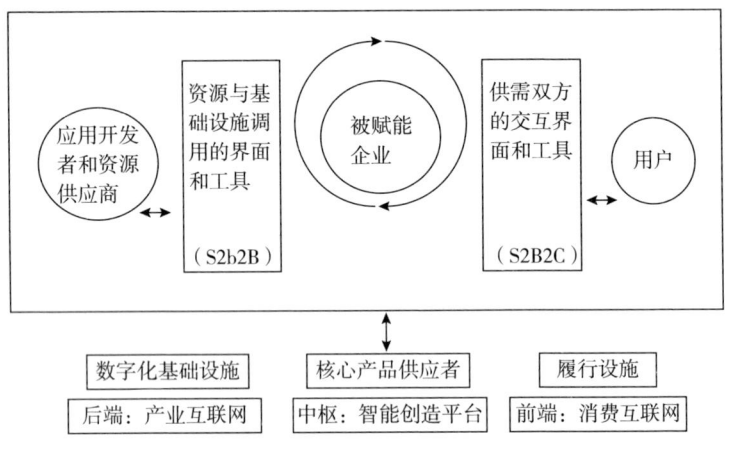

图 8.1 智能定制平台的核心架构

1. 供给后端——敏捷智能的产业互联网

后端的产业互联网部分，也称为 S2b2B，即通过搭建产业的数字化操作系统，为企业用户提供 PaaS 层次的平台即服务。该操作平台基于产业领导者在现有品类中的经验体系而建构，通常包含整套基础功能模块，可以帮助加入平台的企业用户实现自动化和智能化的生产。例如海尔的卡奥斯、西门子的 MindSphere、通用电气的 Predix 皆属于此类工业互联网平台，加入者能搭乘巨头搭建的数字化体系的便车，迅速迈进数字化生产企业的行列。

鉴于企业用户的需求高度差异化，由工业互联网平台提供的通用模块可能无法满足企业需求，因此，平台往往对外实行代码开源，提供易用的免费软件开发工具，吸引外部独立软件开发商和独立模块供应商加入，由它们提供更加个性化的软件与模块，让企业用户自由选择。华为的 OceanConnect 开源平台，谷歌的 TensorFlow，以及企业级软件平台 Linux，都是典型的开源平台，而目前最大的工业 App 平台 Salesforce，拥有数千个工业 App，是 SaaS 领域的翘楚。

通过智能制造操作系统和在系统上运行的个性化工业 App，工业互联网具备了标准化和个性化的服务企业能力，使其智能化创造水平进入数字时代。此外，一个健全而强大的产业互联网还能提供上游资源对接、供应链物流等关键服务，使平台上的企业用户能更高效地创造价值。对平台上的中小创业者，平台可以提供包括金融、财务、办公场地等更多的孵化器服务，平台上的企业可根据自身需求自行选配。

定制平台的后端产业互联网通过提供操作系统、应用层 App、功能模块和资源整合等一系列服务，承担起向众多传统企业客户数字化赋能的职责，为智能定制时代奠定了开放、坚实的产业基础。

2. 创造中枢——平等参与的定制创造者

创造端是智能定制平台的内核部分，其主体是为终端用户创造价值的众多企业，它们从传统企业转型而来，借助平台后端的数字化赋能支持，能更高效地创造产品或服务组合，向用户提供定制化的解决方案。创造端的生产者分为以下三类。

第一类是提供核心骨干产品的生产者，往往是平台主即产业

领导者自身。能建立平台的产业领导者通常都拥有某些核心优势产品，凭借该产品的影响力积累起品牌声望和平台影响力。而随着智能互联时代的来临，核心产品通常都是人机交互的流量入口，在整个平台的产品生态中居于骨干地位，如在信息化软硬件相结合解决方案中的手机、作为生产力工具的笔记本电脑、作为语音交互枢纽的智能音箱、作为厨房解决方案核心的冰箱，都由产业领导者自己提供。

第二类是提供互补品的外部合作者。为了给顾客提供更加极致、开放的解决方案，平台需要引入外部互补品或互补服务的提供者，它们可能是成名已久的其他极致单品生产者，也可能是创业团队，它们提供的互补品与平台核心产品在数字化和智能化的基础上连接为统一的动态价值网络，让消费者可以根据自定义场景需求自由搭配。

第三类是与主干产品无互补关联的独立企业。它们仅仅享用平台强大的产业互联网，以提升供应链效率，降低成本，获得定制化的敏捷能力。因此这类企业虽然不直接参与主干产品构建的解决方案，但在产业互联网上使用平台提供的统一后台，在产品物联网与定制平台保持一致标准，以支持终端用户自定义的产品方案组合。

随着产业领导者的敏捷化、小微化、内部创业化以及外部自由创业体的不断壮大与健全，主干企业与外部企业的内外差异正在迅速缩小，创造能力和创新能力几乎相当。因而当它们同台竞赛时，在权利和获取资源上应无内外之别，服务于它们的企业端操作界面和调配资源的权限必须是均等的，一视同仁才能吸引更多的外部优秀创业者。

3. 需求前端——产销合一的交互交易前端

在直接与用户交互的需求端，定制平台拥有比消费互联网平台更敏捷的用户交互界面，不但能够承接用户下达的标准化订单，还能够根据用户个性化需求，高效地为用户提供定制化的产品或服务，具体表现在以下三个方面。

首先，用户可以在平台上提出定制化需求，与研发设计人员一起参与前期创造，消费者参与生产过程，实现产销合一，将大大增强用户的创作成就感和对产品的满意度。随着用户变得越来越专业、苛求细节，用户参与设计和生产过程将成为趋势。定制平台的用户界面设计需不断优化迭代，带给用户更好的定制创作体验。

其次，智能定制平台向消费者提供智能化的产品，不仅产品可以按需求智能互联，使用户顺畅地与生产者直接交互和交易，而且通过它能操控最终的智能产品，实现人与物的实时互动，使用过程中产生的数据将回馈到云数据平台，便于实时监测产品，并进行后期优化迭代。对用户而言，购买一次硬件，便可享受后期软件升级服务，成为终身用户。

最后，平台还可以搭建用户互动社区，以社交化的方式实现用户之间的心得分享，通过用户的真实分享与互动，使平台与用户、用户与用户间建立更紧密的联系，产生更高的用户忠诚度。用户社区的建立，在消费互联网中已有雏形，在定制平台上效果会更加强大。

产业赋能平台将（后端）产业互联网和（前端）消费互联网结合，组合成强大的"产销合一"创造中枢，完成对整个经济系统的智能化重构，真正实现需求拉动、按需定制的智能互联经济。智能定制平台在向供需两端的重构后再大幅度延伸，最终形成具有强大壁垒的产业生态系统。

组织形态与领导力

1. 组织形态——平台型组织

在组织层面，能与智能定制平台匹配的是平台型组织，其边界、结构、运行方式与传统组织都有本质区别，可谓是组织领域的一次最彻底的革命，其颠覆性表现为以下三点。

第一是边界开放化，从内外分明到开放组织。通过搭建平台并吸引外部创业者与模块供应商，加上深入参与的消费者，大量传统意义上的外部参与者都被纳入平台型组织的范围，都需要在平台的统一治理规则之下协调共生，因此平台组织的边界定义远远超过传统组织。在数字化技术和开放式理念的支持下，内外治理成本已经趋同。在此基础上，设置开放的、可渗透的边界，打破外部门墙与内部隔热层，平台组织可以与外部环境进行零距离互动，实现组织内外部资源、能量、信息的自由高效流通，使组织与外部环境融为一体。

第二是架构扁平化，从高耸金字塔到扁平化网络。面对众多用户的海量需求，以及众多经营体的运行协调，显然无法通过集权的方式进行决策和指挥，只能通过分权赋能、让前端自行决策的方式来实现。因此，产业赋能平台必须推倒层级众多、管控复杂的金字塔，简化为治理后台、赋能中台与创业体的扁平化网络，组织的每个小单元都以平等的网络节点方式相互连接。凭借互联网技术和分布式直连，平台型组织架构可以实现更高效的沟通和更低成本的治理。而治理后台、赋能中台与创业体之间的关系，摆脱了过去层层管控的关系，变成在"决策－管控－反馈－调整"的闭环中各司其职，密切配合。

第三是管理自驱化，从集权命令式到分权赋能。平台型组织是极度扁平化的公司，其运行动力不再来自管理者的权力推动，而是来自用户的需求牵引和组织内部每个节点的自驱动能力。自驱动是知识经济时代员工创造意识和自我管理意识增强的必然产物，平台模式不仅为平台上的每个创业体自驱动的创业精神提供了舞台，对提供基础平台的平台主也可以通过分权和服务价值激励，增强其自主创造力。通过实施"权、责、利"分明的原则，平台型组织确立利益的共创共享机制，以赋能和驱动个体的方式驱动整个组织，获得源源不断的创新与发展动力。

通过上述三项变化，产业赋能平台的组织成为一个高度用户导向的生态型网络化组织，实现"大中台＋创业体"的无缝连接，并能够对用户需求进行敏捷反应，还能实现平台快速迭代，保持创新活力。

2. 领导力——共创型领导者

产业赋能平台的宏大与复杂，对领导者提出了全新的要求，从视野格局、使命愿景和平台领导力上都发生了巨大变化。产业赋能平台的领导者展示出全新的三重角色。

首先是使命布道者。平台要想凝聚人心，吸引众多差异化的参与者，需要拥有格局宏大、解决社会重大而长远问题的使命，该使命不但激动人心，能够真实有效地推动社会进步，而且能包含多方参与者的利益诉求和成长空间。正如阿里巴巴的"让天下没有难做的生意"，药明康德的"让天下没有难做的药、难治的病"一样。

使命建构之后，还需要在各种场合传播使命，并以其指导企业行为，以使命作为终极追求的同时，还要以使命为方向，根据技术发展进度建构阶段性愿景。此外，明确平台价值观作为底线，约束企业行为边界，对于触及红线的行为严肃处理，绝不姑息，才能将使命落到实处。作为使命的构建者、传播者和捍卫者的平台领导者，在此过程中至关重要。

其次是平台奠定者。赋能平台虽是大势所趋，但不会自动生成，需要领导者发挥智慧与创造力去设计平台的顶层架构。然后是以前瞻的视野建构核心平台，并筑起竞争对手难以逾越的护城河，在此过程中领导者不需事必躬亲，但需要有强大的技术前瞻判断力来识别趋势，并凭借强大的使命感召力亲自招募世界级核心人才，才能搭建整个赋能平台的核心。

平台整体架构与核心设施建设完成之后，平台的连接与赋能作用开始逐步显现，用户与创业体在平台上互动和交易，平台对创业体提供多方位赋能。而平台领导者为扩大平台的影响力，还需要整合世界级资源为平台所用，通过开放使整个平台的资源池不断扩大，发挥飞轮效应，让平台引力不断增强，并保持勃勃生机。在平台的奠基和增强过程中，平台领导者的作用不可替代。

最后是开明赋能者。当赋能平台有序运行并日渐强大后，平台领导者需要通过公正透明的规则和机制进行平台化治理。主要包含运营规则和分配机制，通过创建赛道让经营体之间保持密切协作与公平有序竞争，杜绝恶性竞争，消除平台噪声，保持平台治理的洁净度，使平台在经营体的良性竞争和有序代谢中保持活力。在明确规则的前提下，平台领导者可以告别权力控制，变成无为而治的开明领导者。

由于平台内部和外部的治理机制高度接近，在分配方面，平台领导者要胸襟开阔，做到公平公正，对内外参与者一视同仁。平台领导者要从价值链"利益独享"（或多占），分配时"先己后人"的贪婪中走出，与所有生态伙伴"共享利益"，做到"公平分配"。只有将利益格局从以企业自我利益为中心的藩篱中跳出来，让所有参与者的利益得到保障，参与者的成功才是平台的成功，平台领导者才能成为真正意义上的赋能者。

平台型领导者只有开阔胸襟，实现从小我到大我的境界提升，才能建构高瞻远瞩的使命，实现从利己到利他的进阶，并通过赋能，培养出众多具有自驱动意识的未来领导者，布局未来。在培养未来领导者方面，阿里巴巴的合伙人制度堪称表率，造就了良将如潮的鼎盛局面。

智能定制平台的成功之道

诞生的条件和动力

任何一个商业物种的诞生都是技术进步、消费升级和供给侧变革三股力量的联合产物，其中技术起推动作用，需求起拉动作用，企业的商业模式变革起整合作用，智能定制平台也不例外。但与其他物种诞生不同，孕育定制平台的三股力量有着鲜明的新时代特征。

1. 深度下沉的数字化技术作为主要推动力

（1）大数据：突破浅层营销和商业信息孤岛，信息全面化。

大数据的采集与分析的最早使用者是线上交易平台，但其重点在于将商品的搜索筛选与用户的浏览消费记录进行匹配，落脚点在于勾画用户特征，进行千人千面的个性化策展和销售推荐，以提高销售端的效率，目的在于撮合交易。海量的销售数据成为各家制造企业的宝藏，数字化、互联网革命从一线销售开始并不令人惊奇。

但仅停留于营销环节的大数据是表层的、残缺的，企业需要将沉淀在企业内部的 ERP（企业资源计划）数据进行开发利用，将企业内部资源与客户的需求进行有效对接。采集更多的大数据，才能充分发挥大数据的作用，因此企业需要打破传统的信息孤岛，将传统用于管控的信息系统扩展为全息数据，包括与顾客的交易数据、交互数据、行为数据，和内部全流程的研发、生产、运营数据等，实现信息的无障碍交互，是面向智能时代的基本要求。

（2）云计算：基础设施公共化，信息互联一体化和经济化。

随着数据覆盖范围的不断扩大，尤其是外部海量的数据，对企业现有的内部 IT 系统的负载能力将是极大的考验，因此基于云技术的存储和计算服务成为众多企业的选择。企业上云可以避免大规模的 IT 硬件投资，用较低的成本获得强大的计算能力，避免高峰期的宕机事故，而且在云上能够更快地与生态合作伙伴实现即时信息互动和资源对接。伴随着网络效应的逐渐增强，分析海量数据的云计算已经成为全球各类企业的优先选择。

随着技术能力、模块算法的不断增强，云计算展现出越来越强大的优越性。不仅是传统制造企业、服务企业等采取管道型模式的企业上云，就连大型线上服务企业都选择将云计算外包，把解决方案嫁接在公有云之上。与此同时，随着区块链和加密技术的不断进步，云计算的安全性正在得到进一步加强，基于互联网传递、按实际使用量付费、价格更低的公有云服务正在成为商界主流，2019年上半年，中国云服务已经超过传统数据服务。

（3）物联网：超越互联网的云、管、端万物互联网络。

随着计算机的微型化、传感设备的廉价化和网络的无处不在，智能设备的功能可用性越来越高，数以亿计的设备或物品都成为智能终端，并与互联网相连，它们可以将数据上传到云进行处理，并通过应用程序进行管理和控制，共同构成人、机、物共联的万物互联网络。物联网的大范围推广使物理世界的最后一块数字化禁区被攻陷，连接虚拟世界和真实世界的桥梁已经搭好，物联网为智能制造提供了强大的躯干和神经网络。

物联网的日益发达使基于机器深度学习的人工智能决策更进一步，按照预设程序和规则运行的智能制造大幅前进，多维、高精度、高度柔性化的智能制造场景越来越丰富，这将大大缩短决策、研发、生产、传递的流程，提升顾客体验度和企业的运行效率。在越来越多的行业中，人工智能所起的作用正在超过人类，智能制造的智能大脑越来越强大。

2. 极致化需求作为拉动力

（1）从个性化到定制化：一人定制时代的到来。

在数字化、智能化的技术推动下，消费者的需求在多个维度被激发出来。在碎片化传媒和社交平台的信息冲击下，个性化的表达诉求变得空前强大，使新一代消费者无法满足工业大生产的标准品和线上平台提供的优化推荐，从大型耐用品到易耗消费品，一人定制的个性化需求比重正在迅速增加。消费者越来越多地参与到产品的设计中，颠覆传统的 C2M 出现在越来越多的行业。

个性化带来多元化，消费者的个性化需求汇聚在一起成为多元化潮流。企业面对的顾客需求处于高度多元的变化之中，只有高度柔性、快速反应的供应链才能予以满足，因此，服装界出现了比 ZARA 更快的韩都衣舍平台。为了满足多元化的要求，企业必须要变得更加敏捷，而敏捷的方式最好是通过智能化产业平台实现。

（2）极致性能与性价比：对产品性能、附加价值和经济价值的苛刻要求。

在产品供过于求、信息爆炸并高度透明的今天，消费者变得更加理性和严苛，对产品的价格和各项参数出现更加极致的需求，加减增删的价值链组合已经不能满足需求了，要求产品拿出让人信服的硬核表现，没有短板，在颜值、品质、便利操作、互联互通等方面需要诸项全能，或者能随需而变，满足定制化的个人需求解决方案。

除了对产品的性能有更苛刻的要求，消费者还希望付出最低的成本。对产品的价格和获得成本也有更低的心理预期，希望"鱼与熊掌兼得"。为满足极致的效率和成本要求，企业需要采取更高效的运作方式并扩大市场化的交易范围，来实现成本最小化。在比价变得越来越方便的今天，消费者对性价比的追求更有执念。

（3）解决方案的场景化：从单产品、标准方案，到多产品、多场景的融合。

与传统产业时代的标准化解决方案不同，主权更加强大的新一代消费者希望更加自主，通过更灵活的方式搭配不同场景的解决方案，这要求打破原有的产业界限，给消费者赋能，帮助其在多个场景中自由切换，走向跨界甚至无界融合。赋能平台和解决方案不同的地方在于，顾客拥有更灵活的自组织场景选择能力，以及场景融合需求，这是类平台解决方案无法满足的，只有通过定制化的产业赋能平台才能满足。

随着物联网技术的进步，消费者对特定时间、空间和特定人群一起的场景式消费需求正在爆发式增长，呈现多场景、多产品、多连接跨界融合的特点，这些转眼即逝的场景需要诸多不同品类的产品打破各自边界，进行跨界融合（例如给冰箱搭载音乐、菜谱、购物等功能）。这就需要诸多产品之间有共同的操作系统和 API 接口，使不同产品可以跨界融合，以及让消费者任意组合的个性化供应链等。

3. 供给端的变革——物种自身竞争演化

如果说技术是外部推力，需求是外部拉力，那么商业物种的进化还需要企业内部的驱动力才能实现。进入物联网智能时代以来，为了满足消费者的苛刻需求，企业内部形态也在演变，表现为以下三个方面。

（1）分工两极化：重复性工作的智能化和创造性工作的多元化。

新时代的分工不断演进，现代经济学鼻祖亚当·斯密所说的分工越来越细的趋势被阻断，走向了另一个方向，那就是越来越多领域内复杂细微的分工由于面临人工智能的替代而正在慢慢消失，切割成很多环节的流水线重复劳动正在被统一的机器人智能制造优化成更少的环节，重复的机械劳动正在被更加智能化的系统替代，走向统一。

而在另外一端，需要更多创意的工作的分工变得更加丰富，大量依靠创新精神崛起的极客涌现出来，与传统巨头内部研发或创意人员不同，在更加完善的互联网基础设施之上，他们可以将更多的精力放在富有创意的部分，使整个社会的创造力呈现出井喷式的局面，自由创业体能更敏捷地回应多元化的用户需求。

一方面是基础工作的统一化和智能化，另一方面是创意工作的社会化和多元化。社会分工的两极分化状态，使传统的基于专业化壁垒的商业物种已经不能适应新时代的分工要求，而"平台＋创业体"式的全新商业物种则更能适应。

（2）合作无界化：企业之间的合作走向全流程、无边界的智能互联。

随着云计算等互联网基础设施的升级迭代，企业之间的合作越来越深入，比丰田、沃尔玛采用信息化技术管理上游供应商的方式再进一步，不仅是产业链内的局部销售数据开放，而且是从横向、纵向两个维度扩展到所有合作伙伴的全流程，从产品销售向上下游延伸到需求交互、创意生成、生产制造、使用反馈等全流程数据，都需要借助共同的数字化平台实现深度、实时共享，从而进行分析和运用。

除了纵向的数据深度，在消费者的个性化定制要求下，所有的产品都需要同时实现不同产品在不同场景的跨界融合，多触点的相互协同（如海尔冰箱的音乐、菜谱分享、生鲜电商）。不同产业跨界的可能性和幅度空前加大，走向无界状态，传统产业边界正在彻底消失。要想让企业合作达到全产业、全天候、全流程的全息状态，必须有基于万物智能互联技术的云平台作为基础，并且有相应的商业物种将构想落地。

（3）管理平台化：合作关系替代控制关系的合弄制、共生组织。

随着知识经济和创意经济的崛起，使企业管理呈现出新的特征，员工的独立自主性大大加强，变成更加强调平等合作和自我价值意识的"自主人"，不能再用以往的经济人、社会人、复杂人的假设来对待，需要以更具感染力、更真实、与每个人相关的使命愿景来吸引人才，并创造更能发挥员工创造性的工作环境，采取更有吸引力的激励措施，才能留住人才。尤其是当人才流动越来越频繁之时，对内外部人才的吸引与存留需要提到相同的高度。

随着管理的外部环境和内部要素的变化，企业的组织形态也在呼唤新的变化。包括需要内部变得更加敏捷以应对快速变化的外部环境、日趋复杂的竞争，还需要与外部伙伴无缝连接以满足极致苛刻的顾客需求，组织的治理则需要更加透明、民主化。这些特征是传统科层制及其改进形态无法满足的，一种全新的赋能前端、后台集约、去中心化的扁平网络型组织和与之匹配的管理方式呼之欲出。

智能时代的大数据、云计算与万物互联的技术推动，个性化、极致化、多场景融合的需求拉动，以及分工两极化与管理平台化的内部驱动，在这三重力量的作用下，以往的几大商业物种在相互激荡中不断自我迭代，并从中孕育出全新的物种——能够孵化极致创业体，且融合品类大王、线上平台和传统领导者优点于一身的智能定制平台应运而生。

关键成功因素（同类相争）

不同产业赋能平台的竞争力是不同的，即使所选择的产品领域相近，也会因为投入力度、价值主张、战略路径的选择不同而产生天壤之别。有的产业赋能平台还未建立就已经烟消云散，而有的产业赋能平台却能不断做宽做厚，越来越强大。它们之间的主要区别如下所述。

1. **数字化平台的投入：不论起点如何，都要有数字化平台作为基础**

    智能定制平台是在数字化语境下的商业物种，无论是传统产业领导者向上探索，还是互联网巨头向产业下探，其前提是以数字化技术作为基础。而相似的产业平台之间数字化能力的优劣，将决定平台的成败。

    在数字化平台的搭建过程中，物联网边缘计算的数据采集是源头，IaaS是支撑，PaaS是核心，SaaS是枝叶，其中核心平台PaaS必须掌握在智能平台自己手中，其他层次的模块可以与外部平台合作或开放给开发者自由创造。

    数字化平台之间的竞争是技术的竞争，也是资源投入的竞争。是否能在关键领域大量投入、饱和式攻击，将决定一个平台能否冲破桎梏，将命运掌控在自己手中。阿里云大量投入天梯工程，并最终替代原有的技术架构，摆脱了对IOE[①]的依赖，成为世界级云服务商。除了自行研发外，还可以通过斥巨资进行并

---

① IOE是IBM的小型机、甲骨文（Oracle）数据库、易安信（EMC）存储设备的缩写。

购，如西门子大举收购软件开发商，搭建 MindSphere 平台。

而那些在技术投入方面畏首畏尾，雷声大、雨点小的平台，无论是平台技术开发，还是商业应用场景推广，都很难向行业领导者发起冲击，只能困守在狭小的区域自行封王，很快会变得平庸，最后成为他人的附庸。

2. 合作伙伴的选择与对外合作机制：开放与严选、竞争与合作的双平衡

即使有了高昂的技术投入，并产生了相当大技术优势的平台，如果在商业模式设计方面存在明显短板，也会导致平台萧条，成为孤家寡人，如 IBM 云服务以提供解决方案的模式与行业领导者合作，开发出一套定制化的 SaaS 系统，但无论从技术角度还是产权角度，都不能复制提供给第三方使用，因而其云的主要成分依然是封闭、孤立的私有云系统。

平台商业模式设计的关键是对生产者（或开发者）的开放力度、进出机制与分配机制，志存高远的平台自一开始虽然面向一切开发者开放，但会提出很高的标准，对进入者的资格进行考核，并且在运行过程中实时保持控制，屏蔽噪声。同时根据自身话语权与开发者按比例分享收益，平台对分享比例有定价权，如吸引力大、话语权强的苹果可以设置为收入的三成。

平台能否吸引到更多优秀的合作伙伴，还取决于平台掌控者的自营业务与加入者有无直接竞争关系。如果有，潜在的合作者则不会进入，将自身的数据暴露在竞争对手面前，根本没有战胜平台自营业务的可能，这也是为什么亚马逊的竞争对手都不采用 AWS（亚马逊云科技）的原因，因为亚马逊的业务边界不断拓展，对手太多，它们宁愿选择中立的微软云或谷歌云。

华为的计算战略中也表示不碰应用层，以让开发者与合作伙伴放心。

3. 用户满意度与黏性：价值主张设计与兑现用户承诺

产业赋能平台的生命源泉还是来自对用户的吸引力，而这需要依靠平台的使命感，吸引优秀的参与者，向用户创造极致的价值。首先是从具有极致价值的单品开始，依照智能互联技术，实现产品的多功能属性，并且在产品组成的多场景解决方案中占据流量入口的位置。

从手机到电视，再到如今的智能音箱，都被视为连接诸多产品的枢纽，尤其是代表人机交互未来的智能音箱市场，更是引来小米、阿里巴巴、京东、百度、亚马逊、苹果、谷歌等一众巨头的争夺，试图占据万物互联人机交互的入口。在音箱的基础上，加载人工智能对自然语言的分析和理解，生成指令以控制周边智能产品，一旦成功，则极大强化了平台对用户的黏性。

离真正的万物互联还尚有时日，当前的用户黏性主要来自服务或虚拟产品的一体化，这是被数字化技术已经深度改造过的轻领域，从信息获取、商品交易、社交与娱乐，再到本地生活服务，都是互联网巨头耕耘已久的地盘，但在新的技术浪潮推动下，这些消费互联网中的用户黏性可以被嫁接到产业赋能平台中，发挥 1+1>2 的作用。例如海尔的智能冰箱和京东相结合，可以迅速给冰箱补充食物，强化了两者的黏性，取得双赢。

产业赋能平台的用户黏性可以嫁接到消费互联网中，形成多平台的复杂网络效应。

竞争力来源（异类相争）

与前面的几个商业物种相比，产业赋能平台有更多维度的竞争力来源，而且随着商业范式的改写，其每个维度都有不同的内涵，焕发出新的生命力，与以往所有商业物种相比，具有很明显的优势。

1. 敏捷的规模经济

产业赋能平台能实现规模化定制，满足个性化需求，这就将规模优势和柔性敏捷优势结合了起来，继承了前者低成本的优点，同时又避免了其船大难掉头、反应迟钝的弊端，可谓是规模优势的升级版。

传统品类大王只在有限品类内有规模优势，是在特定产品上相较于同行的规模优势，拥有更大的生产规模，就意味着更低的成本、更大的利润空间、更多的战术选择。但品类大王的规模优势局限于同质化的产品生产和营销，面对需求个性化时，其优势就会失去存在的前提条件，反而变成缺点。

而产业赋能平台的个性化定制则打破同质化规模的限制，实现个性化。通过将产品的原料组件进行模块化和数字化改造，在制造的源头已经实现规模化，降低了成本；再根据用户定制订单，通过智能化的生产网络将模块化的组件进行灵活组合，快速满足用户需求，因而同时具备了规模化和敏捷化的优势。

实现敏捷的规模优势，其关键在于提前将组件标准化以及生产网络智能柔性化，这两者都需要通过数字化的物联网才能实现。

2. 互联的范围经济

传统的范围经济存在于两个环节：一是生产端的多品类协同互补，生产品种越多，总成本越低，而且产品种类越全的公司对顾客越有吸引力，能创造更多的利润；另一个是在终端销售环节，线下或线上平台的海量 SKU 让消费者体验到充分的选择权，范围经济成为零售公司的核心竞争优势来源。

产业赋能平台重新定义了范围经济的来源和影响力度。产业赋能平台深入特定产业进行数字化改造，凭借对生产端模块的灵活组合，能创造出多样的产品，加上平台上参与者的多样性，产业赋能平台具备创造无限品类产品的可能性。比之相对封闭的管道型解决方案，能够提供更大范围、多场景的解决方案，有更大的范围经济优势。

与此同时，相较于线上交易平台的无限品类，来自传统企业所生产的静态化产品，被动地让顾客进行组合搭配，容易造成无的放矢，只能通过搜索引擎进行筛选，或者进行个性化推荐。而产业赋能平台的产品通过智能互联后，可以与周边产品进行有效联动，并根据用户使用情况持续更新和扩展，主动、动态、精准匹配取代了原有的被动、静态的模糊搭配，将范围经济推到全新的高度。

因此，产业赋能平台凭借产品的柔性生产和使用后的智能互联获得了全新的范围经济优势，动态的、实时更新的产品互联使范围经济有了质的提升。

3. 全息的学习效应

产业赋能平台具备全息的学习能力，能够自主进行自我迭代，无论是学习的广度、深度还是速度，比其他物种都有明显的优势。

传统品类大王拥有生产端经验曲线，但只限于自身的品类范围，并局限于单个企业内部，即便采用了内部信息化软件，也因为无法与外部企业交流共享从而获得更快速的迭代。而线上交易平台虽然拥有大量的买卖双方的交易数据，但也只能是止于交易数据，对于产品的使用与反馈数据，以及产品自身的持续迭代则无能为力。一个封闭（欠缺广度和速度），一个停留于表层（欠缺深度），学习效应自然会大打折扣。

而产业赋能平台能覆盖从上游原料采购、研发制造、销售物流到用户使用与互动环节的供需全流程和全网数据学习，并完成数据闭环，形成持续动态的反馈机制，对改进产品的性能和用户体验具有重要的作用。产业赋能平台的学习效应，无论从广度还是深度，以及产品迭代速度上来说，都大大超过以往的商业物种。

智能时代，所有的商业要素都实现数据化并实时在线，为产业赋能平台发挥其学习优势提供了充分便利的条件。当然，如此庞大的学习量，只有通过云平台支持的深度机器学习才能实现。

4. 立体的网络效应

立体的网络效应是指兼具双边、双向、直接、间接的网络效应。

产业赋能平台的第四重竞争优势来源是网络效应。产业赋能平台作为容纳了消费者、生产者和工具开发者的三边平台，拥有三重网络效应。

第一重是同类型生产者之间的单边网络效应。单边网络效应符合梅特卡夫定律：网络价值与节点的平方成正比。而产业赋能平台在供给端形成单边网络效应，由于产品互补，生产者之间会产生相互吸引。互补品生产者越多，每个生产者所得到的价值就越大，平台的网络价值就越大。

第二重是存在于生产者和消费者之间的双边网络效应。生产者越多，能吸引到的消费者就越多，反过来也一样，平台上消费者越多，能吸引到的生产者也就越多，供需双方的相互吸引使产业赋能平台的规模如滚雪球般膨胀，平台价值也能呈指数级放大。

第三重是存在于生产者和开发者之间的网络效应。智能定制平台除了以自身拥有的产业能力和智能化系统向生产者赋能，还吸纳外部开发者为生产者提供生产工具、应用或组件，共同为生产者赋能，开发者与生产者之间也形成一组双边网络效应，开发者越多，生产者就越多，反之亦成立，两者相辅相成，共同成长。

5. 牢固的生态锁定

多平台叠加形成了"中台＋合作者＋产品"的生态圈。

智能定制平台上的互补品生产者、消费者、应用开发者组成的三重网络效应给生产者带来巨大价值，为产业赋能平台创造生态锁定效应奠定了基础。

随着供给侧的生产者和开发者从平台获得越来越多的价值，它们也会增加在平台的专属资产投入，当增加到一定程度时，参与者转移到其他平台的成本将会越来越高，对平台将会越来越依赖，从跨越多平台变成专心致志地在一个固定平台，智能定制平台因此在供给侧实现深度生态锁定，在此基础上则进一步扩大影响力。

另外，智能定制平台对消费者也有生态锁定能力，只要消费者从平台内购买了一款智能产品，通过设备之间的物联网连接，平台提供的其他配对、互补产品对消费者有更强的吸引力。再加上设备的智能属性，硬件不变的前提下可通过软件的迭代实现产品性能与体验的升级，这些都需要平台的支持。平台通过物联网提升用户的忠诚度，实现深度吸引。

产业赋能平台的生态锁定能力并非从天而降，它取决于前几项优势的水平，尤其是底层系统快速迭代的深度学习能力和网络效应。而不同的智能定制平台由于这几项能力的差异以及所处环境的约束不同，其竞争优势也会参差不齐。

智能定制平台的现状与未来演绎

智能定制平台的发展现状

智能定制平台虽然潜力无限，但目前只是星星之火，尚未发展成熟，并没有出现强大的定制平台，各方参与者依然在努力搭建定制平台的四层架构。根据起点和侧重点的不同，现有的定制平台可以分为三类：侧重供给端的产业平台、侧重消费的交易平台和初步产销一体化的定制平台，产业平台和交易平台都在向定制平台靠拢。

1. **偏供给的产业互联网平台**

产业互联网平台也被称为工业互联网，此类平台的起点是制造业领军企业，首先是工业控制自动化企业和大型设备制造企业，它们大多数的业务是为企业级客户提供定制化的装备服务，本身有很强的定制化业务经验。随着智能技术的发展，它们通过现代传感器和移动物联网技术将终端产品的运行数据传输到后台，通过云计算分析大数据和监测设备实时运行状态，为企业用户使用和维护设备，以及未来产品优化迭代提供了数字化支持，使设备定制变得越来越智能。

以制造业领导者为起点打造的智能定制平台，重点是整合内外部力量，先打造一套开放的工业化操作系统平台，将企业运营流程全部智能化并上云，提供相关软件服务和数字化服务，给中小企业的智能制造提供赋能。为满足中小企业的个性化需求，平台向第三方提供软件开发环境，构建起包含边缘计算、云计算、操作平台、应用软件的立体化工业互联网。

此类企业比较典型的有通用电气、西门子、博世、大众、ABB、施耐德、三一重工等。它们不仅有领先的产业技术基础，并且在将智能技术与传统产业链结合方面有独到的能力。目前此类平台的终端用户主要是企业，而非个人消费者。

2. 偏消费的数字化交易平台

数字化交易平台也被称为消费互联网，此类平台的起点是拥有大量用户资源的互联网消费平台，如电商和社交网络（阿里巴巴、京东、腾讯），或两者的综合（拼多多）。它们的平台已经具备了交易撮合功能，并围绕交易布局了支付、物流、大数据分析等数字化基础设施，对众多企业端客户形成了巨大黏性。在已有的基础上，此类消费互联网平台逐步向上游产业端渗透，希望建构起以消费大数据为中心的、覆盖制造与消费的立体化平台。

但此类平台从消费上溯到产业制造遇到了重重挑战，之前在消费环节发生的双边网络效应与指数级增长很难复制到产业端，因而只能先通过推广云服务基础设施锁定企业用户，再逐步推进数字化改造升级。由于不熟悉每个产业的特殊性，在产业端的赋能力度稍弱，这条改造之路进展缓慢。

3. 产销一体化的初级定制平台

这是完整版的产业赋能平台雏形，其起点是面向消费者的传统产业领导者，它们不仅通过多年经营在个人端拥有大量用户，在产业链上游有强大影响力，而且在产业环节积累了大量工业生产数据、模型算法、研发设计等各类资源与能力。经过主动的数字化升级和平台化转型，整合原本分散的产业资源，将制造企业与外部用户需求、创新资源及生产能力对接，促进产能优化，通过支持C2M大规模定制来满足市场多元化需求，已经具备一定的智能定制化能力。

此类平台的构建者大多是消费品制造业领导者的数字化升级形态，如青岛红领、海尔、美的、华为等，它们基于深厚的产业经验积淀，搭建了数字化操作平台与开发者平台，甚至从核心产业向其他行业拓展，赋能给周边中小企业。它们比互联网企业更懂产业，比工业巨头离消费者更近，发展潜力也更为巨大。

上述三类产业赋能平台是阶段性局面，目前都处于发展过程中，远没有达到完善的状态，还需要相互之间取长补短，完善自身。论智能水平，互联网企业最高；论智能定制能力，面向企业客户的工业巨头最强；论发展潜力，消费品制造巨头最强。在未来的竞合中，产业互联网与消费互联网的结合会更加紧密，从而变成产销一体、功能齐全的产业赋能平台（见图8.2）。

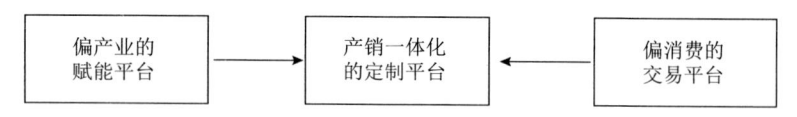

```
偏产业的          产销一体化          偏消费的
赋能平台    →    的定制平台    ←    交易平台
```

图 8.2 现有智能定制平台的分类

智能定制平台全面普及的障碍

新物种从诞生到强大并非一帆风顺，在现有的条件下，智能定制平台的全面普及面临着多重挑战，挑战主要来自技术壁垒、竞争壁垒以及消费者障碍，主要表现如下所述。

1. 技术壁垒：新老 ICT 巨头相互隔绝

目前，推进智能定制平台尚处于起步阶段，拥有先进智能技术的 ICT 巨头纷纷抢占赛道。其中互联网企业在消费互联网的个人端应用和数据积累运算方面领先，它们希望能凭借大数据与算力将互联网技术的先进势能扩散到上游制造企业中。但由于企业端用户需求差异大、决策周期长，在消费互联网领域行之有效的方法，无法复制到产业互联网领域，互联网巨头对传统企业生产力提升相当有限，进展缓慢。

而擅长服务传统企业的 ICT 企业，空有服务能力却缺乏相应的先进生产要素，例如 IBM 的 Watson 智慧医疗项目搁浅，就是因为缺乏足够的大数据训练，导致平台冷启动，智能水准大打折扣，因此也难有作为。传统企业升级到产业互联网需要的是互联网企业的大数据、云计算和 IT 企业的组合解决方案的集成服务能力，但上述两大企业势同水火，都在争夺解决方案的主导权，因竞争激烈而极少合作。

新老 ICT 巨头之间的竞争在一定程度上促进了智能制造的发

展，但其以邻为壑的姿态产生的阻碍作用更大，总体上延缓了智能制造平台的成长。ICT新老巨头需要通过兼并联盟来实现优势互补，才能加速智能定制平台的壮大。

2. 竞争壁垒：产业领导者争雄的壁垒

而传统产业领导者作为产业互联网的主导者，其掌握的产业核心知识体系在大多数时候都是互联网企业无法侵蚀的价值高地。尤其是在集中度高的成熟行业，产业领导者的统治依然稳固。它们通过对运营的数字化升级，也能转变成智能定制平台（如青岛红领）。而居于顶端的产业领导者，还能将数字化能力输出给中小企业，成为智能制造的赋能平台，如西门子、ABB、施耐德、海尔、三一重工等，吸引了大批无法独立完成数字化转型的中小企业加入。

但在面对相同级别的竞争对手之时，产业互联网的推广也遇到消费互联网同样的阻力。各产业的领导企业纷纷自建平台掌握自身命运，扩大势力范围以求自保。不同产业领导者所建平台之间的竞争与隔绝，丝毫不亚于互联网企业之间的封锁，相互隔绝、重复建设带来了低效与浪费，也延缓了智能定制平台的普及速度。

为了争夺消费者，消费品产业领导者与互联网交易平台的合作也出现裂痕。产业领导者希望互联网企业扩大其推广渠道和用户群体，但又对后者掌握自己的用户数据心存戒备，而消费互联网对产业定制平台直接吸引用户也有所防范。两者的貌合神离使整个生态的协作缺乏动力，生态协作不畅也对智能定制平台产生了无形的阻碍。

3. 消费者障碍：用户主权与隐私保护的陷阱

作为两大势力争夺焦点的用户，既是产业赋能平台的动力，但在目前阶段，也可能成为产业赋能平台的推进障碍，尤其是在发展初期，来自用户的限制非常明显，主要表现为用户价值妥协和用户隐私方面的安全隐患。

　　用户在不同需求（消费场景）中的价值图谱并不相同。在基础需求中侧重质量、价格、便利性，在重要需求中才重视产品（品牌）的精神属性是否符合自身的特殊需求。因此，大多数用户价值谱系都会经历"成本 – 便利 – 品质 – 创新 – 生态"这五个递进阶段，智能定制需要逐个攻克这五大价值，才能赢得用户。

　　此外，由于此前法律不完善，消费者在平台上产生的信息归属权一直悬而不绝。加上监管缺位，部分平台贩卖用户信息或滥用用户信息进行杀熟，给互联网时代用户信息安全带来很大威胁。用户对置身于被数字控制的世界感到疑虑，公布信息变得更加保守，这给智能定制平台运用大数据带来了潜在的障碍。如何合法地获取和使用数据成为智能时代的新挑战。

　　智能定制平台作为未来最具竞争力的商业物种，由于上述风险和阻力的存在，在现实中的推进并不能一蹴而就。相反，还要受到技术、竞争和用户需求的三重约束，推进过程变得缓慢而分散，在消费互联网时代所创造的指数级增长奇迹很难再度上演。智能定制平台需要不断积蓄力量，以打通自身内部节点，并挣脱外界束缚，成为主流商业物种。

智能定制平台未来格局推演

1. 主导者重组分工

　　放眼未来，智能定制平台从先锋位置登上主流商业地位，需要依赖其背后的根系力量不断扩张与延展，这关系着背后千千万万的隐形参与力量，其中有四股主要力量，分别是传统产业领导者、互联网企业、传统ICT服务商和第三方开发者，它们需要参与到数字化变革的浪潮中，并且相互配合，才能推动大局。

其中，传统产业领导企业经过数字化变革后，在集中度高、资产重的领域将成为主导者，其建立智能定制操作平台的动机最为强烈。向产业领导者提供服务的传统IT企业也必将云化，将其服务上云，并将应用软件拆解为可组合的小模块，由用户自行组合使用，IT巨头变得越来越平台化，与互联网企业越来越接近。而深入产业的互联网平台企业则变得更重，在中小企业众多的领域发挥数字平台基础设施作用。

上述三大力量都在吸引中小企业和资源模块商加入智能定制平台，而后者成为智能定制平台上最活跃的力量，也是第四股力量。它们依托平台提供定制化服务，供给侧的软件开发者和资源商面向企业用户，需求侧的智能硬件生产者和服务提供者面向终端用户，组成面向企业端和个人端的智能定制创造者生态。

四层力量分工为：自动化和通信企业提供面向用户的各类物联网设备以采集数据，作为平台的数据来源；而互联网平台企业提供云服务，作为平台的支撑（IaaS）；制造业领军企业则提供工业互联网智能操作平台（PaaS）；传统IT企业和软件开发者则提供应用软件（SaaS），参见图8.3。

2. 渗透顺序由近及远

鉴于各行业技术壁垒不同，数字化难度有差异，上述四种主导者的力量分布各不相同，因而不同产业的智能定制平台落地的时间有先有后。其渗透顺序通常遵循着明显的逻辑线（必要性和可行性），决定了智能定制平台在哪些行业率先实现，在哪些行

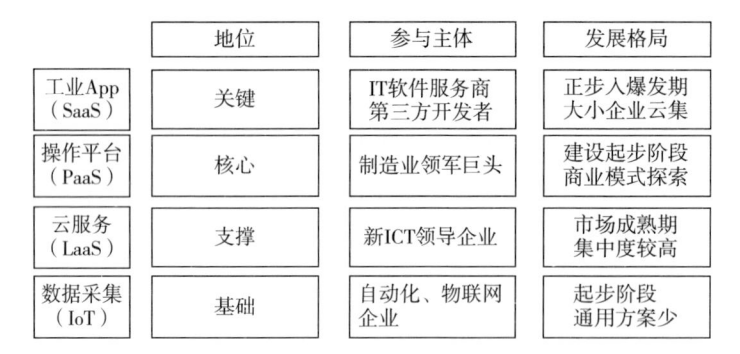

	地位	参与主体	发展格局
工业App（SaaS）	关键	IT软件服务商 第三方开发者	正步入爆发期 大小企业云集
操作平台（PaaS）	核心	制造业领军巨头	建设起步阶段 商业模式探索
云服务（IaaS）	支撑	新ICT领导企业	市场成熟期 集中度较高
数据采集（IoT）	基础	自动化、物联网企业	起步阶段 通用方案少

图 8.3 推动智能制造平台的四大力量

业延后实现，甚至无法实现。大致可以分为以下几个批次。

第一批是已经实现智能定制的先锋行业。包括已经实现数字化的互联网行业和 ICT 行业，全球的数字化浪潮由它们发起和推动。从 20 世纪 60 年代起，以电脑的商用化、个人化、小型化、移动化为阶梯，在逐步实现全面数字化和互联网化的基础上，这类企业提供数字化的软件、虚拟产品、内容信息服务等给消费者和企业用户，早已通过智能平台实现产品个性化展示、推荐和量身定制。

第二批是正在数字化的工业设备行业。工业设备昂贵，需时时维护，因与企业产出效率息息相关而备受企业重视。设备的电气化、自动化、智能传感与后台监测和分析系统最早被建立起来，无论是设备制造商还是使用设备的企业，都已默认智能定制为最先进的模式，目前的关键在于提升智能程度，如德国工业 4.0 的无人工厂，瑞士的 ABB 用机器人生产机器人的自动化工厂，都是其中的先进代表。

第三批是需用电可联网的耐用消费品产业。这类产品需要用电，且需要联网才能正常使用，如智能手机、个人电脑、智能手表、智能音箱等智能设备，都率先加入智能物联网。而随着产品不断迭代升级，原本不需联网的产品也加载了定位器、传感器和互联网功能，便于远程操控和功能迭代，这类产品也成为物联网系统中的一员，例如门锁、电灯、空调、厨具、洗衣机、冰箱等，连上网络后组合成为智能家居系统，出行工具如汽车也成为重要的智能终端。耐用消费品的物联网化，是其实现智能定制的前提。

第四批是可用物联网监测的易耗消费品产业。这类产品本身通常很难变成可联机器，但在其典型使用场景中，可以被其他智能传感系统捕捉、监测实时状态，能够反馈给用户有效的信息，帮助用户做决策。例如，冰箱里的食物数量、酒瓶中所剩酒的重量、墨盒中的碳粉数量等，因其与其他智能化产品搭配使用，所以能够被纳入物联网系统。这类产品或服务能够加入智能定制的阵营，但需要考虑成本和收益的平衡，来决定其是否有必要智能化。

第五批是最难进行数字智能化改造的产业。其产品载体和周边产品的联网难度或成本极高，定制难度极大，用户也不愿意为此多支付成本。或者智能定制的必要性并不大，即使实现定制化，对用户的效用也并无明显改善。正如宇宙中存在反物质的黑洞一般，商业世界中也存在一些数字智能文明照耀不到的蒙昧产业，它们将停留在传统形态。但这并非固定不变，随着技术的跨越式进步或消费需求的转变，原本"既无必要又无可能"进行智能定制化的产业也可能会迎来变革。

智能定制平台的远景展望

随着智能定制平台的逐渐铺开，其必将占据商业舞台的中心区域，为人们创造出商业和生活世界的全新图景。

首先是商业物种的格局重组。在大多数情况下，兼具多重竞争优势的智能定制平台对其他商业物种有着碾轧优势，它的出现必将占据其他物种的生存空间，要么将它们淘汰，要么将它们纳入自己的体系。其他物种只有升级为智能定制平台，或数字化升级后成为其有机组成部分，才有可能生存下来。届时，将围绕智能定制平台物种形成无所不包的数字化生态体系，而无法智能化的珍稀产业，则像孤岛一样被智能化的海洋所包围，直到被淹没。

其次是操作系统的统一。消费级主流操作系统目前有谷歌安卓、苹果 iOS、微软视窗、华为鸿蒙，市场基本成熟但不稳定，存在着巨大变数。传统制造业领军企业争相推出产业互联网平台，导致工业级操作系统则相对繁多。但巨头之间的技术壁垒并非不能跨越，在万物互联的大趋势下，巨头将达成类似互联网协议（TCP/IP）的全球物联网协议，让不同平台创造出的智能产品之间能够兼容，云服务、大数据、人工智能等先进技术也将在统一的标准上实现互访和互换，全球的数字智能力量将被新的规则整合在一起。

再次，数字化的底层标准统一后，各大智能定制平台便可以同场竞技。因为技术标准的开放，技术壁垒被打破，定制平台之间的竞争关系将变得更加激烈。出于万物互联的需要，又不得不与对手保持兼容，定制平台之间因而形成了奇特的竞合关系，共同推动整个商业世界进步。同时，在定制时代用户拥有价值主导权，平台价值的差异化和普适性的平衡变得更为重要，各智能定制平台需进一步强化创意生成、资源整合、需求聚合、价值创造和交付等核心环节，让用户达到极致满意，并不断刷新高度。

最后，消费随心所欲。对消费者而言，智能定制时代的全面到来，使按需定制成为普遍现实，生活变得无比便捷，充满了无限可能性。无论是日常消费品、耐用消费品的随需而定，还是包括教育、医疗、交通、金融在内的各项服务，都因为高度数字化变得更加智能，可以更有效地获得高度定制化的解决方案，极致满足用户需求。由点及面，全社会范围内基础设施的高度数字化，让整个世界步入数字化时代，将机器智能与人类独特的才华和创意有效结合，发挥到极致水平。

万物互联的智能创造，按需定制的人机交融，人类文明将彻底从农业时代、工业时代进化到数字时代，这正是智能定制平台这一全新物种一直期许，也正在描绘的未来世界景象。

[变革案例]

从海尔智家看智能定制平台的兴起

不断自我颠覆的海尔

"没有成功的企业，只有时代的企业。"

一向自以为非的海尔正是这样的企业，总是在大家认为它"已经足够好"的时候自我颠覆，几乎每隔7年就会打碎自己重生，成为在无人区无人可比的独舞者。

2012年，成功经历了名牌战略、多元化战略、国际化战略、全球化战略四个发展阶段后，已经登顶世界白色家电第一品牌的海尔进入第五个战略阶段——网络化阶段，主动开启新一轮全面变革与自我颠覆。

海尔的网络化不止于表层的营销线上化，而是从一开始就全面布局。在价值链上全面推进人单合一，从批量化生产转向消费者订单拉动的大规模定制模式，打造按需生产、产品不用入库的智能工厂。

在组织端，海尔开始打碎传统金字塔组织，先是从正三角变成倒三角，让后台支援前线，随后又采取了更激进的方式，大幅裁减中层干部，去掉中间隔热层。同时打造平台孵化小微，将传统的金字塔组织变成网络化组织。从战略到组织到相关能力（战略、组织、员工、用户、薪酬、管理），海尔大胆地进行全面彻底的自我颠覆。

在不断的争议声中，海尔克服内外部阻力负重前行。通过借助互联网转型，逐渐将企业从最初的家电品类大王，进化为平台型企业。在传统白电主业之外，海尔从企业内部培养出数百个小微组。还通过"海创汇"平台，吸纳外部创业者。加上围绕海尔的上游供应商和下游合作伙伴，海尔逐渐打造出一个生态共同体。

与传统企业松散的利益联盟的不同之处在于，海尔的生态共同体建立在自主打造的数字化平台基础之上，这个平台在海尔生态体系中居于总枢纽的重要位置，同时它也代表着一个全新商业物种的诞生。

横空出世的海尔工业互联网平台卡奥斯

在2017年2月的第一届世界工业互联网大会上，海尔向全球发布其自主研发的工业互联网平台卡奥斯（COSMO Plat，Cloud of Smart Manufacture Operation Plat，智能制造云平台），向全球所有用户与合作伙伴提供开放的云服务，这是中国首个拥有自主知识产权的工业互联网平台，一亮相就惊艳了众人。该平台支持用户与企业全流程、全要素、全周期的交互，消费者和生产者在平台上无缝对接，用户可以在平台上按需制造产品，并以全程可视化的方式掌控进度，传说已久的大规模定制时代终于到来。

卡奥斯作为海尔智慧生活生态系统中的基石平台，负载了5个子平台。首先是聚焦用户需求的定制平台众创汇，用户可以提出创意或期望，与平台上的各种设计师对接并确定方案，再通过智能工厂进行生产，两三周就能拿到定制产品。HOPE平台对接全球研发与创意机构，聚集了全球数十万个原型设计、技术方案、结构设计、快速模型、小批试制等解决方案资源提供者。海达源平台则是模块商资源平台，可无障碍接入全球一流资源。制造平台包含海尔旗下十一大智能互联工厂，支持用户全程参与大规模定制。物流平台起源于海尔日日顺，通过平台模式，打造出开放专业标准智能的供应链一体化服务解决方案。

与卡奥斯平台的物联网平台生态同步，海尔重塑了企业价值边界，以"智慧家庭"作为核心价值，搭建了"5+7+N"的全场景解决方案。包含客厅、厨房、卧室、浴室、阳台五大物理空间，以及全屋空气、用水、洗护、安防、交互、健康、网络七类解决方案，用户还可以根据自身喜好定制智慧生活场景，提供无限变化的可能。用户通过U+智慧生活平台，可以获得全场景、全方案、全产品的定制服务，并且实现互联互通、主动服务、语音交互的后期增值与迭代服务，智能时代的智慧生活场景变得立体起来。

围绕"智慧家庭"的核心价值，海尔平台上聚集了大批全球优秀内外部创业者与合作伙伴，构建了一个全新的物联网生态圈，并取得快速发展。数据显示，2017年海尔产品的定制率已经接近20%；最初的八大智能工厂部署卡奥斯平台之后，生产效率提升了60%，产品不入库率达到71%。2018年，海尔智慧家庭成套销售占比达到25%，智慧家庭物联网生态收入比上一年增长16倍，展现出蓬勃发展的生命力。2019年7月，海尔集团上市部分"青岛海尔"更名为"海尔智家"，彰显了海尔在智慧家庭领域一往无前的决心。

卡奥斯平台的野望

作为全球第一家践行全场景开放式解决方案的物联网平台，海尔卡奥斯平台成为中国智能制造的代表。与美国第四次工业革命"从软件到硬件"，和德国工业4.0"从硬件到软件"不同，海尔的出发点和归宿都是用户需求，从用户需求出发，通过人单合一的方式，最终实现人与物的智能互联。

反观另外两大工业互联网平台，通用电气的Predix和西门子的MindSphere，其出发点和关注点都在于物物互联，通过对智能传感器感知大型设备的运行数据，进行大数据分析，以便随时控制设备，改进运营与制作，为下一步决策提供参考，但其始终停留在生产端。这个过程可以完全通过机器自动运行实现，人（用户）始终缺席，人的需求和价值也缺席，只能算物联网技术加持的设备自动化控制系统，缺乏客户需求作为价值源头的输入，无法迭代。

这也是为什么通用电气提出工业互联网并率先推出 Predix，网罗了美国几乎所有高科技公司作为工业互联网联盟，但最终只能将 Predix 平台剥离出售。西门子重金打造的 MindSphere 平台影响力局限于大型装备产业，目标也只是成为工业操作软件系统。而海尔的卡奥斯平台智能制造却能向外延伸，对汽车、电子、服装、农业、建陶等多个行业进行赋能，关键在于卡奥斯平台有 3.2 亿用户数据和可封装复制转移的产业改造能力。打破产业边界，实现跨界赋能和无界融合，这才是卡奥斯产业赋能平台的未来图景。

2017 年，首次亮相汉诺威工业展的海尔卡奥斯平台被主办方视为德国工业 4.0 的威胁，却在美国一举摘下当年"高德纳高科技制造创新者奖"。2018 年第二次亮相汉诺威工业展，海尔卡奥斯平台展示了"用户全流程参与大规模定制"的完整生态，德国工业 4.0 之父孔翰宁欢迎海尔来帮助德国企业转型。2019 年，携人工智能+5G 技术的 28 个应用场景和 179 个企业解决方案的海尔卡奥斯平台再度成为焦点，吸引德国和日本企业入驻，并牵头成立了"灯塔工厂"全球联盟。三年"三级跳"的海尔正在成为世界工业互联网的引领者。

本章小结

产业赋能平台代表产业互联网，线上交易平台代表消费互联网，两网的结合则是产销合一的智能定制平台，在多方势力的推动下，这一全新商业物种已经从理论走向现实。

2017年第一届世界工业互联网大会上，海尔向全球发布了智能制造云平台卡奥斯，向全球用户与合作伙伴提供开放的云服务，支持用户与企业的全程全要素交互，按需定制产品，宣告产销合一的智能制造时代已经开启。

除了海尔，业界还有Predix、MindSphere、Ability、树根互联、航天云网、美云等云平台，都立足实体产业，运用数字智能化技术搭建开放的工业互联网平台。互联网企业则加速向产业端渗透，传统ICT巨头也加入进程。在三股势力的共同推动下，产销合一的智能化定制平台正在加速到来。

智能定制平台有四大核心特征：第一要有强大的数字化基础设施服务能力，实现全要素和全流程的覆盖；第二是能打通产业端和消费端，实现产销合一；第三是可以对供需两端双向赋能；第四是采用平台模式支持供需双方直接交互。

智能定制平台的有三大核心构件：第一是供给后端，以平台模式满足企业对原料和功能模块的需求；第二是创造中枢，为定制创造者提供产品创造的全赋能，包括主干产品、互补产品和无关联产品；第三是需求前端，支持企业与用户进行直接交互和交易。

智能定制平台的组织结构是完全体的平台型组织，其边界完全透明开放，打破内外部阻隔；通过智能系统平台各司其职，其架构成为高度扁平化的网络，或称水状组织；而传统意义上的管理完全让位于自驱动，权责利分明和共创共享机制驱动整个组织前进。

智能定制平台的领导者展现出平台领导者的三重角色：第一是使命布道者，建构解决社会重大而长远问题的宏大使命，不断传播并坚守；第二是平台奠定者，领导者要做平台的顶层设计，整合世界级资源，增强平台的飞轮效应；第三是开明赋能者，建立平台的公平竞争和分配机制，可以走向无为而治，实现从小我到大我的境界提升。

智能定制平台的诞生依赖以下条件：首先是深度下沉的数字化技术推动，包括全息的大数据、云计算基础设施的普及，打通云、管、端的万物智能联网；其次是极致化的顾客需求拉动，从个性化到定制化，对性能和性价比有极致追求，以及解决方案的场景互联化；最后是供给端在竞争中自我迭代演化，包括分工两极化、合作无界化和共生组织的建立。

什么样的智能定制平台能在同类竞争中脱颖而出呢？其成功的关键要素包括三项：第一，数字智能化平台的技术领先是基础，这是一场长期技术竞赛；第二是合作伙伴的选择和合作机制的开放与公平程度，这是机制的竞争；第三是供需两端用户的满意度与黏性，这是归宿。

智能定制平台是四维物种，对其他所有物种都有高维度竞争优势，且维度的内涵也已升级，包括通过异质化大数据累计产生的敏捷型规模经济、所有产品智能互联的范围经济、全息的机器学习效应和立体的网络效应，最终形成高度发达的生态锁定效应。

智能定制平台臻于完美，是商业物种进化的终极状态，但其全面普及还面临着诸多障碍。包括新老 ICT 巨头隔绝形成的技术壁垒，产业领导者争雄造成的竞争壁垒，以及由于用户主权和隐私担忧造成的消费者障碍。

　　未来的智能定制平台大格局将会是互联网、产业、ICT三大力量主导四层分工，按照离数字化的距离由近及远形成五个梯次。未来智能平台将占据商业世界的中心舞台，给全人类带来全新的商业文明图景。

第九章

升维竞胜，保维图稳，降维求生

——中国商业生态扫描及物种生存进化的总体法则

商业物种竞合、分布与迭代原理

世界上不是只有一种颜色的花，商业物种也不能只有一种，应多物种共存，才能构成丰富多彩、活力十足的生态。虽然前面六章按竞争力递增的逻辑顺序阐述了六大物种，但未来终局不是简单的新物种淘汰旧物种，最后只剩一个先进新物种的状态。六大商业物种之间的关系是共存共荣的，并构成一套秩序，而非简单的消灭与被消灭的关系。各物种必须在生态体系中与其他物种和平共处、密切合作，在相互依赖、合作与竞争中各自创造价值，并实现整体价值最大化。

自然生态与商业生态的区别

大自然用千百万年的伟力造就了七彩斑斓的生态，而人类凭借自身的能力在短短数千年内亦创造出足以媲美自然的文明体系，其中，商业生态自近代以来，已成为文明进程中的重要基石和决定性推进力量，决定着财富的创造、分配与代谢循环。

庞大的商业生态文明中的商业体之间，建立了类似自然生态中各物种之间的广泛联系，使资源（能量）可以在个体之间有效地流通，然后在每个商业物种内部进行创造升值，再将资源（财富）流通到外部世界进行兑现，从而实现自身价值。与自然物种依靠暴力抢夺食物链下游物种不同，商业物种必须把资源和平交付给价值链下游，才能实现自身价值。就此而言，自然生态中的食物链和商业生态中的价值链有着本质区别，导致商业物种之间的关系网络与自然物种截然不同。

自然生态中的物竞天择、适者生存却又被动依赖的逻辑，在商业生态中需要进行修改，不能简单套用。也就是说，自然生态中，每个物种以集体的方式与外界环境发生互动，获得集体生存权，同类物种的不同个体之间虽然会抢夺生存资源，但极少发生大范围的同类相残，它们大多数时候团结一致，共同应对外界环境挑战，抵御食物链上游物种的威胁，并共同捕获食物链下游物种。自然生态中，各物种之间同类协作，异类竞争。

而在商业生态中的情形则刚好相反，是同类竞争，异类相协。相同物种的不同个体之间以竞争为主，很少会团结一致共同应对外部威胁，即使面临共同的巨大外部威胁，也不愿意团结对敌，反而都希望同类被毁灭，自己是灾难中唯一幸存下来的个体。商业生态中，同行是冤家，更强大的同类物种是自身生存的最大威胁，同类之间的消灭兼并司空见惯。但商业物种对价值链上下游的异类物种却保持依赖与合作关系，即使是面对高维到能够覆盖自身的异类物种，低维物种依然会寻求合作，或尝试变成对方。

商业物种个体能够跨越自然物种个体的寿命限制，通过彻底变革，转型成为新物种，但自然物种的演化却需要几十代或数百代的集体进化，才能进化出新功能，要想完成物种进化，则需要数千万年甚至几亿年的时间。因此商业物种的变化更加迅速、彻底，充满了复杂和挑战性。

以系统动力学的视角看商业生态

基于独特的竞合关系，众多商业物种之间能建构出一套独特的生态系统，每个商业物种的单独个体在异类物种的支持中诞生，又在同类竞争中发展壮大。因为需要获得异类物种的支持，其天生依赖并愿意维持物种的多样化。同时每个商业个体在与同类物种竞争的过程中，追求差异化，导致新的亚物种层出不穷，异类依赖与同类竞争共同造就了多元繁荣的商业生态体系。

丰富多样的商业生态会呈现出某种规律性的分布状态，按照行业边界、空间距离以及产权关系三个维度形成一个多层级的分布式生态系统。行业边界决定了企业与周边企业的合作亲疏关系，双方是互补关系还是竞争关系，这是商业生态体系的产业逻辑，决定了不同商业子生态的分布关系。

空间距离决定了消费者的文化心理和消费需求，也决定了企业的市场效率，许多企业难以跨越这一障碍，因而不同区域市场会诞生不同的商业小生态。随着互联网技术在某些领域突破了空间限制，但以空间为底层逻辑的全球区域市场阻隔依然存在，将整个商业生态世界划分为一个个本地化的子生态。

能够一举突破行业和空间壁垒的力量是资本的力量,表现为多元化集团打破产业边界的扩张,进入不同行业,利用技术和资本纽带,将原来隔离(或仅有微弱联系)的子生态连接起来,形成跨行业解决方案的中等生态系统。同时巨头企业也能打破地域和国别的限制,跨越不同的区域市场而存在。

在这"两分一合"的力量支配下,全球商业生态呈现出不同行业共存,不同空间并存,依靠资本与技术纽带联系在一起的生态大系统,在这个大系统中的每个子系统之间大小各异、亲疏有别、错落有致,而每个子系统中的物种表现出高度多元化的状态,且呈现明显的同类相斥和异类相吸的特点。

以动态发展的眼光看商业生态

在竞合关系的推动下,商业生态从一开始的简单逐渐变得复杂起来。在某个时刻、某个固定的框架内,会有新陈代谢,孱弱的商业个体被淘汰,强大的具有蓬勃生命力的企业留存下来。商业生态从来不是静止不变的,而是随时都表现为三个层次的变化。

第一层变化发生在个体层面,即同类相争下的优胜劣汰。即便是很有生命力的物种,依然会有商业个体被淘汰,它们通常是适应不了环境变化,或者是在与更强大的同类竞争中败下阵来而被淘汰。在同类相争的维度里,优胜劣汰是家常便饭。那些优胜者,除了在能力上优于失败者,通常还会表现出很强的环境适应能力,成为该物种的佼佼者,保持基业长青,甚至能不断变革,完成自我涅槃，变成更强大的新物种。

第二层变化发生在物种层面，即物种自身的新生与毁灭。物种的生灭通常由环境、技术、需求等因素决定。如果整体外部环境发生巨大变化，在新技术和新需求的刺激下，可能会诞生全新的物种。当在同一个生态内，新物种的效率和对资源的吸纳能力远胜旧物种时，就会使旧物种面临资源枯竭而走向整体覆灭，新物种便会完成对旧物种的更替。而依仗行业壁垒或区域壁垒的保护，有些旧物种还能像活化石一样幸存下来。

第三层变化发生在生态层面，当商业个体的新陈代谢由量变积累成质变，第一块多米诺骨牌就会被推倒，新旧商业物种的更替在众多子生态中大面积发生，就会导致相关子生态发生显著变化，其冲击甚至会改变整个商业大生态的平衡。每发生一次大范围的物种革命，整个商业生态的平衡就会被打破，大量商业资源和财富按照新的方式被聚集、创造和分配，在新的格局中达到新的生态平衡，平衡－失衡－再平衡，循环往复。

上述三个层次的变化每时每刻都在上演，并形成逐层递进的关系，只是其变化有些明显可见，有些隐于无形，需要引入更长的时间跨度才能够充分显现出来。以历史的眼光看，地理大发现后的500多年来，全球商业生态以加速度的节奏发生着翻天覆地的变化，商业物种和亚物种呈爆炸式增长，整个生态体系也经历了多轮平衡－失衡－再平衡。若将这一壮阔历程浓缩到改革开放40多年的中国，其变化则表现出惊人的戏剧性。

中国现代商业生态进化简史

品类大王称雄，渠道分销商众星拱月

改革开放之初，中国刚从计划经济时代走出，商业物种相对比较简单，企业无论大小，只分为两个物种——品类大王与管道零售商，通俗的称呼为厂家与商家。

1. 商业主体：厂家与商家泾渭分明

厂家按所有制形式可以分为国有企业、集体企业和私营企业，但它们采取的商业模式几乎一模一样，仅仅是因为行业政策开放度和行业技术禀赋不同，导致了大小不一的结果。各行业也形成了不同的市场格局。

资源垄断在政府和国有企业中，很快形成垄断型巨头。如石油、矿山、银行、电信、铁路、造船等关乎国家命脉的行业，虽经历过多轮国企改革，但它们的性质依旧不变，并存活至今。开放度较高的民营企业，则形成了多层次的存在状态。政策放开，但技术壁垒甚高，拥有规模效应的家电领域出现了新兴的巨头，从数千家逐渐集中，最后只剩几十家，或少数几家成为垄断寡头，排名前四的企业所占份额超过一半。而在技术门槛极低，生产要素极为分散的日用品行业，则陷入无序竞争状态，变成了蚂蚁市场。

商家则脱胎于国营供销体系。各地的区域性百货公司，以及随着政策放开后，像原虫一样兴起的杂货铺，它们分布于路边街角、社区、企事业单位的内外部，无孔不入地触达终端消费者。

隐藏于后的则是各层级经销商，它们的送货车辆日夜穿行在公路上，负责将产品从厂家成品库分流到每个销售终端。无论处在分销链条的哪个环节，它们无一例外都是管道型分销商，靠进货出货赚取差价。只是中间环节的叫经销商，终端面向消费者的叫零售商，零售商向终端消费者提供解决方案。

除了品类大王服务于零售商的各级分销商外，另有一批原料或配件供应商也是做企业客户的生意，它们也无一例外地属于品类大王这一大物种，凭借产品的品质过硬和规模化降低成本两大策略在市场立足。

2. 生态关系：品类大王主宰

改革开放初期，企业产能不足，商品普遍短缺，而被压抑许久的消费潜力却被释放出来，造成早期市场供不应求。虽然生产技术含量不高的产品，但对于需求明确的消费者而言，只需生产出合格品，便会被消费者抢购一空。由此诞生了许多"黄牛"和"倒爷"等边缘性"职业"，他们凭借关系在中间大赚一笔。为防止不法分子囤积居奇，许多基础生活用品需要凭票购买。

商品短缺时代，品类大王可谓风光无限，手握各类资源的知名品牌在市场上叱咤风云，涌现出一大批国家级、部级、省级优质产品，免检产品，驰名商标和知名品牌等，就连名不见经传的乡镇企业生产的产品都能畅销无阻。成就品类大王风光的，是闷声发大财的各级经销商，它们深入城乡消费者间，而品类大王的产品就是它们的摇钱树。只要有产品便能卖得出去，因此，各路经销商围着厂家，将其"奉若神明"，建构了以品类大王为中心的商业生态，这样的局面至今依然存在于少数行业（例如茅台酒）。

基本上每个行业的每个大品类，都有几家大型企业占据大王的位置，大企业通过建立技术门槛形成的专业化市场，同时由地方政府主导的区域市场壁垒，成为本地品牌的保护伞，专业壁垒和区域壁垒成为早期中国商业生态系统中的重要特征，简单而稳定。

3. 生态平衡的隐患：竞争作为推手

（1）供过于求，卖方式微。

随着产品供给的增加，市场上的供求趋向于平衡，在局部市场出现供过于求，原本广阔的蓝海市场，逐渐变成拥挤的红海。相同物种的内部竞争开始变得激烈，大量实力弱小的中小企业相继被淘汰出局，市场进行了残酷的洗牌整合，普遍变得更加集中。而品类大王之间也展开了激烈的厮杀，从而走向多元化，逐步打破了行业壁垒。

（2）外部威胁，壁垒消散。

与此同时，随着开放的力度逐渐加大，原来仅限于沿海经济特区的外贸加工业逐渐拓宽，先进的技术和资金成为打破原有品类格局的推手。20世纪80年代起，发达国家的消费品开始进入中国市场，90年代制造企业和连锁卖场也相继进入中国。外企的进入，让国内品类大王首次遭遇国外解决方案企业的降维打击。

（3）倚重渠道，养虎为患。

品类大王之间的厮杀使自身的实力折损，降低了影响力，产能过剩又使它们开始争夺稀缺的渠道资源，或者自建终端，或者依仗分销商的力量，这助长了分销商和渠道商的力量发展，不但改变了品类大王自己，也改变了双方的力量对比，市场的主导权逐渐从厂家转移到商家，即从品类大王转移到分销渠道。

解决方案崛起，品牌商、零售商各有千秋

随着顾客主权的增强，以及竞争的加剧，产品创新力度越来越大，仅凭固定品类的规模化与价格战很难赢得顾客，需要更加深入地了解顾客需求，向顾客提供解决问题的方案。基于这层思想的转变，先知先觉的品类大王最初推出产品组合作为解决方案，后来又将强化售后服务作为方案的重要组成部分，其中较优秀的品类企业通过加深对顾客的需求洞察，率先升级为解决方案思维。

伴随着同类竞争的加剧，各品类中的领先企业纷纷进行扩张。在横向上，不断扩充新的品类，部分企业遵循资本获利的逻辑，进行非相关多元化；更有远见的企业则进行相关多元化，让产品互补以获得范围经济优势。在纵向上，则缩短价值链，加强掌控，向上游延伸掌控原材料，向下游延伸掌控零售商或自建门店。横向多元化带来了更丰富的要素组合，纵向扩张则贴近了顾客，品类大王在扩张中悄然向解决方案升级。

由于产品技术和需求边界的限制，部分品类大王在纵横扩张的过程中遇到了障碍。较高的进入壁垒或较明显的需求边界约束使许多企业的多元化边界大致固定下来，集中在某个产业集群内。而有一部分行业技术门槛较低，产品线却足够宽广，顾客对产品的多样性和产品的快速更新有较强烈的需求，例如服装、家居产业。它们则诞生了全新的商业物种——自有品牌零售商（SPA），拥有超大直营门店和数以万计的SKU。

SPA是品类大王与零售商相互结合的产物，其崛起打破了原有的厂家与商家联盟的商业格局。在其高效率、高价值的竞争压

力之下，原有的品类大王和管道零售商纷纷改变自身，将自己变成SPA。例如，品类大王纷纷拓宽产品线，自建零售终端，试图完全掌控零售环节。受到刺激的零售商也向上游扩张，借助OEM或ODM推出自有品牌，变得像个制造商。品牌商、零售商、SPA三股势力之间形成了势均力敌的局面。

三个物种分别探索了企业与市场的边界，很快，它们就发现自身能力到达极限后再也无法前进，而必须选择与外部伙伴合作。除了家居、服装、美妆（产品丰富、易搭配、更新快）等少数行业的品牌商能够完全掌控终端成为SPA外，大多数行业的制造商仍需依赖与零售商的合作。而有实力的零售商除了在一些低门槛、低识别度的"大路货"上能开发自营产品外，大多数品类依然需要依赖品牌商供货。

三股势力在探索中发生了激烈的碰撞，在非舒适区遭遇更强大的对手后选择了退缩，三者"划江而治"，在不同产业或不同价值环节各占优势，并形成新的均衡。在互联网时代到来之前，SPA物种展现出最高的运营效率，同时拥有规模经济和范围经济效益，享有最高维的竞争优势。但适合SPA生存的产业环境稀缺，导致能够以SPA模式获得成功的行业和企业凤毛麟角，这些珍稀物种位于当时商业物种进化链的顶端。

从这些塔尖企业依次向下，稍逊一筹的是部分实现解决方案化的品牌商，它们的多元化产品之间形成套餐组合，试图在规模之上获得更大的范围，增强顾客黏性。而零售商也依靠优选产品尽可能贴近需求，靠自营产品降低成本，增加利润空间。位于舞台最外围的则是只顾埋头生产某一品类的利基市场冠军，产业链条外包商，以及只能低买高卖的管道式零售商、杂货店，它们逐渐落伍，被边缘化。

在互联网出现之前的传统商业时代，全控制的管道式解决方案提供者成为最强大的物种，制造商和零售商达成了某种程度的均衡，形成鼎足之势。在这个宝鼎之中，供奉的是面向消费者的组合式解决方案，并且这一观念已经在商界得到普及，只是不同物种的实现程度不一。

互联网来临的前夜，升级到解决方案的三大物种部分借助空间壁垒，从局部打破传统产业技术壁垒，将原始商业生态从小分子无规则运动状态变成少数大分子联合运动状态，从无序的同质化运动，变成了有序的规则运动，并形成了新的均势。

平台浪潮席卷，冲击传统渠道和产业

1. 线下交易平台占位崛起

如果说解决方案的三大物种通过多元化局部打破了技术壁垒，那么它们无意中又强化了空间壁垒。传统商业生态体系最大的约束性条件就是对空间的依赖性，以 SPA 为例，它们通过在线下空间对消费者的广泛触达，获得了更多流量和商业机会。而多元化企业的自营终端都需要更大的线下流量，因此它们催生了另一个强大的物种，即线下交易平台。

线下平台的渊源可以上溯至原始社会和农业时代的集市，但集市等同于公共设施，并未成为商业经营体，而工业时代兴建的线下平台——购物中心则升级成新的商业物种，有明确的商业规划和盈利模式，以商业地产的名义招募知名品牌商入驻，与拥有局部解决方案能力和终端开店需求的品牌商一拍即合。购物中心有其整体规划，将诸多小方案整合成综合方案群，形成一片线下商业生态，如万达、大悦城、红星美凯龙、居然之家等。

传统商业时代，线下平台拥有无可匹敌的线下体验，并且在每个局部空间内占据最有利的商圈，拥有空间霸权。无论品牌商还是零售商，不仅难以挡其锋芒，而且还要投靠到它的庞大羽翼之下谋得一席之地。购物中心既有各类大型小型超市，也有众多头部品牌的直营专卖店以及各类服务商，形成线下繁荣的购物生态。

但线下平台依然有其不可克服的约束条件，包括营业时间和辐射空间的约束。地段再好的购物中心，其辐射的范围依然有限，其在单位时间内能够接待的顾客数量也有限，一旦超负荷运行，购物中心可能瘫痪，导致体验极差。再加上购物中心对地段和投资要求较高，因此其影响力始终受到限制。在城市中心以外的地带，上一阶段形成的三大物种局势依然在维持。

2. 互联网平台对现实的三波进击

直到互联网技术在商业领域的大范围运用，平台模式才如虎添翼。1999年前后，中国诞生了一大批互联网企业，它们逐渐成为席卷商业世界的强大力量。凭借强大的技术势能，互联网已对传统商业生态发起了三次冲击。首先是信息化的周边产品，包括各类信息、社交、媒体、娱乐、知识传播等与数字化密切相关的产业，将物理世界的物体转化为虚拟的数字实体，引发了IT产业界的革命。

互联网对商业世界的第二波进击发生在零售产业，凭借对时间和空间边界的超越，电商平台对传统线下零售造成巨大冲击。无论是购物中心还是传统大卖场，客流量都被电商平台分流，到店人数大量下滑。中国的电商平台通过几轮激烈竞争后，只剩下阿里巴巴、京东、拼多多等几家巨头，2018年线上零售的渗透率达到65%，成为新零售的主导力量，中国的零售生态和金融生态均被重组。

但互联网企业的野心不止于此，它们想携技术优势乘胜追击，发起了第三轮攻势，继续向上渗透至制造环节，提出"新制造"等计划。但与零售侧重对买卖信息对接匹配不同，产业在研发和制造端的技术壁垒超出了互联网企业的预估，使它们在进击现实的浪潮中遭受挫折，新制造的大旗被数字化转型的产业领导者接了过去。互联网企业不得不退而求其次，成为云计算、云存储等基础设施提供者，积攒着下一轮冲击的能量。

平台模式席卷现实商业，使原有物种所构成的生态体系发生了重大改变。原来位于顶峰的线下平台变得黯然失色，失去了中心位。原本解决方案化的品牌商和残存的品类大王纷纷入驻线上平台，就连SPA也不得不顺应趋势，与平台携手。而被划归零售阵营的几大物种则纷纷转型升级，强化线上平台所不具备的便利优势。经过数轮抗争后，线下平台被迫与线上平台携手，结成以后者为主导的新同盟——数字化交易平台。

3. 数字化平台主导的商业物种格局

在数字化平台的主导下，中国的商业生态呈现出全新的面貌，原有的物种主动或被动地聚集到平台周围。在浅层次上，无论厂家还是传统代理商，都利用线上电商平台销售产品；在深层次上，则嫁接到平台基础设施之上，将传统内部信息化的智能逐渐向云上迁徙。仅剩物理世界中难以数字化的部分，依然依靠传统工业时代的技术和生产力维持运转，而工业互联网平台正在努力攻克这些落后的孤岛,但遭遇到顽强抵抗。

在数字化平台通过互联网的力量席卷商业的时候,不少传统商业物种选择了传统壁垒进行自我保护,试图维持原有物种形态,停留在舒适圈中。残存的传统壁垒有三个:第一个是政策壁垒,掌握国民经济命脉的基础能源行业实行垄断经营,这类企业依然保持品类大王最古老的形态;第二个是贫困,任凭互联网科技再发达,在资源匮乏、基础设施薄弱的边远贫困地区,消费能力和商业效率较低,依然存活着濒危的古老物种,它们是扶贫工程的主要对象;第三个壁垒是技术,所有制造商都将技术专利、知识产权作为核心壁垒,以此作为屏障,仍然可以保留原始物种形态。

因而,当今中国商业世界基本形成了一个复杂的生态,线上与线下共存,开放与封闭共存,先进与落后共存,彼此相互交错而行,在各自的生态位上各行其是,但联系越来越紧密,冲突越来越明显,使传统物种迎来大面积的不适应症。在纷乱的局势中,传统物种中的佼佼者向先进物种进化,对原地不动的物种造成了严峻的生存威胁。同类相争与异类相争交织,竞争变得更加残酷,共同构成了前所未有的、混乱的、活跃的 VUCA 时代。

从智能定制兴起透析未来商业格局

1. 智能定制平台的萌芽与壮大

先进力量与落后力量的撕扯已经进入最后关头,智能制造的新物种正在冒头,将开启未来的全新篇章。在新兴的智能物联网技术推动下,古老的定制焕发了新生,定制也从机器化大生产的缝隙中解放出来，走向舞台的中央。

传统经济的定制能满足少数人个性化的需求，但与机械大工业相比缺乏效率，无论是基础生活用品（如在铁匠铺定制剪刀）的定制，还是高端奢侈品的限量定制（珠宝、皮包），其质量和款式都依赖于匠人的经验和审美品位，对顾客需求的洞察较为粗浅。加上订单难以预测，备料较少，定制周期也比较长，因而只能是小规模定制。

而智能定制是一个全新的技术系统，其背后是整个数字世界的科技支持。在前端通过智能界面与用户交互，对产品的类型选择能深度结合用户的各项参数，其创意过程可调用大量机器学习成果，并予以创新组合，制造过程也有大量已经沉淀的工业数据作为支撑，产品交付和后期维护也能做到高效智能。凭借高效、个性化、深度满足，智能定制将会成为未来的主流，目前占主流的大规模标准化制造将退居为支流。

智能定制必须依靠智能定制平台，该平台要具备消费互联网和工业互联网的两大能力，一方面能够吸引用户，成为其寻找定制品的第一选择；另一方面能够赋能创造者，以智能制造为其提供强大助力，创造者和消费者的诉求和价值都可以得到实现，从而形成一个完整的产销合一的智能生态。该生态将超越现有以邻为壑的消费互联网，以及分散的工业互联网，极可能由两者殊途同归的升级或双方主动联合而成。

下一个10年的商业生态中，智能互联的生态关系将替代物种金字塔等级秩序。智能定制平台不再位于塔尖，而是处于核心位置，拥有最广泛的创造者和用户群体。位于第二圈层的是以数字化交易平台为主体的消费互联网，满足用户大部分的标准化购物需求，提供按照预测生产出来的库存产品，位于同一圈层与之紧密配合的物种便是提供该产品的产业平台。在产业平台上，依然有生产者（品牌商）依靠大数据预测来生产爆品，辅以社会化的营销，满足大众的标准化产品需求。而那些游离于数字化系统之外的传统物种将会大面积消亡，除非它们能跟上数字化的节奏，进行自我升级，否则无法在未来智能制造时代获得方寸之地。

2. 数字经济时代的商业生态预览

在智能技术不断升级，消费需求日益极致，以及竞合力量的联合推动下，可以预期，在更远的将来，以智能定制平台为主导的商业生态将全面升级为数字智能经济体，根据商业物种与生态演进的逻辑，我们可以勾勒出未来数字化经济体的轮廓，现有的商业物种都将以进化后的形态在其中找到位置。

未来数字智能经济体将分为三层。位于最底层的是数字智能技术的基础设施，也叫"平台的平台"。毫无疑问，有能力打造数字智能基础设施的企业都是科技巨头，例如亚马逊、谷歌、微软、IBM、苹果、三星、阿里巴巴、华为、腾讯等极少数巨头企业，只有它们才能每年投入数百亿美元进行底层科技研发，且有志于做全球数字化基础设施，赋能给所有加入其生态的企业，它们是打造全球数字经济体的核心基石。

位于中间层的是多个场景化的智能定制平台，在技术和需求的合力之下，智能定制平台首先将完成从定制产品到定制解决方案的升级，然后进一步升级为场景化的智能定制。可以基于某个消费大场景，在诸多小场景之间自由切换，例如用户在居家的大场景下，可以实现客厅小场景与厨房小场景的自由切换或跨场景同频，再进一步，可以在诸多大场景之间自由切换或跨场景互联，如居家大场景和出行大场景、教育大场景和旅游大场景。这一切都依赖高度发达的智能技术和平台之间的生态互通。

位于最上层的是极致解决方案品牌。它们由传统物种数字化变身而来，入驻智能定制平台，为用户提供每个小场景的极致解决方案。它们可以是新锐时尚品牌，也可以是传承百年的老字号，还可以是覆盖甚广的多元化集团，但经过数字化改造后，都成为高度柔性的扁平化组织，在智能定制平台上以敏捷小组的形式存在，快速响应顾客需求。这些极致解决方案品牌中最轻量级的，也会以智能 App 的形式加入智能生态，而那些执意不肯加入任何数字平台的传统商业体，终将被数字化的浪潮彻底荡除。

数字智能经济体的三层相互依存，中间层的智能定制平台依赖底层基础设施，从广袤的数字化世界中吸取养分，获得运行能量，它也需招募最上层的极致品牌组成茂盛的生态。三层共同构成了一个智能互联、快速迭代、活力无穷的超级大生态，也就是全球化的数字经济体，它将成为未来世界繁荣富足、安全自由、文明和谐的保障。

根据历史经验，一项新的超级技术，如汽车、飞机、原子弹、计算机、互联网，从出现到大范围使用，通常需要 30 年。而当今科技在互联中加速发展，将大大缩短这个周期。也许不到 20 年，人工智能、物联网等超级技术主宰的数字经济生态就会全面变成现实（见图 9.1）。

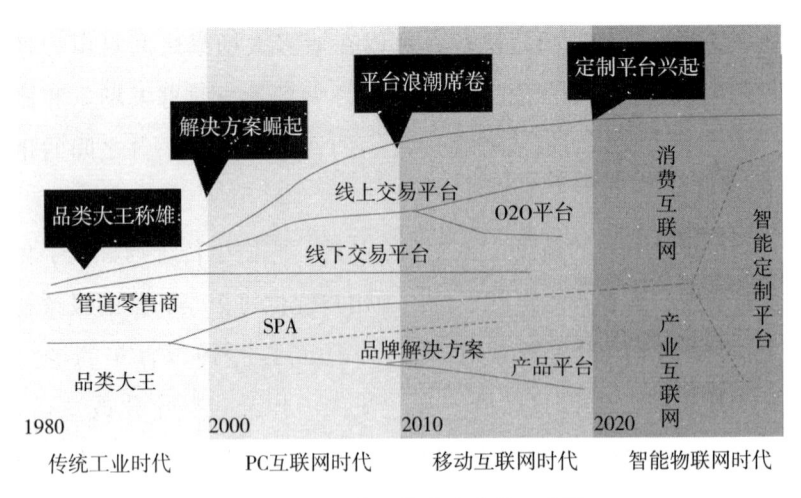

图 9.1　中国商业物种生态的四阶段

中国商业物种现状速览

面对即将到来的数字经济时代，在中国企业界，极少数优秀企业通过变革实现了商业物种嬗变，保持着良性增长，展现着蓬勃的生命力，生态蔚为壮观，值得赞许。

绝大多数企业依然活在过去，凭借各种壁垒，保持着原初物种形态。即使是所谓的知名品牌，也令人震惊地保持着原始形态。在数字智能技术深化、平台变革浪潮一浪高过一浪的今天，这些传统商业物种面临着生死抉择。

品类大王的两难——业绩压力，变革受阻

问题最严重的是传统的品类大王，它们经历了中国经济的起飞带来的发展红利，但技术和管理能力依然停留在工业2.0阶段，尚未实现内部的信息化，在战略上也停留在平面维度，纵然高喊变革口号，但找不准方向，行动照旧，寄希望于以业绩增长掩盖问题，以战术上的繁复掩盖战略上的低级，具体表现为以下三种症状。

有一部分传统品类大王，经历多年发展仍没有跳出品类思维，进步之处就是从单品类发展到多品类，或进一步从大众市场发展到多个细分市场的叠加，完成品类模式复制。其最简单粗暴的复制方式就是收购成功品牌，但这样做的风险也在与日俱增，押宝的新品牌很可能会停止增长，而收购品牌越多，风险就越大。

比依靠收购换取外延式增长更高明的是内部有机增长，品类大王通过加大现有产品的创新力度，包括技术创新、功能创新和营销创新来升级品牌，希望打造全新的爆品，但爆品思维却与中间陷阱如影随形。比这些常规方法更进一步的则是产品的方案化，通过对消费者的深度洞察，提供个性化搭配和深度服务，但品类大王的方案往往只是范围较窄的小型方案，且容易陷入捆绑套餐的怪圈。

只有极少数企业能跳出具体的产品策略，上升到商业模式层面的变革与升级。许多企业无力独立承担信息化的高成本而望洋兴叹，一部分企业最初只是试探性地投入，例如在制造端投入智能制造，在客户端没有丝毫改变，或在营销端大张旗鼓，但后端支持无法匹配，最终失去用户支持，变革之路也浅尝辄止，企业在原有泥潭里越陷越深。

传统产业领导者的诸多困境，与品类大王这一商业物种的特征密不可分。变革与守旧的矛盾，在传统组织内部充分展示，原有业务部门习惯了原有模式，成为变革的障碍。空降兵与创业元老之间的矛盾，要求组织从科层制向平台创业型组织转变。当然，矛盾冲突的焦点还是在领导者自己身上，导致其出现前后矛盾的行为，言行割裂，在冰火两重天的痛苦中纠结。企业和企业家只有打碎枷锁，告别过去的自己，才能涅槃重生。

管道零售的彷徨——平台碾轧，大厦将倾

与品类大王相比，采用管道模式的分销商面临的威胁更大，变革的难度也更大。由于分销商在传统商业生态中扮演中间商的角色，数字化商业革命的基本趋势是减少中间环节，直接完成供需两端的高效匹配和交付，以挤出价格水分，提高产品的性价比，因此传统管道零售商成为被革命的对象。

首当其冲的是各级分销商，一直以来，它们的主要职能是完成货物从厂家到终端的分散转移，既不经营产品，也不经营顾客，只对接下级分销商或零售商，对产品本身及其市场终端表现几乎一无所知。随着平台对供需两端的直接打通，各级分销商的生存空间被压缩，大多数退化为物流、仓储和资金分担者，利润薄如纸，却只能坐困愁城。

而身处市场一线的终端零售商，由于线下流量减少导致业绩下滑，即便是沃尔玛、家乐福、欧尚这些来华 20 余年的国际连锁超市巨头，也不得不面临顾客流失的困境，市中心的大店门可罗雀，只能将更多资源转向社区小店，社区连锁店弥补了电商时效性的不足，但其成本控制和效率提升却遇到瓶颈。它们的对手是超大型 B2B 电商平台赋能的单体小店，面对超级平台的降维攻势，传统社区便利店难以抵抗。

而自营品牌零售商也面临着数字化的挑战，顾客要求线下体验与线上效率协同，这对品牌商是很大挑战，大型基础价值SPA自建线上平台的窗口已经关闭，自建线上App与门店协同成为次选，但线上流量已变得昂贵。主打个性化、差异化价值的品牌企业若要实现线下与线上协同，难以独立完成，需要与线下线上平台企业合作。因此，传统商业时代的佼佼者被迫成为开放平台的一部分，以往独立闭环的商业模式遭遇空前考验。

线下管道零售商面临的问题是，昔日抢占的物理空间在数字时代的网络空间面前重要性下降，虽然少数极致品牌能依靠独特的线下体验维持人气，但商业世界的主导逻辑依然是效率至上。在效率方面，数字化的线上物种比线下企业天然有优势，因而在线上线下一体化的过程中，占主导地位的是线上平台。传统零售企业面临着要么主动数字化，要么被数字化零售企业淘汰或收编的命运。

侏罗纪晚期的地质巨变导致气候变化，引发了第五次生物大灭绝，包括恐龙在内的陆生物种大范围灭绝，只有能够升级翼化或降维返回海洋的物种，才能存活下来。而在数字化技术的冲击下，传统管道型物种的生存条件也发生巨变，只有主动迎接数字化浪潮，从商业模式到组织架构都进行数字化变革的企业才能存活。

交易平台的瓶颈——资源垄断终局已现

管道型制造商和零售商的日子不好过，平台企业的日子也不安稳，它们面临更残酷的同类竞争和颠覆式创新者的威胁，看似体量庞大，风光无限，但可能顷刻之间就会倒下。

数字化时代，线下交易平台的竞争越来越激烈，资源越来越向顶级商业地产企业集中。线下平台能够招募越来越大牌的专卖店，规格越来越高，却与其他线下零售物种一样遭遇线上流量劫持，物理空间优势被大幅削弱，遇上虽然更加高档但顾客越发稀少的尴尬。因此线下平台普遍开启了全体验化和新一轮圈地扩张运动。全体验化，即引入更多的餐饮、娱乐、教育等重视线下体验的业务，并加大其比例。新一轮圈地扩张则是结合国家城镇化进程，向低线城市扩张，但商业地产与房地产的急速扩张已成为地产泡沫的主要源头，正面临着宏观去杠杆的压力。

伴随着下沉运动的还有线上交易平台，当阿里巴巴、京东不断推动消费升级之时，主打中心市场的拼多多错位崛起，线上交易平台迎来新的"三国杀"。综合电商平台在国内同质化竞争已进入白热化阶段，除了不断"一家造节，几家同过"外，更有甚者强迫入驻商家"二选一"。在同类物种的同质化竞争下，几大线上平台的用户群体越来越趋同，用户数量也越来越接近，也都即将接近国内市场流量的极限，急需向全球市场扩张，获得人口红利。与此同时，频频曝光的治理风险（假货、信息安全、杀熟）也在考验着线上平台的生命力，加上盈利难题始终摆在大部分线上平台面前，使它们不约而同地走进了"先垄断、再提价"的怪圈，众多挑战的存在使线上交易平台遭遇上升瓶颈，生存如履薄冰。

线下平台面临流量枯竭，转向低线市场拓展；线上平台面临流量到顶，转向海外扩张，但这需要跨越足够多的政策障碍，因此线上平台和线下平台的携手成为优先捷径，出现了由线上平台主导的O2O、新零售、智慧零售、无界零售等运动。由于国内数字化技术的自身局限，实体企业的数字化转型痼疾难除，到目前为止，线上线下无缝连接的交易平台还在路上，仅仅出现几家试点企业（盒马鲜生、超级物种、苏宁、京东之家、小米之家），成败参半。红星美凯龙、居然之家等大多数平台企业的线上线下融合只停留在构想阶段，离消费互联网的预设目标尚且遥远。

定制平台的勇气——无人区艰险探索

由于交易环节的信息匹配和金融支付等主要环节易于数字化，消费互联网的数字化程度大幅领先于产业互联网。而完全数字化的制造业（智能制造）还需要依赖更成熟的物联网和人工智能技术，采用智能定制模式的商业物种尚未大规模出现。

定制的前身是小工业作坊，为周边客户提供简单的定制服务，或为极少数人提供奢侈品定制服务，其制作流程以手工为主，故而在机器大工业时代只能生存于夹缝中。随着大规模制造越来越趋于小批量化、敏捷化，产生了围绕群体需求的规模定制。随着个性化消费的领域渐广，为一人量身定制的生产模式重新萌芽，机器大工业正在返回个性化定制，这一过程体现为"千斤拨四两"。

敏捷的单人定制必须依赖完全的智能制造。在消费端，能聚集海量需求订单，以积累数据并分摊成本；在生产端，专业化建模，快速精准分配物料，压缩流程，快速交付；在后期服务中，通过物联网不断优化迭代产品性能。这一切唯有通过建立完整的智能定制大系统才能完成，而这个大体系的建构并非一日之功。

有不少企业已经开始尝试单人定制的运营模式，但由于缺乏完整的智能化数字平台，只能在个性化需求最显著，且有定制化传统的服装行业率先试水。例如青岛红领，以及改进版的衣邦人，在需求端建立了数字化顾客界面，或提供上门量体服务，在生产制造环节依然借助工业技术提升效率，但其总效率和经济性并不突出，只算局部数字化的管道型企业。这类定制化的尝试，与平台模式尚有距离，与全面智能化的定制平台距离则更加遥远。

而在大部分消费品行业，标准化生产拥有更高的效率，批量制造的标准品是主流。即便是专业力量雄厚的产业领导者，也大多是获得了更多的标准化制造经验的管道物种。要完成数字化能力和平台化模式的双重升级，面临着非常大的阻力，目前只有敢为天下先的海尔行走在这条路上。海尔打碎原有的矩阵制，变成数千个小微创业体，并且建立了统一的数字化中台和卡奥斯平台操作系统，赋能给外部创业体或外部企业。

在定制部分，海尔推出"众创汇"平台，用户可以直接在平台上与设计师沟通需求，然后经过定制，大约两周时间可以交付。由于信息不充分不对等，需跨越沟通障碍和体验障碍，个人定制品需要满足"产品价值高到有定制意义、产品指数高度标准化便于制作、产销双方信息对称、用户愿意等待"这四大条件，较多发生在专业场景或对商场景，很难满足消费者的即时性需求。

海尔正在智能家居及周边行业积极推进定制化模式，目前处于探索阶段，因此并不能完全按照高度智能化的标准来衡量，只能以"不入库率"作为初步衡量指标。个人定制比例接近30%，企业产品不入库率接近70%，已是业界顶尖水平。可以说，智能定制平台依然处于"新生婴儿般咿呀学语"的阶段，企业有足够的勇气，也需要用户有足够的耐心。

在数字化浪潮来临之际，四个维度的商业物种之中各有佼佼者，在风口浪尖不断拓展本物种的生存边界，探索各种可能，虽百折而不悔，这些勇于挑战极限的先锋企业能不断克服所属物种的局限，变得更加强大。同时也有为数众多的非领导者企业在商业模式上邯郸学步，无相应的能力匹配，导致逐渐滑向中庸陷阱，饱受降维打击之苦。

四个维度的商业物种都在谋求突破，其进化与降维、竞争与合作的关系如图 9.2 所示。

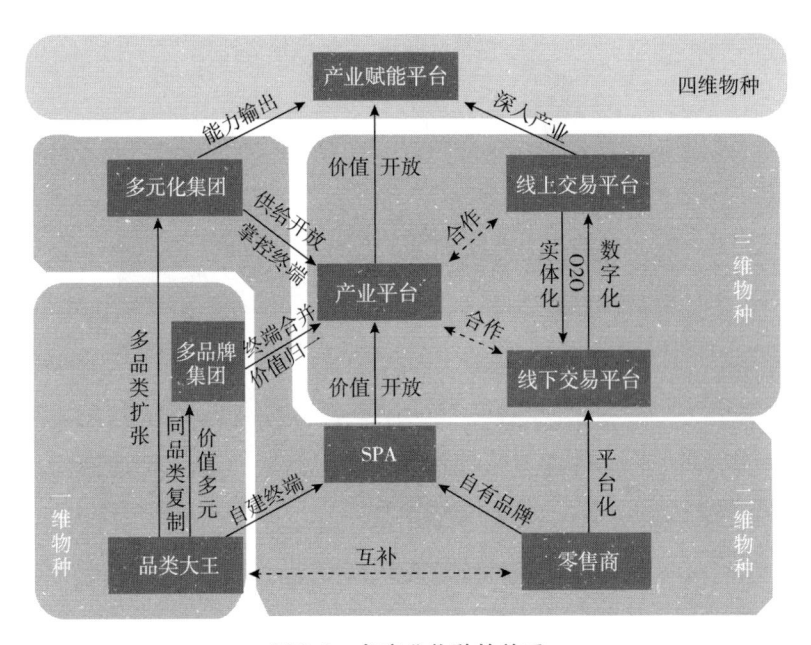

图 9.2　各商业物种的关系

各商业物种的应变之道

数字化作为最大的趋势，各物种不得不正视，否则就有覆灭之虞。传统低维物种必须随之而变，守住底线，找到增长线，实在不行就找到撤退线；高维物种驾驭数字化奋勇向前，需要完善自身的商业模式，找到爆发线，跨过天际线，成长为最富有活力的数字化生态。

从理论上讲，面对数字化时代的挑战，各商业物种的应对路径有三个：横向突围、向上升维、向下降维，三者形成一个循环，见图9.3。

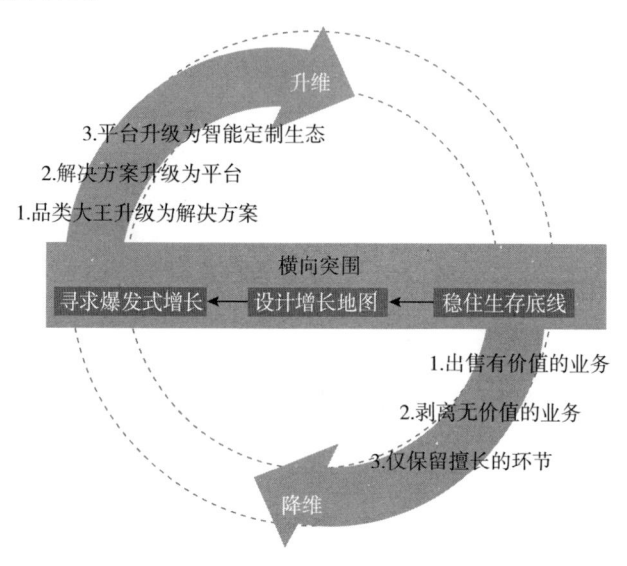

图中内容：

升维
3.平台升级为智能定制生态
2.解决方案升级为平台
1.品类大王升级为解决方案

横向突围
寻求爆发式增长 ← 设计增长地图 ← 稳住生存底线

1.出售有价值的业务
2.剥离无价值的业务
3.仅保留擅长的环节

降维

图9.3　数字智能时代商业物种变革的三条路径

横向突围——在原有物种中做到最强

许多企业会选择这条稳妥的道路，只要击败同类对手，成为该物种内最优秀的个体，就能挡住跨界竞争者的骚扰，便几乎可立于不败之地。从难度上来讲，选择横向突围就可以保留原有物种，只需在同类竞争战略层面有所作为，难度大为降低。所有商业物种横向突围的战略步骤有以下3个。

1. 稳住生存底线

企业所处行业及经营边界可以发生变化，但要想成为业内最优秀的企业，必须占领所在行业的关键资源。而各行各业基本都会有关键资源，例如能源行业的矿产、房地产业的土地、制造业的珍稀原材料、线下零售所需的空间、线上消费的大数据，皆属于不可复制的关键资源，一旦占有，在其他环节的布局略为滞后也无大碍。

当关键资源无法独占时，企业需要建构竞争优势护城河。第一道护城河是无形资产，包括品牌与专利，卓越的品牌需长期宣传和沟通来塑造（可口可乐），专利需要投入重金研发来获得（华为）。第二道护城河是成本优势，通过规模优势、经验曲线、互联网经济降低成本，使新进入者无法以更低成本进入。第三道护城河是用户转移成本，可以来自较好的用户体验，也可以来自网络效应，如果有很高的用户转移成本，也能让对手望而止步。若能同时拥有上述三条护城河，对手将难以逾越。

稳住生存底线，企业才有抗风险能力，不害怕新进入者的跨界威胁，并有余力给新的业务增长提供充足的养分，即使新业务失败，也不损伤企业根基。

2. 设计增长地图

稳住成长底线是防守，接下来就要主动进攻，找到适合企业的增长线，并设计增长地图。增长地图需要穷尽所有的可能性，并能够动态调整。企业增长地图包含结构化增长和战略性增长。

结构化增长，即通过分解增长指标，用结果倒推的方式去提升关键指标和执行节点，以带动整体增长。其中最常见的分解要素就是获取更多用户、锁定用户、经营用户价值。其中"获取更多用户"分为进入新市场（例如国际化），拓展新客群（如年轻化），或采用新推广方式（例如社群化）。锁定用户，即通过上述护城河优势锁定。经营用户价值，即通过创造为用户提供更大的价值，提升客单价。结构化增长是机械组合，其增长结果往往是可以预测的。

而战略性增长相当于采取重组化学反应的方式，其增长结果往往事前不可预测。战略性增长主要包括差异化的定位增长和新价值整合增长。差异化的定位包括重塑品牌主张，提升企业对消费者的吸引力，并以"刷新顾客认知"的价值创造交付来兑现承诺，从而获得增长。价值整合增长则涉及价值创造过程的价值链整合，通过对上下游一体化的整合，重新定义行业（如名创优品通过反向定制重新定义小商品零售）。

3. 寻找爆发式增长

传统企业运用与工业技术匹配的经典战略，只能实现常规式增长。若要实现爆发式增长，必须借助当今最大的势——互联网和数字化的爆发力，使企业变成具有互联网基因的企业。数字化是爆发式增长必须具备的基因，但并不是所有数字化的公司都能获得爆发式增长，关键在于是否掌握了爆发的能力。

典型的业务爆发途径有两个：产品爆发和传播爆发。其中产品爆发需要做到三点：第一是风口，抓住成倍提升用户体验的大机会，如小米抓住智能手机普及的风口，小红书抓住跨境电商的风口，都实现了指数级增长；第二是创新，结合技术与模式创新，如滴滴、美团都运用移动互联网 LBS（基于位置的服务）技术创新出商业模式，今日头条通过数据算法，创新出信息分发的商业模式；第三是效率，爆发式增长必须保证运营效率高于传统模式，警惕效率陷阱，不能被高补贴带来的高增长迷惑。

有的创新产品自带流量，自身就有爆发力，在此之上，借助传播爆发可以锦上添花。传播爆发也有三个要点：第一是打造社交货币，根据乔纳·伯杰在《疯传》中总结的STEPPS六法则（社交货币、诱因、情绪、公开性、实用价值、故事）打造社交货币，使人们愿意自发分享与传播你的产品与服务；第二是借助头部流量，主要是与产品适配的明星、综艺、事件等流量，借助流量红利实现爆发传播；第三是社交扩散，在大型流量红利外发掘社交红利，以热点话题、人际社交网络的方式扩散，拼多多用户的爆发式增长是社交扩散的典范。

从稳守成长底线，到设计增长线，再到寻找爆发式增长，企业逐步实现了从传统战略到数字化时代的战略升级。增长貌似解决了所有问题，但很有可能只是苟延残喘，掩盖了机体自身的问题。能将传统业务与互联网紧密结合的企业通常被称为再生型互联网企业，已然有物种进化的趋势。

向上升维——拓展生存维度

向上升维是所有伟大企业一定会选择的路，因为这是一条通往胜利彼岸的光明大道，企业一旦走通，将会远远甩开原有竞争对手，进入一个更高的境界和更自由的领地，生存条件会大大改善。志存高远的企业都会选择在升维的路上努力探索，以开拓无人区的勇气，将自己锻造为更高维度的强大物种，笑傲群雄。

1. 品类大王升级为解决方案

其中最典型的就是品类大王的升级。企业告别昔日从企业生产出发的"规模制胜、横扫千军"的简单品类思维,升级为从顾客需求出发的"深度满足、终身服务"的解决方案思维,从产品品类制造商升级为经营顾客的解决方案提供商。以顾客核心需求和企业核心能力的契合点为中心向四周扩张,横向拓宽产品品类,提供互补品,组成具有高度黏性的解决方案,并可以引入外部合作伙伴,拓展周边场景的解决方案。

从品类大王到解决方案的升级不仅在于产品宽度的拓展,还需要对顾客提供深度服务,例如从终端环节提升顾客的便利性、体验度。在售后环节增强顾客黏性,利用数据反馈和产品软件迭代,回应顾客不断升级的需求,以牢牢锁定顾客,经营顾客的生命周期。从产品宽度和顾客生命周期长度的双重拓展是品类大王升级为解决方案的左右翼,两者缺一不可,唯有如此,品类大王才能完成到顾客解决方案的彻底升级。

2. 解决方案升级为平台

对于已经是解决方案的管道零售商而言,向上升维的出路是从采买中间商变成交易平台。提供场地和条件,吸引卖家(包括品牌商、分销商和代表品牌商的意见领导者)和买家入场,并通过流量支持、信息匹配、交易保障等基础设施服务,积极撮合交易,从中获取服务费。几乎所有的百货公司都转型为购物中心,以平台模式吸引品牌商开店,自己不再承担库存和销售成本,以商业地产的盈利模式"旱涝保收"。当然,交易平台并不能竭泽而渔,需要适当考虑品牌的可持续盈利能力才能共赢。

对于已经是顾客解决方案的品牌商而言,向上升维的道路是成为企业端的产业平台,即成为周边互补品企业的盟主。以自身强大且富余的基础设施赋能给伙伴企业,成为一个行业的产业平台,为合作伙伴提供包括开放研发设计、原材料供应、产品制造、营销渠道、售后服务在内的价值链环节基础服务。参与者众多,就能形成价值平台网络,让周边创业体能在产业平台的赋能下,各自发挥所长,共同形成强大的产业生态。

3. 平台升级为智能定制生态

在数字化的大趋势下,交易平台和产业平台并不是终点,两者将会殊途同归,都需要变成智能定制平台。由于起点不一样,两者最初的定制内涵略有不同。

从交易平台出发的定制平台,由于在短期内汇集了大量的同质化订单,能够向厂家批量定制标准化产品,该批量订单与传统经销商向厂家下订单不同,交易平台下达的订单是终端顾客的有效需求订单(而非传统分销商的转移库存),并且产品参数设定有消费大数据作为依据,拼多多、阿里巴巴所采取的C2B定制正是此种类型。交易平台向厂家定制倾向于标准化定制,强调聚少成多,以数量多来压低定制价格,从而赢得消费者。

而从产业平台出发的定制平台,则更加依赖智能制造,且直接面向的是客户的个性化定制。个性化定制的产品是价值高、复杂程度高或个性化程度高的品类,要求客户具有相当的专业度,能够提出明确的需求,直接与创造者沟通,同时客户成为共同创造者。以前只有企业端用户才有上述能力,现在随着信息大爆炸,大量个人用户也变得越来越专业,具备了提出定制需求的技术能力和支付能力,并愿意为之牺牲一定的快捷性。在数字化时代,具备一流专业能力的智能定制平台无疑将成为专业用户的个性化定制首选。

物种升级貌似一片光明，实则充满艰险，这是一条最难走的路。首先企业自身要经历脱胎换骨的历程，需有壮士断腕的决心，并乘风破浪，克服变革过程的内外风险和阻力。即使升级成为更高维的物种，除非原创，否则必会面临高维空间内更高密度的竞争，那里早已有更强大的原生物种占据有利位置，并且磨刀霍霍地等着剿灭闯入者。显而易见的是，高维竞争通常比低维竞争更惨烈，贸然闯入的新手往往九死一生。

向下降维——找准撤退节点

突围之路四面埋伏，升维之路千难万险，但在数字化技术革命的浪潮之下，许多传统物种中的落后企业被甩到沙滩上，营收直线下滑，或越做大越亏损，被迫战略撤退，更有甚者退化自身职能，断臂求生，进行降维式生存。撤退和降维并非是灭亡之路，若撤退有方，未必不能东山再起。有效的撤退方式有3种。

1. 出售有价值的业务

出售并不只是把业务卖出一个好价钱，而是要结合企业和业务发展阶段的战略选择，在增长路径上找到最好的转折点，这个转折点很重要，最佳转折点是公司外部价值认知和内部价值判断有正向价差的时间区间。这个法则无论是对老牌企业还是创业新秀都适合，后者甚至以能够将业务卖出高价作为创业目标。

通常来说，创业企业在成功实现从0到1之后，一般会在从1到N的过程中遇到资源瓶颈，导致后继乏力，因而才将处于上升势头的业务出售。业务接盘者往往是巨头企业，掌握大量资源，但内部难以孵化出类似的高潜力业务，因而选择以收购完成更大的战略布局。这样的交易对双方来说是双赢。

2. 剥离无价值的业务

成熟企业在发展过程中，往往会有多种业务面临边际效益递减，其中包括目前能贡献利润的业务，以及正在不断亏损的黑洞式业务。企业此时应学会做减法，集中有效资源，实现精益发展，将处于价值高点但不符合未来战略的业务果断出售，将亏损业务或"无生态协同性的"多元化业务相继砍去，实现"力出一孔"的聚焦式发展。

有许多曾过度多元化的企业在衰退周期到来时陷入困境，在启动变革的过程中，新领导者往往会大刀阔斧地剥离亏损业务，保留有价值、有潜力、有协同性的业务。例如通用电气的韦尔奇、宝洁的雷富礼、苹果的乔布斯，都曾做过类似的精简变革，最终使企业资源效率大幅提升，企业起死回生，并迎来发展高峰。如何进行业务取舍，形成有效的业务组合，最有指导意义的工具是"波士顿矩阵"。

3. 仅保留擅长的环节

企业的撤退不仅有业务线的收缩，还有纵向价值链环节的收缩。许多企业在扩张期进行上下游纵向一体化扩张，而在撤退期也需要适度收缩价值链长度。有的砍掉上游原材料自营，转为引进外部合作者联盟；有的砍掉直配分销物流，转交给第三方物流；还有的收缩终端门店，退出终端经营，从品牌商退缩为代工厂；更有甚者仅保留设计能力，成为虚拟型企业。

退出不擅长的环节，保留擅长的环节，这是大多数传统企业收缩的必经之路。在数字化平台逐渐成为商业基础设施的时代，企业可以选择一种积极的降维式收缩。在收缩价值链的同时，利用平台的赋能能力进行弥补，只保留最擅长的能力，投身平台，成为平台生态体系中的一个有机组成部分。加入的平台越强大，创业体需要做的事情就越少，同时可以借助平台的赋能成千上万倍地放大价值。在人人创业的时代，从传统组织中独立出来的个体或创业者小团队将会成为智能定制平台上最活跃的分子。

主动地撤退和降维是为了保持火种，而不是终结。撤退后可以再扩张，降维之后可以再升维，当时机成熟时再度上演逆袭。在一个开放的生态内，各个商业物种的升降，可以保持能量循环，生生不息。上一轮降维的结束，就蕴藏着新一轮升维的开始。

中国商业生态演进的启示

中国商业生态在政治改革、经济腾飞、全球化深入、消费升级、技术加速进步的多重合力下快速演进，呈现出先进与落后、开放与封闭、激进与保守共存的独特局面，并表现出高度的复杂性和强劲的生命力。

在多轮生态演进与互动中，中国商业大生态内部已经形成大大小小数百个生态群落，每个群落之间以专业边界、空间分布以及资本归属为壁垒相互隔离，又通过面向用户的整体解决方案相互连接，用户成为所有商业生态的连接中枢。面对物联网和智能定制模式的前进脚步，各生态群落之间应加大开放程度，彻底打破相互隔绝的壁垒，让信息、资源和能量自由流通，才能更有效地涤荡尘垢，除旧布新，使更繁荣的生态加速到来。

在这个逐渐连为一体的大生态中，每个物种面临的机遇和挑战同时大增，随着环境的复杂化，既有可能裂变成更多的亚物种，灵活地捕捉机遇，与互补的物种加强合作，获得更好的阳光和养分，变成更强大的种群，也可能遭遇更多物种的直接挑战，在跨界竞争中伤痕累累，甚至更容易遭遇毁灭式打击。生态系统越庞大、越成熟，物种的升级与淘汰就变得更加迅速，此乃自然常理。

当整个种群一片繁荣之时，所有的企业都共同沐浴在天地的光辉之中，赞万物之化育。每个企业沉迷于同类相争、异类相合的游戏之中，上演一出出纵横捭阖的精彩大戏。但当整个商业物种遭遇毁灭时，即便是最优秀的企业也无法幸免于难，除非它能完成飞跃式变革，成为更强、更灵活的新物种，并带领追随者和支持者开启新一轮的演出。

商业生态逐渐庞大，并不断趋近系统化、智能化的完美极限，商业物种相互应和，通过迭代去实现生态的整体生存意志。而每个商业个体考虑的是如何跳出企业生命周期，不断涅槃重生。尽管永生不可奢望，但依然有领先的企业在向更高的星空探索和仰望，它们既代表了自己，也代表了商业物种进化的最高成就。

本章小结

商业世界与生物世界有同有异，最大的区别是生物界普遍存在同类协作、异类相杀，形成食物链，而商业界则普遍存在同类相争、异类协作，形成产业链或生态链。

商业生态的分布遵循三大法则：源自专业技术壁垒的行业边界、建立在物理障碍上的空间边界，以及企业产权归属的边界。这三大法则将商业大生态划分为许多个小生态。

商业生态变化分为三个层面：商业个体层面指物种内部的优胜劣汰，商业物种层面是某个物种的整体生灭，而最深刻的变化则是生态格局的变化，会出现天翻地覆的效果。

改革开放以来，中国商业生态经历了4个发展阶段：

1. 品类大王称雄阶段，由于产品供不应求，厂商占有绝对话语权，分销商众星捧月般围绕着厂商，厂商霸权让消费者只能妥协。

2. 解决方案崛起，渠道商作为一站式购齐的解决方案，品牌商从单品类到多品类方案的进化，两者会师并产生折中——自有品牌零售商，品牌商和渠道商形成均势。

3. 平台浪潮席卷，线下平台逐渐掌控了品牌解决方案，而线上平台则对零售商解决方案形成降维式打击，互联网技术不断进击现实，平台模式横扫千军。

4. 智能定制平台兴起，在技术、需求、竞争的推动下，消费互联网和产业互联网趋于融合，诞生了智能定制平台，开启了数字经济时代的序章。

当前处于数字经济来临的前夜，各大商业物种都在未雨绸缪，只有极少数企业胸有成竹，大多数企业陷入了普遍焦虑。

一维的品类大王想拓展出第二个维度的范围经济，以并购求增长，同时又企图用管道模式完成数字化变革，但因资源与能力有限，常陷入进退两难的局面。

二维的解决方案企业面对平台企业的降维打击变得彷徨不安，线下零售商大厦将倾但负隅顽抗，要么斥巨资数字化，要么投入数字化平台的怀抱。

三维的平台企业已经完成流量收割，线下平台流量渐少，几大线上平台陷入零和博弈的困局，纷纷谋求进入产业端，赋能实体企业，但障碍很大。

四维的智能定制平台还处于萌芽期，在无人区勇敢探索，受到消费习惯和技术短板的制约。

任何物种想要在未来数字经济时代占据有利位置，有以下3个发展方向。

1. 横向突围，在原有物种中做到最强，守住阵地，让其他物种不得不与自己合作，具体分三步：稳住生存底线，设计增长地图，寻找爆发式增长的机遇。

2. 向上升维，变成竞争力更强、护城河更深的先进物种。分三个阶段：品类大王升级为解决方案，解决方案升级为平台，平台升级为智能定制生态。

3. 向下降维，断臂求生也是一条出路。可以先出售有价值的业务获得现金流，剥离毫无价值的业务节省资源，仅保留擅长的产业或价值环节以做到极致。

数字经济时代的到来将打通相互隔绝的小生态，变成快速、多元、复杂的大生态，各物种的兴衰成败变得更加迅速，但依然有企业能不断迭代，追求永生。

参考书目

[1] 孙力科. 华为传［M］. 北京：中国友谊出版公司，2018.

[2] 余胜海. 任正非和华为：非常人非常道［M］. 武汉：长江文艺出版社，2017.

[3] 邓肯·克拉克. 阿里巴巴：马云和他的102年梦想［M］. 北京：中信出版社，2016.

[4] 波特·埃里斯曼. 阿里传：这是阿里巴巴的世界［M］. 北京：中信出版社，2015.

[5] 达尔文. 物种起源［M］. 北京：北京大学出版社，2018.

[6] 赫胥黎. 进化论与伦理学［M］. 北京：北京大学出版社，2010.

[7] 罗纳德·H. 科斯. 企业、市场与法律［M］. 上海：格致出版社，2014.

[8] 奥利弗·E. 威廉姆森. 资本主义经济制度［M］. 北京：商务印书馆，2003.

[9] 艾尔弗雷德·D. 钱德勒. 战略与结构［M］. 昆明：云南人民出版社，2002.

[10] 小艾尔弗雷德·钱德勒. 规模与范围［M］. 北京：华夏出版社，2006.

[11] 艾·里斯，杰克·特劳特. 定位［M］. 机械工业出版社，2021.

[12] 艾·里斯，劳拉·里斯. 21世纪的定位［M］. 机械工业出

版社，2019.

[13] 伯迪·托尔卡. 宜家故事：IKEA创始人英格瓦·坎普拉德传［M］. 北京：中译出版社，2017.

[14] 郭士纳. 谁说大象不能跳舞［M］. 北京：中信出版社，2015.

[15] 杰奥夫雷·G. 帕克，等. 平台革命：改变世界的商业模式［M］. 北京：机械工业出版社，2017.

[16] 陈威如，余卓轩. 平台战略：正在席卷全球的商业模式革命［M］. 北京：中信出版社，2016.

[17] 刘绍荣，等. 平台型组织［M］. 北京：中信出版社，2019.

[18] 宋旭岚，许新. 生态战略：如何打造生态型企业［M］. 北京：机械工业出版社，2016.

[19] 拜瑞·J. 内勒巴夫，等. 合作竞争［M］. 合肥：安徽人民出版社，2000.

[20] 史蒂文·L. 戈德曼. 灵捷竞争者与虚拟组织［M］. 沈阳：辽宁教育出版社，1998.

[21] 詹姆斯·弗·穆尔. 竞争的衰亡：商业生态系统时代的领导与战略［M］. 北京：北京出版社，1999.

[22] 吴晓波. 激荡四十年［M］. 北京：中信出版社，2018.

[23] 吴晓波. 大败局［M］. 杭州：浙江大学出版社，2019.

[24] 小米生态链谷仓学院. 小米生态链战地笔记［M］. 北京：中信出版社，2017.

[25] 袁国宝. 小米：王者归来［M］. 北京：当代中国出版社，2019.

[26] 曹仰锋. 海尔转型：人人都是 CEO［M］. 北京：中信出版社，2017.

[27] 中田敦. 变革：制造业巨头 GE 的数字化转型之路［M］. 北京：机械工业出版社，2018.

[28] 曾鸣. 智能商业［M］. 北京：中信出版社，2018.

[29] 王坚. 在线［M］. 北京：中信出版社，2018.

[30] 安德鲁·麦卡菲，埃里克·布莱恩约弗森. 人机平台［M］. 北京：中信出版社，2018.

[31] 梅琳达·盖茨，等. 超级技术［M］. 北京：中信出版社，2017.

[32] 尼古拉·尼葛洛庞帝. 数字化生存［M］. 北京：电子工业出版社，2017.

[33] 布莱恩·阿瑟. 技术的本质［M］. 杭州：浙江人民出版社，2018.

[34] 麻省理工科技评论. 未来版图［M］. 北京：人民邮电出版社，2018.

[35] 麻省理工科技评论. 科技之巅 3［M］. 北京：人民邮电出版社，2019.

后记

身处今天的中国，多重技术浪潮的叠加和市场的不断进化，使得我们面临全球最为复杂和丰饶的商业生态，从最基础的生存需求到最顶层的个人实现需求，从最传统的工业化物种形态到最前瞻的数智化物种形态，都并存于同一个中国市场，它使得这个市场凸显出全球最为强劲的生态活力，也使得这个市场愈加难以把握。

"商业物种"这个词，肇始于财经媒体对一些新锐企业的描摹，它们通过引用生物学的物种概念，来形容这些企业在模式上的特立独行，这在一定程度上揭示了这些创新企业竞争力的本源——它们充分运用了新的革命性技术，按照全新的资源组合逻辑，满足或创造了客户的全新价值组合。但囿于大众传播的特性，这些财经媒体的描摹往往是浅层的现象总结，因而失去了对商业模式内核的精准概括和本源思考，更缺乏对各种商业模式的适应性分析，这使得这些新商业物种的新闻往往成为一种"看热闹"的素材，除了让传统企业感到新奇和紧张外，可能无法从中获得更多的营养。

作为一家植根于中国市场、深度参与中国企业战略变革的咨询实战机构，我们除了成立中国企业战略研究中心，深入探索中国企业的战略变革模式和路径外，还成立了面向数字化时代的未来战略模式和组织形态研究平台——平台商业研究院。我们期望通过产业经济学的方法论、战略系统的理论框架和组织的系统理论框架，深入探讨在不同技术背景下产生的主流战略形态的特征，并通过对各类商业物种的结构化研究，深度揭示中国市场的复杂现实和未来可能的趋势，为中国企业在数字化时代的战略升级和组织变革提供明确的范式和清晰的路径。

置身于这一难得的历史时代，作为中国众多知名企业家的朋友和顾问，我能深刻感受到他们身上深重的时代使命感和不朽的拼搏精神，是他们在一线永不停止的求索和创新，才能成就今天的中国经济奇迹，生逢其时并有机会参与中国经济最前沿的奋斗，我和我的伙伴们总觉得背负着巨大的责任，我们深切感恩这个时代，并将继续用"思想不歇，实践不止"的奋斗精神，创建中国最具思想引领能力和实践辅导能力的企业变革外部教练平台。

感谢大家的耐心阅读，期望大家能和我们有更多交流！

谢谢！